SOCIOLOGICA II

FRANKFURTER BEITRÄGE ZUR SOZIOLOGIE

Im Auftrag des Instituts für Sozialforschung
herausgegeben von Theodor W. Adorno und Walter Dirks

BAND 10

MAX HORKHEIMER
THEODOR W. ADORNO

SOCIOLOGICA II

Reden und Vorträge

EUROPÄISCHE VERLAGSANSTALT

© 1962 by Europäische Verlagsanstalt, Frankfurt am Main
Druck: AZ-Druckerei, Mannheim
Printed in Germany

So wenig wie der erste Band der Sociologica erhebt der zweite Anspruch darauf, dem Thema oder der Form der Aufsätze nach eine Einheit zu bilden. Texte verschiedensten Inhalts, darunter viele Gelegenheitsarbeiten, werden nebeneinander gebracht. Sie entfalten weder einen geschlossenen theoretischen Gedanken, noch berichten sie über zusammenhängende Forschungen. Gleich einer anderen Publikation des Instituts sind sie Exkurse; nur daß sie nicht einmal die Absicht haben, Hauptkategorien der soziologischen Wissenschaft zu erörtern. Einzig in der gemeinsamen Erfahrung und Absicht der Autoren ist begründet, was etwa ihre Einheit ausmacht.

Die Arbeiten wurden jeweils unter dem Namen eines der Verfasser früher publiziert, hier sind sie mit den Initialen gezeichnet. Für das Ganze tragen beide die Verantwortung. Wo immer die Versuchung bestehen mag, den einen gegen den anderen auszuspielen, vergäße man, daß beide nur aneinander so sich entfalten konnten, wie sie heute sind.

Frankfurt, Frühjahr 1962

Inhalt

	Seite
Soziologie und Philosophie	5
Philosophie als Kulturkritik	18
Ideologie und Handeln	38
Kultur und Verwaltung	48
Verantwortung und Studium	69
Über das Vorurteil	87
Die revidierte Psychoanalyse	94
Schopenhauer und die Gesellschaft	113
Die Aktualität Schopenhauers	124
Aberglaube aus zweiter Hand	142
Theorie der Halbbildung	168
Zum Begriff der Vernunft	193
Soziologie und empirische Forschung	205
Über Statik und Dynamik als soziologische Kategorien	223
Drucknachweise	

Soziologie und Philosophie

Was in den Diskussionen über Soziologie Theorie der Gesellschaft heißt, hat seine Vorgeschichte in den politischen Entwürfen der Griechen, unmittelbar gründet es in den Reaktionen auf die Französische Revolution. Durch sie empfing die Lehre von der Beziehung jedes Menschen zum Absoluten die neue praktikable Gestalt. »Liberté, Egalité, Fraternité« bezeichnet das Programm der bürgerlichen Verwirklichung von Religion und Philosophie. Nach Kant bedeutet es, daß jedes mit Vernunft begabte Wesen Möglichkeit und Pflicht zur freien Entfaltung habe und einzig durch die Rücksicht auf das gleiche Recht der Andern zu beschränken sei. Das Resultat der Reformation war darin zugleich bestritten und bewahrt. Sie hatte die Erde als Feld beruflicher Tüchtigkeit dem Streben nach Erfolg geöffnet, indem sie das Ringen um Seligkeit ausschließlich in den von Wissenschaft getrennten Glauben verlegte; durch die wieder aktualisierte Lehre von der Gnadenwahl hatte sie jedoch die ewige Bestimmung eines jeden zum Himmel und durch das Zeichen des Jammertals, das dem Natürlichen von ihr aufgebrannt war, das Vertrauen in die irdische Zukunft der Menschheit negiert. Die Revolution gab der bürgerlichen Aktivität einen ihr einwohnenden Sinn: die Herstellung des richtigen Zustands unter den Menschen, die gesellschaftliche Ordnung, die den unabdingbaren Anspruch auf ein vernünftiges Leben für alle erfüllen sollte. Die Hoffnung erhielt ein konkretes, durch eigenes Tun erreichbares Ziel, sie war vom Jenseits auf das Diesseits gelenkt, ohne von ihrer Unbedingtheit etwas nachzulassen. Theorie der Gesellschaft entstand, als es sich zeigte, daß die Abschaffung des Absolutismus und der feudalen Reste jene Erwartung nicht erfüllen konnte. Es wurde offenbar, daß politische Emanzipation, Entfesselung der ungleichen ökonomischen Kräfte zu unbehindertem Wettbewerb nicht mit dem enthusiastisch erstrebten Ziel identisch war. Schon im Verlauf der Revolution trat deren innerer Gegensatz hervor; die blutige Befreiung hat nicht ausgereicht, um Freiheit einzurichten. Indem Robespierre und Saint-Just ihr Heil in staatlicher Lenkung der wirtschaftlichen Beziehung suchten, nahmen sie zu Beginn der bürgerlichen Ordnung die später unablässig wiederholte Erfahrung voraus, daß es bei bloßer Beseitigung der Schranken im ökonomischen Verkehr nicht bleiben konnte und daß zum Schutz der Freiheit deren Gegensatz, Verwaltung, Eingriff, Planung nötig war. Jene Männer des Schreckens, deren Funktion sie den Führern der heute erwachenden nationalsozialistischen und staatskapitalistischen Länder ähnlich macht, sind über das damals Erreichbare hinausgetrieben und vernichtet worden, die Theorie aber, die mit dem Ende des Schreckens, mit Babeuf und Fichte, begann, hat nicht aufgehört, die in ihm entstandene Gesellschaft an den Ideen der Revolution zu messen. Die Existenz des europäischen Liberalismus zeitigte die Theorie der Gesellschaft, sie folgte schlüssig aus den bürgerlichen Prinzipien selbst, denn die neue Freiheit erwies sich ebensosehr als Freiheit ökonomischer Machtentfaltung, die Gleichheit als Vordergrund gigantischer Unterschiede von Einkommen und Besitz, dem einzigen, das wirklich noch zählte, und die Brüderlichkeit als die durch wirtschaftlichen Druck und Manipulation erzeugte Bereitschaft zu kollektivem Aufbruch. Die Errungenschaften der Revolution trugen den Widerspruch in sich, der sozialen Stillstand nicht mehr zuließ. Hatten in der vorbürgerlichen Welt die wirtschaftlich relevanten Beziehungen auf der blind vorgegebenen Abhängigkeit von Individuen und Gruppen, auf Geburt beruht, so sollte Gerechtigkeit in der bürgerlichen Ordnung durch das anonyme Medium des Geldes gestiftet werden, in dem die Unterschiede der Personen untergehen. Mittels seiner setzte von Anfang an die labilere, aber nicht weniger prononcierte Hierarchie sich durch, die im Schoß der alten sich gebildet hatte. Weniger starr und weniger durchsichtig als im Ständestaat, jedoch keineswegs rational, vollzog sich von nun an die Einordnung der Menschen in den gesellschaftlichen Arbeitsprozeß. Der Liberalismus transformierte die bürgerliche Hierarchie in immer kompaktere und gewaltigere Machtkonstellationen.

Um den europäischen Glauben zu erfüllen, war bloße Abschaffung der alten Privilegien nicht genug. Dem Willen dazu entsprach der Begriff von Gesellschaft nach dem Sieg des Bürgertums. Saint-Simon wie Marx waren überzeugt, daß die Gestalt der wirtschaftlichen Beziehungen, die Konstellation der Menschen im Arbeitsprozeß, die nach der Ordnung des Eigentums sich herstellte, durch vernünftige Entschlüsse so gut bestimmt werden könne wie das physische Verfahren mit der außermenschlichen Natur; nicht bloß der Gegenstand, auch die Verteilung der Arbeit könne dem Verstand der Menschen unterworfen werden. Die Last der Produktion des Lebensunterhalts für alle werde beim gesteigerten Reichtum der Gesellschaft um so leichter wiegen, als der materiellen Konsumtion, ja dem Luxus, angesichts moderner Technik mit relativ bescheidenem Zeitaufwand zu genügen sei. Die Ausdehnung und zugleich die Beschränkung der bewußten gesellschaftlichen Kontrolle auf die Sphäre der Produktion schien der unkontrollierten Wirtschaft, die als maschinell ausgestatteter Naturstand im

Leben des Ganzen wucherte und zum Selbstzweck sich zu machen drohte, jedenfalls vorzuziehen. Je weniger Ordnung in der ganzen Wirtschaft, dachten die Theoretiker, desto härter muß sie in ihren Teilen und Unterteilen sein; die Menschen büßen an Freiheit ein, was sie um der Freiheit willen an Vernunft nachgeben. Je mehr Verfügungsgewalt auf Grund der unkontrollierten Wirtschaft zusammenschießt, desto mehr irrationale Verwaltung werde anstatt der rationalen sich ausbreiten. Die von der Theorie konzipierte, die wirtschaftlichen Beziehungen regelnde Gesellschaft war Gegensatz und Vollendung der bürgerlichen Ordnung, der Ausdruck, den philosophische Aufklärung sich gab, nachdem der von ihr erwählte Gegner, die alte Autorität, gefallen war. Erst als in Deutschland, wo die Einführung des bürgerlichen Zustands wie eine Art Nachspiel sich vollzog, die ökonomische Regelung ihr nicht, wie angekündigt, auf dem Fuße folgte, begann die Ohnmacht der Theorie offenbar zu werden. Mit dem gesellschaftlichen Zustand, der durch Abschaffung des infamen alten Regiments entstand, war nicht der nahe oder ferne Übergang in einen höheren gesetzt. Die Theorie war richtig und falsch zugleich. Während, wie vorhergesagt, die liberalistische Harmonie in Krisen und Kriegen sich als Illusion auflöste, verblaßte zugleich die Erwartung des Übergangs in eine Ordnung, in der die kollektiven Gegensätze aufgehoben sind. Die entfesselte Wirtschaft der fortgeschrittenen Länder blieb auf draußen verwiesen und erzeugte im Innern jedes Landes, wie unter den rivalisierenden Ländern selbst, die nie endenden Kämpfe. Ihr Verlauf hat zu den Rüstungen und Bündnissen und schließlich zu den Weltkriegen und zu jener Aufrüttelung der nicht durchindustrialisierten Völker geführt, bei denen infolge der jenseits ihrer Grenzen bereits entfalteten Technik der Liberalismus alten Stils keine Funktion mehr hatte und die Umwälzung von Beginn an mit staatskapitalistischen und sozialistischen Elementen durchsetzt war. Die List der Vernunft, nach der der Kleine dem Großen, der schlechter organisierte, ärmere Betrieb dem besser ausgestatteten, strafferen gelenkten, das Alte dem kräftigeren Jungen weicht, setzt an der europäischen Gesellschaft selbst sich durch. Seit dem Anfang des gegenwärtigen Jahrhunderts hat man auf viele Weise unternommen, die produktive und grausame List, die nach der Theorie schon bald ihr Ziel erreichen sollte, wenigstens partiell durch menschliche Entschlüsse zu ersetzen. Zu der Praxis, die Dauer der Konjunktur durch innerstaatliche Lenkung zu sichern, trat nach den Weltkriegen der Versuch der Sicherung des Friedens durch überstaatliche Organisation. Sein Schicksal wird durch die Verhältnisse im Innern der Staaten bestimmt. Je mehr in den alten Industrieländern anstelle der auf Grund des Überflusses möglichen vernünftigen Regelung die durchs Spiel von Machtfaktoren bestimmte umfassende Verwaltung tritt, und je brutaler die newcomer-Nationen den Weg zum nötigen Lebens- und Rüstungsstandard abkürzen und den Liberalismus rechts liegen lassen, desto inaktueller und verstiegener wird die Hoffnung der Theorie auf Verwirklichung des bürgerlichen Glaubens. Anstelle freier Entschlüsse der ihrer selbst mächtigen, entfalteten Menschen treten totalitäre Cliquen und Schreckgestalten. Sie können ihre Macht sowohl durch Kräfte sozialer Umwälzung wie durch die von ihr bedrohten Machtgruppen beziehen, durch Revolution und Restauration. Wie verschieden die gesellschaftliche Basis und der historische Horizont der einzelnen Diktatoren aus diesem Grunde immer sein mögen, solange Gewalt im Innern besteht, zumal in starken Ländern, muß sie im Äußern sich wiederholen.

Seitdem die liberale Gesellschaft zu Lenkung und Verwaltung greift, seit durch gesteuerte Ausweitung der Produktion für Konsumtion und Destruktion die Wirtschaftskrisen beschränkt wurden, nahmen gesellschaftliche Instanzen auch den sie selbst betreffenden Gedanken in ihren Dienst. Anstatt sie kritisch zu transzendieren, sollte er fortan auf Verwaltung, Fortschritt und Ordnung, nicht auf unmittelbare Verwirklichung des ursprünglichen Glaubens abzielen. Theorie der Gesellschaft, Wissenschaft als politische Disziplin, wie sie bei Saint-Simon noch die höchste in der Hierarchie der Disziplinen bildet, wird zur Soziologie. So war sie von Auguste Comte nach dem Ende der Französischen Revolution schon begründet worden. Er hatte noch die Reform des Ganzen im Sinn, bereits mit der Einsicht, daß sie nicht im Rahmen einer oder mehrerer Nationen durchzusetzen sei, sondern von der Konstitution der Menschheit als funktionierender Einheit abhänge. Gesellschaftliche Tatsachen jedoch galten ihm bereits als an sich bestimmte, nahezu physikalische Gegebenheiten. Er und Spencer sind den Gründern der sich als positive Wissenschaft verstehenden Soziologie, der Generation von Ross und Cooley, von Westermarck und Hobhouse, Simmel, Weber und der Durkheim-Schule, vorangegangen. Ein aufklärerisches, kritisches Element ist ihnen allen noch eigen, sie sind als Störenfriede der eingesessenen Wissenschaften, als Neuerer empfunden worden. Mit dem Vorsatz jedoch, es der Naturwissenschaft an methodologischem Aufwand gleichzutun und der kritischen Theorie wissenschaftlich zu begegnen, hat Soziologie schon vor dem ersten Weltkrieg den einen oder anderen Lehrstuhl an Universitäten erobern können. Die Werke jener Generation gelten heute als die große Tradition. Ihr Thema bildeten umfassende, spezifische und kleine Gruppen in Geschichte und Vorgeschichte, das Verhältnis von

Individuum und Gruppe, die wechselseitigen Beziehungen der Sphären gesellschaftlichen Lebens. Je mehr nach dem Modell der erfolgreichen Wissenschaften Soziologie sich auszubilden strebte, desto mehr verblaßte der Begriff von Gesellschaft, der einmal der konkreteste, ja das Konkretum war. Er erschien zugleich als entbehrlich und illegitim. Nach jener Periode der frühen Soziologen, der Monographien, der Aufstellung von Grundbegriffen, Typen, Regeln und Methoden hat Soziologie zusammen mit Sozialpsychologie als vielfältiges Ganzes anerkannter Verfahrensweisen in der rasch sich umstrukturierenden und gegen eine äußere Welt von Feinden sich wappnenden Gesellschaft ihren Platz gefunden und sich nützlich gemacht. Ihre Aufgaben will sie, wie die traditionellen Disziplinen, teils aus der vom Gang der eigenen Untersuchung bedingten immanenten Problematik, teils von den Institutionen und Agenturen des wirklichen Lebens empfangen. Auf logische Strukturen, die nicht heuristisch verstanden werden, auf Begriffe, die den Gang der Untersuchung einer subtilen gesellschaftlichen Maschinerie vorwegzunehmen trachten, auf Extrapolationen, die mit politischer Praxis zusammenhängen, kann die technisch sorgfältig geschulte neue Disziplin in der Regel nur idiosynkratisch reagieren. Noch hat sie den Verdacht der Opposition und des Relativismus nicht überall abzuschütteln vermocht. Er ist unbegründet. Einzeluntersuchungen, ebenso wie theoretische Entwürfe, haben der Spekulation entsagt. Schon ein Begriff wie Industriegesellschaft, sofern er Wirklichkeit gedanklich zu strukturieren tendiert, hat das Bedenken der Simplifizierung gegen sich. Mathematische Apparatur und strikte Verifizierbarkeit werden um so entschiedener gefordert, je weniger der Stand methodischer Erfahrung und die Bedeutsamkeit der Resultate mit denen der Naturwissenschaft vorerst vergleichbar sind. Soziologie erfährt sich in steigendem Maß als eine Fertigkeit.

Aber von der Stufe der Entfaltung abgesehen, besteht zwischen ihr und der Naturwissenschaft ein prinzipieller Unterschied. Von Physik und Biologie wird nicht erwartet, daß sie die Kräfte, deren Organe sie sind, zu reflektieren vermögen. Bei aller psychologischen Motivation des einzelnen Forschers durch Neugier, Spieltrieb, Ehrgeiz, bei aller Freiheit zum Nutzlosen, bildet die Manipulation der Natur einen entscheidenden Faktor der Naturforschung, auf den sich zu besinnen nicht zu ihrem Thema gehört. Der im geschichtlichen Leben wirksamen Vernunft und Unvernunft, der bewußten und unbewußten Konvention, den politischen Instanzen muß es überlassen werden, wieweit die naturwissenschaftlichen Erkenntnisse und Erfindungen zu konstruktiven oder destruktiven Zielen, zum Guten oder Schlechten sich auswirken. Der Naturwissenschaft kann daraus kein Vorwurf erwachsen. Soziologie hingegen soll zur Erkenntnis und womöglich zur Lenkung der außerwissenschaftlichen Faktoren dienen, die den Wissenschaften ihre Richtung geben. Daß sie im Hinblick auf die Einsicht in ihre eigene Bedingtheit trotzdem nicht viel besser dasteht als die anderen Disziplinen, läßt eine Lücke offen, die in der nicht totalitären Gesellschaft freilich schwerer als in der diktatorisch gelenkten auszufüllen ist. Auch Soziologen, die sich mit den täglich produzierten Arbeitshypothesen der Forschungsroutine nicht begnügen wollen, schrecken davor zurück, das komplizierte Kräftespiel, aus dem die gesellschaftlichen Verhaltensweisen und ihre Änderungen hervorgehen und von dem auch die Soziologie ihre Impulse empfängt, durch weitausgreifende Begriffe nachzuzeichnen. Nach Robert Merton soll Soziologie auf theoretischem Gebiet zunächst mit relativ bescheidenen Aufgaben sich begnügen und spezielle Theorien mittleren Ausmaßes, »theories of the middle range«, etwa über widerstreitende Gruppeneinflüsse, über interpersonale Einflußnahmen und die Machtausübung zustande bringen, um die Ergebnisse erst später in ein allgemeineres System konsistenter Sätze aufzunehmen. An Parsons anschließend, will Ralf Dahrendorf Konflikt und Veränderung als entscheidende soziologische Kategorien festhalten; sie sollen jedoch nicht Momente des bestehenden Ganzen benennen, sondern der Auffassung von Teileinheiten der Gesellschaft dienen. Soziologie, die »nichts als Soziologie« sein will, darf, wie von Wiese einmal sagt, »Gesellschaft als substantielles soziales Gebilde« gar nicht gelten lassen. Sie versteht sich als Erfahrungswissenschaft im Gegensatz zur Theorie im alten Sinn oder, wie Merton meint, zu den »großen philosophischen Systemen der Vergangenheit mit all ihrem Gedankenreichtum, ihrem architektonischen Glanz und ihrer wissenschaftlichen Sterilität« [1]). Die Macht der gesellschaftlichen Realität ist so groß geworden, die Disproportion zwischen ihr und der Möglichkeit individueller Spontaneität so kraß, daß noch die Sprache, die den Sachverhalt bezeichnet, die Hilflosigkeit an sich trägt. Die Lehre von der Gesellschaft hat wie andere Wissenschaften im Bestehenden sich einzurichten; deshalb steht sie in Gefahr, das Bestehende als ganzes aus den Augen zu verlieren und in den verfestigten Teilen aufzugehen. Je mehr sie sich einbürgert, desto mehr ist sie überholt.

Aber ihrem eigenen Sinn nach vermag sie sich von Philosophie nicht zu lösen, deren Erbe sie in vieler Hinsicht zu verwalten hat. Philosophie war einst Besinnung aufs Subjekt. Solange es ausschließlich als das individuelle

---

[1]) Robert Merton, Social Theory and Social Structure, Glencoe, Ill., 1949, S. 10.

Ich erschien, blieb Psychologie die Wissenschaft, die mit philosophischen Intentionen am engsten verbunden war. Seitdem im deutschen Idealismus das Subjekt nicht mehr nur als individuelles, sondern zugleich als die Kraft der tätigen, miteinander in Verbindung stehenden, getriebenen und doch auch ihre eigene Geschichte machenden Menschen, als Gesellschaft sich begreifen lernte, wurde Soziologie in eminentem Sinn die philosophische Disziplin. Sie ist in der Tat, wie ihre positivistischen Vertreter sagen, Erfahrungswissenschaft, nur daß die Erfahrung als Soziologie auf ihre eigene Quelle, das seiner noch nicht mächtige Subjekt, sich zurückwenden und es dadurch fähig machen soll, zu sich selbst zu kommen. Daraus ergeben sich Aufgaben, die weder aus der immanenten Problemdiskussion hervorgehen, noch mit äußeren Anforderungen zusammenfallen. Der Titel Ideologienlehre oder Wissenssoziologie scheint dafür zu eng, denn nicht mehr geht es vornehmlich um sogenannte Denkstile verschiedener sozialer Schichten, wie sehr sie auch fortleben, noch um bewußt verfertigte Lösungen und Apologien, wie sehr sie auch mit dem gegenwärtigen Leben verfilzt sind, sondern um die reale Welt, wie sie von jedem wahrgenommen wird. Der Menschentyp, den diese Welt produziert, ist nüchtern geworden und erkennt in jeder Art Beteuerung sehr rasch die Konvention und Absicht. Der Enthüllung bedürfen weniger die Gedanken, die vom Bestehenden sich entfernen, als die Tatsachen, auf die man sie beschränken will. Die physische Natur, die aus den dinghaft nicht mehr faßbaren, mikrokosmischen Teilchen gebaut ist, erhärtet ihre Einheit durch die Intention auf Herrschaft; die Summe von Studien dagegen, die aus dem Material von Antworten bei Polls, aus Daten von Erhebungen im Betrieb, Erforschung kleiner Gruppen entstehen, spiegelt die Ohnmacht, die Welt auf Grund jener Herrschaft menschlich einzurichten. Zu meinen, die Tatsachen, die die Empirie sich herstellt und zusammenstellt, seien Elemente von Gesellschaft, ist Täuschung; sie sind Produkte der durch heteronome Interessen gelenkten Abstraktion. Ohne Bekümmerung ums Schicksal des Ganzen, von dem doch nicht die Rede sein soll, ohne Idee im Sinn der großen Philosophie, ist Soziologie als Wissenschaft wirklich steril, wie sie jener zu Unrecht es vorwirft. Was Durkheim, dessen Forschung noch weit theoretischer bestimmt war, als er gelten lassen wollte, von der Logik zeigte, daß sie nämlich als Reflex gesellschaftlicher Vorgänge und Strukturen zu verstehen sei, gilt nicht weniger für die Tatsachen; für solche, die der Soziologe seiner Arbeit zugrunde legt, wie für die des menschlichen Bewußtseins überhaupt. Was und wie die Menschen etwas wissen, von ihren Autostraßen, Siedlungen, Arbeitsstätten bis zu ihrer Liebe und ihrer Furcht, ist mitbedingt durch ihr Zusammenleben, die Organisation der Arbeit, gestern und heute. Die Anstrengung, den gesellschaftlichen Mechanismen, die dabei im Spiele sind, im einzelnen nachzugehen, ist an die Stelle von Enthüllungen im alten Sinn getreten. In der Tat hat sich Wissenschaft an die Fakten zu halten, doch sind die Fakten nicht bloß durch die bewußt geübten Methoden und das jeweilige Forschungsziel, sondern durch den Gegenstand der Soziologie, das gesellschaftliche Ganze und seine mannigfaltigen Momente, überall präformiert. Das zumindest ist die Annahme, deren fortschreitende Bestätigung zum Gang der Soziologie als Wissenschaft gehört. Je mehr Licht eine Untersuchung auf die Weise solcher Präformation zu werfen vermag, je mehr sie zeigt, wie die Menschen in ihrer Arbeit zugleich sich selbst herstellen, desto mehr erfüllt Soziologie die Aufgabe der Selbsterkenntnis und der Selbstbestimmung, die herbeizuführen Philosophie einst als ihr Werk betrachtet hat. Die Studien so anzulegen, daß die Heteronomie sozialer Schichten, die Suggestibilität der Individuen als Wirkung gesellschaftlicher Zusammenhänge hervortritt, ist eine Konsequenz, die Soziologie bei aller Ohnmacht des Gedankens aus ihrer eigenen Geschichte ziehen muß. Nie jedoch ist Reflexion aufs kollektive Subjekt ganz durchzuführen; solange in der Gesellschaft irgend Freiheit herrscht, kann es sich nicht durchweg als bedingt verstehen und, wenn die Freiheit geschwunden ist, hört es auf, Subjekt zu sein.

Das Erbe der Philosophie, das Soziologie übernommen hat, erschöpft sich nicht in solcher Reflexion der Gesellschaft auf sich selbst. Ohne den Gedanken an Resistenz gegen das Versinken ins Totalitäre, an die Erhaltung und Ausbreitung der auf Freiheit zielenden Kräfte vermag Soziologie aus dem Labyrinth der sozialen Maschinerie nicht herauszufinden, wie wenig klar er im Dunkel erkennbar sein mag. Jede bestimmende Idee, auch die des Juristen oder Mediziners, muß sich dem Versuch versagen, sie eindeutig festzulegen, doch ohne sie zerfällt die Wissenschaft. Daß die Anlage der Projekte ganz anderen als philosophischen und theoretisch-praktischen Rücksichten sich verdanken mag, daß die psychologischen, bewußten und unbewußten Antriebe derer, die sie durchführen, wie derer, die sie benützen, keineswegs dem bürgerlichen Glauben entspringen, kann nichts daran ändern, daß der Gegenstand der Soziologie als Wissenschaft nicht weniger durch objektive Interessen der Menschheit konstituiert wird als andere Felder der Erkenntnis. Der Unterschied liegt im Wesen der Interessen; Soziologie weist auf das richtige Zusammenleben der Menschen hin. Das teilt sie mit jener alten Theorie der Gesellschaft, die heute, verfestigt und entstellt, der rücksichtslosen Ertüchtigung zurückgebliebener Völker als Vorspann dient. Im Kampf gegen die totalitäre Welt, die der europäischen nicht bloß von außen droht, kann Soziologie sich nicht dem ökonomischen Kräftespiel, das in vieler Hinsicht zu ihrem Thema gehört, bloß überlassen und der allgemeinen Tendenz zum Vergessen nachgeben. Vielmehr hat sie die Mittel, mit denen die Gesellschaft sich am Leben erhält, in Beziehung auf den Zweck, die menschenwürdige Einrichtung des Lebens, zu sehen. Bei der Entfaltung aller Einzelnen zu geistigen, ihr Schicksal selbst bestimmenden Wesen bildet der Lebensstandard bloß ein Moment. Hypostasiert, muß er den Zerfall der europäischen Gesellschaft beschleunigen. Von ihrem Ursprung aus dem Willen, Religion und Philosophie in die Welt einzubilden, läßt Soziologie, ob sie Machtverhältnisse, Betriebsklima oder Familie in ihren vielfältigen Aspekten und Veränderungen untersucht, so wenig sich trennen wie Psychologie von der Idee des vernunftbegabten Individuums. Das gilt nicht allein für jene Studien, in denen die Hemmung des Gedankens zum Thema steht, etwa über die Wirkungen der Massenkommunikation, über die sozialen, nationalen, religiösen Vorurteile, den wachsenden Druck der Ökonomie und seine Wirkung auf die Konformität, über die von Riesman geschilderte Einsamkeit des anpassungsbereiten Individuums in der Masse und das von Schelsky daran angeknüpfte Motiv der Annäherung des Menschentyps in beiden Machtblöcken der Gegenwart. Jede Untersuchung, rein empirisch, wie sie sich geben mag, trägt subjektive, das Material bestimmende Momente an sich, die zu jenem Willen in vielfältiger, richtiger oder unrichtiger Beziehung stehen. Diese Momente bewußt zu machen, gehört selbst in den Bereich der Soziologie. In ihr so wenig wie in anderen Disziplinen muß das Interesse, das von sich weiß, ein Hemmnis der Sachlichkeit bilden, eher wird sie von ihm herbeigeführt. Die nüchterne, auf die Quellen zurückgehende Geschichtsschreibung, die Voltaire so viel verdankt, schuldet der Empörung gegen die historische Rechtfertigung des Unrechts kaum mehr als die Wendung der deutschen Soziologie zum Positivismus dem Widerwillen gegen den Byzantinismus der Historie im kaiserlichen Deutschland. Reine Sachlichkeit bleibt vor dem Chaos gesellschaftlich bedingter Tatsachen und der unendlichen Fülle möglicher Betrachtungsweisen Illusion. Nicht als ob die Praxis das Resultat zu bestimmen hätte. Die vorgeschriebene Vereinbarkeit einer Untersuchung mit bestimmten Absichten, denen sie genügen müßte, oder gar die Forderung bestimmter Resultate, ja die mangelnde Bereitschaft, auf Grund dessen, was erfahren wird, wenn es nur bedeutsam genug ist, die eigenen Voraussetzungen einzuschränken und notfalls aufzugeben, widerspricht nicht bloß der Wissenschaft sondern geistigem Leben schlechthin. All das gehört in den politischen Bereich des Totalitären, gegen den die immanenten, unabdingbaren Intentionen von Soziologie dem Wesen nach gerichtet sind. Ihr ureigener Motor, der theoretisch-praktische Antrieb der Soziologie, ist nicht Naturbeherrschung und auch nicht Beherrschung der Gesellschaft, wie sehr sie im einzelnen von Nutzen sein mag, sondern die Anstrengung, das gesellschaftliche Leben im Hinblick auf seinen von Menschen gesetzten Sinn erkenntnismäßig zu durchdringen. Zu ihren Aufgaben gehört es, daß sie Hemmnisse des selbständigen Gedankens in Beruf und sogenannter Freizeit registriert und die Verkümmerung der Individuen inmitten der Steigerung von Konsum und Lebenserwartung wahrnimmt. Durch die Phänomene der Nivellierung hindurch hat sie die zugleich sich verändernden Unterschiede sozialer und ökonomischer Macht zu beobachten; sie sind kraß und spielen noch in den zivilisiertesten Staaten, wo Rechtssicherheit und Schutz der Individuen am weitesten gediehen sind, in jede Lebenslage hinein. Sie verdienen die soziologische Aufmerksamkeit nicht weniger als die Liberalisierung der Beziehungen zwischen den sozialen Schichten inner- und außerhalb des modernen Produktionsprozesses oder etwa das Potential einer neuen Solidarität von Mann und Frau.

Die Beziehung zur Philosophie bleibt für die Soziologie konstitutiv, wenngleich die alte Theorie sich nicht verwirklicht hat. Die Gesellschaft, die am Ende zu dem Ungetüm wurde, als das sie Hobbes an ihrem Anfang beschrieb, schreckt den Gedanken zurück, der sie als Ganzes zu fassen sucht. Das Ganze zu denken wäre von der Möglichkeit, denkend auf es zu wirken, nicht abzulösen. Das Vertrauen dazu eignete der europäischen Philosophie, als sie die Theologie ablöste und anstelle des Glaubens an die natürliche Ordnung die Aufgabe setzte, die menschlichen Verhältnisse nach vernünftiger Einsicht zu bestimmen. Trotz aller aus dem undurchdringlichen ökonomischen Kräftespiel entspringenden staatlichen Regulierung heute hat jenes Vertrauen an Boden verloren. Die Scheu jener modernen Soziologen, an die Form der Gesellschaft zu rühren, ist durch die aus ihr selbst sich fester bestimmenden Grenzen motiviert, die dem wirksamen Gedanken gezogen sind. Was jeweils spekulativ und was realistisch ist, hängt vom Stand der Geschichte ab. Wo heute Theorie auf ihre mögliche Gewalt verweist oder gar auf sie zu pochen wagt, spiegelt sie ein bis zum Sinn der einzelnen Begriffe verfälschtes Bild der Welt. Ergriffen wird der gesellschaftlich auf rasches Reagieren, Wendigkeit und Anpassung geformte Mensch der Industriegesellschaft durch die Übermacht der je unmittelbaren Interessenstruktur zusammen mit der kompakten Masse konvergierender

Meinungsinstrumente. Sie reichen von Reklame und Schlagzeile über die durchs moderne Leben diktierte oder gar von Sachkundigen gestaltete Ausfüllung der zur Freizeit erniedrigten Muße bis zur psychologisch geplanten Propaganda der politischen Instanzen. Die Aktualität der Theorie stammt nicht mehr aus der Nähe der Erfüllung des bürgerlichen Glaubens, die vielmehr fraglicher wird, je vollständiger ihre Bedingungen vorhanden sind — die Verringerung der schweren Arbeit, die Verlängerung der Lebenszeit, die vollen Märkte und Kaufläden sind verläßliche Zeichen, daß die Schuld nicht an den vorhandenen Kräften liegt —, die Aktualität gründet, von den äußeren Gefahren abgesehen, in der drohenden Verkümmerung der subjektiven Qualitäten, die zum vernünftigeren Zustand die Voraussetzung bilden. Den Prozeß aufzuhalten, indem sie ihn begreift, ist die Hoffnung der Theorie. Sie zerstreut die Täuschung, daß die durch Manipulierung und Inflationsspirale durchgehaltene Krisenfreiheit mit der Steigerung der menschlichen zusammenfalle, und erst recht den krassen Betrug, nach dem die Zwangsindustrialisierung im Osten, gegen die der englische Frühliberalismus, das genuine Angriffsziel des modernen Sozialismus, noch als Idyll erscheint, der Sozialismus selber sei. Der theoretische Gedanke heute ist die gegen die Zeit durchgehaltene, in gesellschaftlichen Lettern buchstabierte philosophische Intention. Die Frage der Exaktheit, des Vorzugs methodisch strenger, der sogenannten harten über die weiche Soziologie bleibt davon ganz unberührt. Die Studie, die den Gedanken an die Idee nicht explizit enthält, kann theoretisch bedeutsamer sein als viele andere, in denen er bewußt eine Rolle spielt. Wenn die Beziehung nur nicht völlig abreißt, bleibt dem Soziologen die Distanz zum herrschenden Betrieb, etwas vom Intellektuellen im alten Sinn. Als Individualist, als Nonkonformist wird dieser in den totalitären Staaten liquidiert, und der Spielraum, den er in den europäischen noch genießt, ist ein Index für die Unterschiede an individueller Freiheit in ihren Grenzen. Am Intellektuellen zeigt sich, wie weit die Gesellschaft sich vor der Beurteilung ihrer selbst, vor wahrer oder schiefer, zu fürchten oder jedes Wort sogleich auf seine mögliche Wirkung, sozusagen als ein Mittel für oder wider die erwünschte Ausrichtung, zu prüfen hat; an seinem Schicksal tritt hervor, wieweit es der Gesellschaft auf Herrschaft oder Freiheit ankommt. Die Soziologie trägt trotz allem ausgebildeten Instrumentarium, trotz allem Wunsch, den eingesessenen Fächern gleichzusein, etwas von der Verantwortung der »Mechanici«, der Philosophen des Barocks, der Intellektuellen des siebzehnten Jahrhunderts, an sich. An ihrem Thema, der Einrichtung der Gesellschaft, hängt das Interesse der Menschheit wie damals an der

Verfassung der physischen Welt. Die Bestimmung soziologischer Forschungsziele, ebenso wie jeder Schritt in einer Studie, hat gesellschaftliche Bedeutung. Morris Ginsberg sagt in einem 1958 erschienenen Aufsatz [2]), soziale Prozesse seien weder fatalistisch bestimmt noch frei von begrenzenden Bedingungen, aber ihre Kenntnis gehöre entscheidend zur Bestimmung der Ereignisse. Von der kritischen Durchdringung jener Bedingungen menschlicher und sachlicher Art könnte es abhängen, wieviel Erkenntnis in die Entscheidungen der Gesellschaft eingeht. Dem wäre nur hinzuzufügen, daß, wo immer es auf Autonomie ankommt, der Inhalt des Willens und daher auch dessen, was als seine Beschränkung erscheint, weder bloß aus der Masse von Tatsachen noch, wie Max Weber glaubte, aus irrationaler Entscheidung hervorgeht, sondern an der Tradition des großen europäischen Gedankens zu messen ist. Das hat wohl auch René König gemeint, wenn er in der Einleitung seines soziologischen Lexikons erklärt, nachdem er Geschichts- und Sozialphilosophie von der Soziologie gesondert hat, es stelle »sogar im konkreten Forschungsprozeß« sich immer wieder ein, »daß die Diskussion in einem gegebenen Falle einzig durch philosophische Überlegungen weitergebracht werden kann« [3]). Das gilt für die Lehre überhaupt. Indem Kenntnis der Methode und der soziologischen Forschungsergebnisse auch für den Nichtsoziologen die Fähigkeit zu differenzierter Erfahrung stärken kann, indem sie das Verständnis für Menschen erweitert und der Anfälligkeit für Fanatismus entgegenwirkt, setzt Soziologie die viel gehaßte Aufklärung fort. Sie ist sich selbst zuwider, wenn sie der Realität, die sie entzaubern sollte, allzu kundig sich anzupassen weiß. Das öffentliche Bewußtsein, besonders in Deutschland, hat ihr kritisches Wesen, die Nähe ihres Gedankens zum Widerstand gegen die je vorherrschende Tendenz der Gesellschaft, wohl in Erinnerung. Es bringt sie mit Philosophie in Zusammenhang. Was früher Bildung geheißen hat, die geistige Widerstandskraft gegen die aufs Bewußtsein einstürmenden Tagesmächte, ist nicht mehr denkbar ohne das Wissen von Gesellschaft und die Prozesse in ihr.

Die alte Theorie glaubte, der Zukunft gewiß zu sein. Daß heute Soziologie empirisch sich ausbreitet, ist Zeichen ihrer Nützlichkeit zugleich und ihrer Resignation. Anders als die Philosophie, die einstmals als Herold die bürgerliche Welt und ihre Wissenschaft verkündigte, blickt Soziologie, wenn sie sich frei macht, nach rückwärts: zu den geschichtlichen Phasen, in

---

[2]) Morris Ginsberg, Social Change, in: British Journal of Sociology, Sept. 1958, S. 205 ff.
[3]) Soziologie, hrg. von René König, Fischer Lexikon, Bd. 10, Frankfurt 1958, S. 7.

denen die europäische Gesellschaft die Kraft noch in sich fühlte, dem eigenen Prinzip, dem richtigen Zustand unter den Menschen, zur Wirklichkeit zu verhelfen. Im Gedanken an jenes Potential sucht sie die Stellung zu halten, zu der die Menschheit nach Katastrophen vielleicht erfahrener zurückkehren wird.

M. H.

Philosophie als Kulturkritik

Die gegenwärtige Auseinandersetzung zwischen Natur- und Geisteswissenschaften ist durch die begreifliche Furcht der philosophischen Disziplinen bedingt, angesichts der alles verzehrenden Technik im allgemeinen und der Aufrüstung im besonderen bei der Verteilung von Mitteln zu kurz zu kommen. Dabei läßt die Weise, in der die Interessen der Geisteswissenschaften vertreten werden, ihre Verlegenheit erkennen. Argumente, vor allem soweit sie die Erlangung finanzieller Mittel, sei es von Parlamenten oder von Machthabern oder selbst von Mäzenen, zum Ziele haben, bedürfen der Nützlichkeit als Trumpf. Deshalb pflegen ihre Fürsprecher die propädeutische Wichtigkeit humanistischer Studien für die Naturwissenschaften, ihren Wert für die Disziplinierung des Denkens, für die Einordnung des Bürgers in die staatliche Gemeinschaft und jüngstens ihre Unentbehrlichkeit bei der Heranbildung für sogenannte Führungsposten in Industrie und Verwaltung hervorzuheben. Man zählt die persönlichen Züge auf, die in hohen Stellungen erforderlich seien, und sucht zu zeigen, wie der Umgang mit geistigen Dingen in der Jugend zur Entwicklung solcher Fähigkeiten beitragen kann. Wenn allgemeine Bildung im neunzehnten Jahrhundert für den erfolgreichen Unternehmer in vieler Hinsicht selbstverständlich war, ohne daß sie ganz im praktischen Zwecke aufzugehen schien, so wird sie jetzt für den künftigen Generaldirektor, ja den Manager überhaupt, als Mittel zum Zweck empfohlen.[1]) Die realistische Funktion, die den Geisteswissenschaften, vor allem ihrem Kern, der Philosophie, in jeder bürgerlichen Epoche noch stets geblieben war, tritt heute unmittelbar hervor. Die Ausbildung eines findigen Verstandes und praktischer Phantasie, die Erleichterung des Überblicks über nationale und internationale Verhältnisse, die Kunst der Menschenbehandlung spielten implizit schon in den theologischen und weltlichen Zweigen der frühen Universitäten eine Rolle. Heute, wo die philosophischen Fächer in ein Stadium getreten sind, in dem sie für anziehende Karrieren in ihrem eigenen Bereich kaum mehr Aussicht gewähren, bedeutet in den fortgeschrittensten Ländern ihre Teilnahme an der Erziehung zu lebenswichtigeren gesellschaftlichen Aufgaben für sie eine neue Möglichkeit, die freilich ihren Sinn und Inhalt nicht unberührt lassen kann. In Deutschland dienen die philosophischen Fakultäten

---

[1]) Vgl. etwa Peter F. Drucker, The Practice of Management, New York 1954.

vor allem noch der Ausbildung von Kandidaten des höheren Lehramts, eines akademischen Berufs, auf den die Abwertung der humanistischen Fähigkeiten besonders stark zurückwirkt. Um so dringender sind die Geisteswissenschaften auf den Daseinsgrund verwiesen, den sie durch ihre neue Rolle bei der Erziehung des wirtschaftlichen Nachwuchses, durch die Teilnahme an innen- und außenpolitischer Werbung, durch ihren Nutzen für staatliche und wirtschaftliche Aktivitäten gewinnen können. Wieweit solche Funktionen ihrer im Schwinden begriffenen Substanz zu Hilfe kämen, läßt sich freilich nicht vorherbestimmen.

Auf andere Weise hat Jacques Barzun, der gelehrte Provost der Columbia-Universität, die philosophischen Disziplinen gegenüber den Natur- und Sozialwissenschaften zu stützen versucht. Ihr Nutzen, so meint er, bestehe nicht, wie bei diesen, in der Vermittlung von Herrschaftswissen, in einem jenseits ihrer selbst liegenden Zweck, sondern vielmehr darin, daß sie ganz unmittelbar einem Bedürfnis entsprechen. »Der Nutzen der humanistischen Wissenschaften«, so sagte er, »ist durch den alten, unerschütterlichen, immer sich verbreiternden Wunsch nach ihnen bewiesen und festgelegt.«[2]) Daß die Menschen sich für Geschichte interessieren, fremde Sprachen lernen, an gelehrten Dingen teilnehmen, anstatt nur Städtebau zu betreiben und soziale Angelegenheiten zu regeln, sei ein Faktum, dem man eben Rechnung zu tragen habe. »Die Geisteswissenschaften« (gemeint sind Sprachkurse und Lektüre von Geschichtswerken), sagt er scherzhaft in seinem Plädoyer, »die solchen Torheiten Vorschub leisten und als Antibiotica ganz unnütz sind, umgeben uns doch überall, reizen unser Auge, Ohr und unseren Geist und häufen den Berg von Unfug, für den sie stehen.« Nach Barzun also sollen Philosophie, Geschichte, Philologie, Ästhetik um ihres eigenen Reizes willen existieren. Das bedeutet, daß sie wesentlich Konsumgüter sind, mit demselben Recht wie Kino, Fernsehen, Modeschöpfungen, Zigaretten und Gesellschaftsreisen — eine Verteidigung, die angesichts der Konkurrenz mit solchen gängigen Artikeln kaum eine günstige Prognose für die künftige Entfaltung der Geisteswissenschaften oder gar für ihre Resistenz gegen das drohende Unheil zuläßt.

Der Rechtfertigung überhaupt bedarf es, weil die aufhellende Kraft des philosophischen Gedankens gebrochen ist. Die aggressive Klarheit und Deutlichkeit, die clara et distincta perceptio, hat seit dem Untergang des Absolutismus ihren Stachel eingebüßt. Die Philosophen leben nicht mehr

---

[2]) Jacques Barzun, Science versus Humanities, in: Saturday Evening Post, 3. Mai 1958.

verborgen und unstet wie Descartes oder an der Grenze der Staaten wie Voltaire. Nach der, vor allem auf Deutschland beschränkten, Verinnerlichung der politischen Energien, die in Philosophie und Musik den großen Ausdruck fand, haben sie mit der Welt Frieden geschlossen, mit der uneins zu sein einmal zum Wesen der Philosophie gehörte. Schopenhauer und Nietzsche, die Nachfahren der großen Philosophie, nahmen in ihrem Leben die neue Einsamkeit des Denkenden voraus.

Was jedoch heute zu Ende geht, hat, als es der Rechtfertigung noch nicht bedürftig war, einmal eine gesellschaftlich produktive Rolle gespielt. Philosophie wußte von sich als vom unterbrochenen, in vieler Hinsicht von außen bedingten, zugleich jedoch auch einer immanenten Logik gehorchenden Gang des europäischen Geistes, sie erfuhr sich als fragiles und mehrdeutiges, aber doch auch zusammenhängendes Ganzes, das zur Substanz der Zivilisation gehört, mit der es zugleich eins und uneins ist. Wie die der älteren Kulturen ist die reale Geschichte der europäischen Völker erfüllt von Fanatismus und Grausamkeit, von unmäßiger Eigensucht der Individuen und Gruppen, von Unterdrückung und einer auf lange Zeitstrecken hin engstirnigen und barbarischen Justiz, in der das Ressentiment der schlecht gebändigten Instinkte der sich Duckenden seit je Befriedigung sucht. In der Mitte der dreißiger Jahre dieses Jahrhunderts, also während der Herrschaft von Hitler und Stalin, hieß es in einem Artikel Bertrand Russells: »Mit denen, die die Intoleranz von Faschismus und Kommunismus nicht mögen, stimme ich gern überein, es sei denn, sie sähen darin eine Abweichung von der europäischen Tradition. Diejenigen unter uns, die in einer Atmosphäre von verfolgungssüchtigem Regierungsdogmatismus nicht atmen können, wären in den meisten früheren Zeitaltern Europas nicht viel besser gefahren als im modernen Rußland oder Deutschland.«[3]) Trotzdem zog sich in vergangenen Jahrhunderten eine Art Zusammenhang des europäischen Denkens über die Unmöglichkeit und Möglichkeit von Wahrheit, über die Menschen und ihre Bestimmung, über Endliches und Unendliches durch die Realität. Wenn David Hume in seinem »Enquiry« von der Darlegung, wie durch Assoziationen Einheit ins individuelle Bewußtsein kommt, unmittelbar zur Einheit von Kunstwerken übergeht, so hätte er fortfahren können, daß, wie das Ich und das Kunstwerk, auch der die Gesellschaft durchherrschende Geist durch innere Bande zusammengehalten ist. Die Besinnung darauf, wie dessen zerklüftete Einheit zustande kommt, hat dann das Thema der deutschen, nicht der englischen Philoso-

---

[3]) Bertrand Russell, In Praise of Idleness, London 1935.

phie gebildet. Ihre Antwort lautet, die Einheit sei gestiftet durch die theoretische und die damit zusammenhängende praktische Anstrengung, den Widerspruch zu überwinden zwischen der daseienden, erfahrenen Wirklichkeit, wie sie je nach der erreichten Stufe der Erkenntnis erscheint, und einer der Vernunft entsprechenden Welt, in der das Subjekt als autonomer Geist sich wiederfinden kann — mit anderen Worten: durch den sich ändernden und produktiven Widerspruch zwischen dem Bestehenden und dem Gedanken selbst. Durch Philosophie wie durch Kunst wird der große Abstand zwischen dem, was ist, und dem, was sein soll, an dem je Seienden selber offenbar. Jede Ordnung, die sich die Menschen unter dem Zwang der Verhältnisse auferlegen, jede kulturelle Struktur nicht weniger als jedes einzelne Urteil erhebt, mit oder ohne Willen, Anspruch auf Richtigkeit, und kein Begriff, keine Ordnung wird dem eigenen Anspruch gerecht. Der Ausgleich des Unterschieds zwischen dem Begriff und seinem Anspruch, zwischen der je herrschenden Ordnung und der ewigen Wahrheit würde die finstere Geschichte der Menschen zum Abschluß bringen. Die trügerische Annahme vom Beginn des sinnvollen Endes war Voraussetzung und Ergebnis des absoluten Idealismus und hat noch seine materialistischen Schüler irregeführt. Jener sah das ersehnte Reich der Sittlichkeit im preußischen Staat, Rousseau sah es, als zweite Natur, im Schweizer Kanton heraufkommen; diese sahen es im Kommunismus, der sogleich folgen sollte. Aber Hegels Resignation, welche die bürgerliche Revolution für die letzte hielt, die zu einem höheren Zustand führte, hat sich als der geringere Irrtum erwiesen, wie fragwürdig immer die philosophische Rolle sein mag, die der Staat bei ihm spielt.

Kritik, Bewußtsein der Differenz, war stets die Kraft des philosophischen Gedankens, der sich als das Wesen der Wirklichkeit und zugleich als deren Gegensatz erfährt, von der er handelt. Der Begriff ist nie mit sich versöhnt. Noch die Abspaltung der positiven Wissenschaften: der Mathematik, Physik, Chemie, der Psychologie und der Sozialwissenschaften von der Philosophie gehört deren eigener Entwicklung an, wie sie durch den Widerspruch der herrschenden Vorstellungen zur intendierten Wahrheit sich erzeugt. Die Tendenz zur aktiven Veränderung der Welt, die im schrankenlosen Wachsen der Kräfte sich ausdrückt und von der die Sezession der Einzelwissenschaften eine Seite ist, war dem europäischen Gedanken seit der Antike eigentümlich. Aber es war weder der Sinn der Philosophie, am Ende in jenen Disziplinen aufzugehen oder als Logistik und Semantik ihnen als eine Art Hilfswissenschaft sich anzugliedern — darin besteht der Wahn des Positivismus, noch bildet Philosophie ein Spezialhandwerk mit eigenen, auf ein besonderes Thema: das Sein, zugeschnittenen Verfahrensweisen — das ist die Prätention der Fundamentalontologie; beide richten in der Arbeitsteilung sich ein und verleugnen damit objektiv den Gegensatz von Idee und Realität, aus dem der freie Gedanke ehemals seine Kraft gewann. Durch die säuberliche Trennung beider Seiten im Betrieb der Gesellschaft verschwindet der Gegensatz, der nur besteht, sofern sie eins sein wollen. Mit der Versicherung, sie stelle alles »in Frage«, bequemt sich Philosophie in diesem Jahrhundert, weit schmiegsamer als die ältere, der es bewußt um Rechtfertigung ging, zu jener Integration, auf die zu verzichten die Bedingung ihrer Arbeit ist.

Dem Bestehenden, sei es als dem vorhandenen Gedanken, sei es als der gegebenen natürlichen und gesellschaftlichen Wirklichkeit, zu widersprechen vermag der Gedanke nur, wenn er das, was jeweils Glauben und Anerkennung fordert (es sei denn, daß es in bloßer Lüge besteht), nicht einfach zunichte macht, sondern als ein geistig Durchdrungenes, zu seinem Recht Gebrachtes in Fleisch und Blut der künftigen Gestalt des Bewußtseins hinübernimmt. Er ist beidem zuwider, dem Auslöschen und Vergessen, wie dem Katalogisieren und Aufstapeln. Die rein konstatierenden, philologischen, historischen Studien leisten Hilfsarbeiten, sie sind nützlich und unerläßlich, doch bleiben die Gelehrten im positivistischen Sinn, nach Nietzsches Wort,[4] bloß Angestellte der Wissenschaft. Sie sind also für die Wissenschaft, die Wissenschaft ist aber nicht für sie da. Wenn das von ihnen Festgestellte am Leben des Geistes teilhaben soll, muß es in theoretische Gedanken einbezogen werden, die nicht ausschließlich an das spezielle Fachgebiet gefesselt sind.

Mit der zugleich verändernden und bewahrenden Funktion des Gedankens ist es ähnlich bestellt wie mit der umgestaltenden Kraft der Gesellschaft selbst. Um zu angemesseneren Formen fortzuschreiten, muß die Gesellschaft ihre Individuen immer wieder dazu bringen, neue Verhaltensweisen anzunehmen; man denke an die Gewöhnung an Fabrikarbeit im Laufe der industriellen Revolution. Der überkommene Lebensgang, der in seiner geringeren Straffheit dem Rückblick einmal als verlorene Heimat erschien, wurde als veraltete Form der Existenz durch neue Daseinsweisen abgelöst. Der emanzipatorische Prozeß, durch den Geschichte in den heute entwickelten Ländern vorindustrielle Formen der Gesellschaft praktisch kritisierte, vollzog sich hier, der wenig entwickelten Technik entsprechend, von inneren und äußeren Krisen gehemmt und gefördert, mit einiger Langsamkeit. Heute

---

[4] Friedrich Nietzsche, Gesammelte Werke, Musarion-Ausgabe, München 1923, Bd. IX, Menschliches, Allzumenschliches, II. S. 271.

wird der Übergang in den früheren Kolonialländern rasch nachgeholt, rücksichtslos radikal. Dort muten sich heute die Eingeborenen unter ihren Diktatoren nicht weniger zu, als was ihnen von den Imperialisten des neunzehnten Jahrhunderts schon zugemutet worden war. Langsamkeit, mangelnde Anpassung gilt dort heute nicht mehr als Faulheit sondern als Verrat an der Volksgemeinschaft. Schon Hitler und Stalin wollten das durch keine Residuen gehemmte Funktionieren der Industrie der fortgeschrittensten Länder mit Hochdruck nachholen. Der Nationalsozialismus und der Kommunismus suchten, die letzten Spuren nicht straff ausgerichteter Daseinsweisen auszumerzen, und der übersteigerte Nationalismus der zurückgebliebenen Länder heute entspricht demselben Trieb zur rasenden Industrialisierung, zur Herstellung der Konsumgüter fürs Volk und der Luxusartikel des Prestiges, der Rüstung, des umspannenden Polizei- und Propagandaapparates für die Herrschaft. Die Trägheit, die Schwäche der Individuen, wird ausgerottet. Jeder muß die gewaltsame Disziplinierung an sich selbst vollbringen, oder wenn er es nicht vermag, zugrunde gehen. Angesichts des nie geahnten Reichtums der Weltmächte empfinden die eingeborenen Massen ihre Armut als Schande, und der neue Nationalstolz ist die transformierte Wut über die Misere und zugleich die Fessel, die sie an ihre autochthonen Herren kettet. Aus dem unbändigen Willen zum je eigenen Wirtschaftswunder schöpfen die Eliten und schlauen Führer der afro-asiatischen Völker die Kraft, und die Massen marschieren in Begeisterung mit. Was vorherging, wird gehaßt, abstrakt verleugnet, barbarisch umgebracht; höchstens dient eine längst entschwundene, nach Belieben hergerichtete glorreiche Geschichte als propagandistisches Symbol der nationalen Erneuerung. Solche Prozesse, in denen die wirkliche Vergangenheit liquidiert anstatt hinübergenommen wird, sind stets mit der Ausrottung ganzer Gruppen von Menschen verbunden gewesen, und der Fluch des organisierten Terrors beim Übergang hat in die neue Gestalt der Gesellschaft, die ihm ihr Dasein verdankte, stets hineingespielt. Im Denken bedeutet unvermittelte Negation Vergessen und Blindheit, in der Wirklichkeit bedeutet sie den Mord.

Philosophie ist bewahrend und kritisch zugleich. Als Kraft des Negativen hat sie die sich entfaltende Einheit gestiftet, die dem Bewußtsein der Individuen den Charakter verlieh. Die ersten philosophischen Erklärungen, die Aufstellung von universalen Prinzipien der Natur, waren, ihrer objektiven Bedeutung nach, kritische Antworten auf den herrschenden Götterglauben und Mythos. Ohne es zu vernichten, haben sie dem Hergebrachten ein Begriffliches entgegengesetzt. Kritik war auch die große griechische Philosophie. Aristoteles hat die Platonische Deutung der Welt, die mit dem alten Glauben die Vielheit selbständiger Gestalten teilte, zugleich fortgeführt und negiert. Der Polytheismus des Altertums, die Opfer und Auspizien, der Volksglaube und die Staatsreligion finden ihre negative Antwort im Ganzen der griechisch-römischen Philosophie. Wegen Verletzung der Religion seines Vaterlandes erlitt Sokrates den Tod; sein Prinzip weist über die Antike hinaus. In seiner Verneinung der Gesetze der Polis aber wurden sie besser bewahrt als in der unreflektierten Affirmation der athenischen Bürger. Die römischen Denker vermochten nicht mehr, wie die unmittelbaren Schüler des Sokrates, eine eigene Lehre vom Staat auszubilden; die Gesellschaft war übermächtig geworden. Den nachsokratischen Schulen verpflichtet, zogen sie sich auf den inneren Widerstand gegen die Welt zurück; ihre Philosophie von Lust und Unlust war die des Verzichts.

Die Kirchenväter dagegen waren Aufklärer in weitem Maß. Sie widersprachen, darin die Erben der großen antiken Philosophie, den abergläubischen und astrologischen Vorstellungen ihres Zeitalters und nicht zuletzt — wie Augustinus — dem fanatischen christlichen Sektierertum. Bei aller Schonungslosigkeit der Sprache jedoch sind sie tolerant — tolerant freilich auch in dem problematischen Sinn, daß sie die Verkündigung der Gewaltlosigkeit mit der Gewalt versöhnten, das Gebot der Liebe mit dem Krieg, die Weisung, Böses mit Gutem zu vergelten, mit der Sanktionierung von Militär, gewaltsamer Justiz und Sklaverei. Hieß es im Evangelium, daß man dem Kaiser geben solle, was des Kaisers ist, und Gott, was Gottes ist, so hat Augustin die Negation der Weltfremdheit entschieden ausgebaut. »Nun wohl«, sagt er in einem seiner Briefe, »die, die behaupten, die Lehre der Kirche sei die Feindin des Staates, sollen uns doch einmal eine Armee geben, wie sie die Lehre und der Unterricht der Kirche wollen; sie sollen uns Untertanen, Ehemänner, Frauen, Eltern, Söhne, Herren, Diener, Könige, Richter und endlich Steuerzahler und -einnehmer geben, so wie sie die christliche Lehre vorschreibt, und dann sollen sie wagen, uns zu sagen, daß diese Lehre dem Staat schädlich sei; mögen sie nicht einen Augenblick zögern zu proklamieren, daß dort, wo man ihr gehorcht, die Kirche ganz besonders das Heil des Staates ist.«[5]) Weitgehend haben schon die Kirchenväter die weltabgewandte Seite des Evangeliums negiert und als überwundenes Element für die Zivilisation produktiv gemacht.

Die Frage, ob die Wirksamkeit des Christentums als Staatsreligion sein

---

[5]) Patrologiae Tomus XXXIII (Migne), Epistola CXXXVIII, Caput II.

eigenes unbiegsames Wesen, anstatt es zu bewahren, notwendig aufzehrt und trotz allen Widerstrebens aus dem Jenseits das Diesseits, aus Weltabgewandtheit Tüchtigkeit, aus unaufhebbarem Dualismus eine Art von gemäßigtem Pantheismus macht, führt über die selbst weltzugewandte europäische Philosophie hinaus. Weil das Christentum nicht, wie die Sekten und asiatischen Religionen, der Einbeziehung in den unheilvollen Lauf der Welt sich versagte, hat es — als Modell der Hegelschen Dialektik — die Geschichte, nicht bloß bis Bossuet, als Heilsgeschichte verstanden und seine Aufgabe zugleich als Wirkung in der Welt. Auch die Scholastik aber hat dem Gesetz, daß Philosophie den Widerspruch ausdrückt, sich schließlich fügen müssen. Ihre Entwicklung, die nach dem Wort von Victor Cousin mit der Einheit von Glauben und Wissen, Theologie und Philosophie begann und mit der Stütze der Offenbarung durch vernünftige Argumente fortfuhr, ging über in ein Stadium der Parallelität, des Bündnisses, um schließlich in der Emanzipation der Philosophie, in der Diskrepanz der beiden geistigen Zweige von Theologie und weltlichem Wissen, ja der Betonung des Gegensatzes zu enden.

Als selbständiger, der Theologie entkleideter, den Pantheismus offen einbekennender und mit der Wissenschaft verbundener Gedanke hat Philosophie in der Renaissance sich konstituiert; die Scheiterhaufen Giordano Brunos und Vaninis bezeichnen das Ende der militanten innerchristlichen Bewegung, die mit dem radikalen Nominalismus des William Occam begonnen hat. Ihre Negation fand die Verhimmelung natürlicher Erkenntnis, die jenen Philosophen noch eigen war, in den unsystematischen Analysen der Skepsis des sechzehnten Jahrhunderts, Agrippas und Montaignes; und auf die Lehre von der docta ignorantia des Cusanus, in der bereits der Kantische Agnostizismus sich anmeldet, sind als ihr entschiedener Gegensatz die Systeme des siebzehnten Jahrhunderts gefolgt, die sich zum strengen, zweifelsfreien Wissen und System bekannten. Trotz Dogmatismus und barocker Ausrüstung verdankt ihnen die Aufklärung das Vertrauen in die freie Vernunft.

Der Ansicht moderner Experten, denen nicht weniger als manchem gewitzigten Laien die Geschichte der Philosophie als chaotische Mannigfaltigkeit längst überwundener, pomphaft vorgetragener Irrtümer oder unhaltbarer Bekenntnisse vorkommt, widerspricht die relative Kohärenz des europäischen Denkens. Mag auch die scientifische Geringschätzung der Philosophie, der ihre Geschichte als ein Haufen abgelegter Irrtümer vorkommt, ihr noch gerechter werden als die seichte Begeisterung für Tiefe — Philosophie hat in der europäischen Geschichte eine wesentlich durch Kritik konstituierte, sich differenzierende relative Einheit gebildet und trotz ihrer faktischen Ohnmacht einmal eine fortschrittliche Wirkung geübt. In ihren kritischen weit mehr als in ihren affirmativen Gestalten war sie in den letzten Jahrhunderten ein produktives historisches Element. Die Aufklärung des achtzehnten Jahrhunderts hat den vom Absolutismus geschützten und ihn schützenden Fanatismus bekämpft, wie jene antiken Denker und Kirchenväter das alte Heidentum. Nach dem Sturz des vorbürgerlichen Regimes in Europa erkannten die Gegner und die Anhänger der neuen Gestalt des Lebens in Begeisterung und Abscheu, je nach ihren Positionen in der Welt, der Philosophie die Verantwortung für das Elend zu, ohne das kein Sturz in der Geschichte sich vollzieht. Aber nicht Voltaire und nicht einmal Rousseau, von D'Alembert und Condorcet zu schweigen, haben den Schrecken der Französischen Revolution hervorgerufen, der die Philosophen so wenig verschonte wie die Aristokraten und Bankiers. Hätten jene Gehör gefunden, die Blutgerichte wären vermieden worden. Mit Schaudern deuteten die Fürsprecher des Absolutismus, des Hungers, der Tortur, des Scheiterhaufens, denen die Guillotine, die jüngere Verwandte ihrer Regierungsinstrumente, die Antwort gab, auf die Kulturkritik der Aufklärung, bis die Bourbonen nach ihrer Rückkehr beweisen konnten, daß ihre Gefolgschaft den Terror noch immer großzügiger zu organisieren wußte als die Schreckensmänner.

Philosophie im Osten ist bloße Apologie. Marx hatte den Fortgang von der errungenen politischen und juristischen zur allgemeinen gesellschaftlichen Freiheit zum Thema seiner Theorie gemacht: die Menschen sollten die ökonomische Dynamik beherrschen lernen, anstatt sich ihr zu unterwerfen. Weder die inneren Schwierigkeiten der Wirtschaft, noch die durch sie bedingten äußeren Katastrophen, Massenbewegungen und Kriege sollten die Erde bedrohen dürfen. Er zielte darauf, durch Ausbreitung und Konkretisierung der Freiheit den bürgerlichen Prozeß zu vollenden, die in den fortgeschrittensten bürgerlichen Individuen entfalteten Fähigkeiten durch autonome Teilnahme aller am Leben der Gesellschaft allgemein zu machen. Die Machthaber drüben haben sein Werk in ein Lügengebilde verwandelt, in ein Opium fürs Volk, das den neuen Herren und ihren Luxusarmeen, Atomraketen und Sputniks dienen muß. Die Kritik der politischen Ökonomie war die Fortsetzung der Aufklärung und der zu ihr gehörigen Kritik der Vernunft. Wird aber die Negation des Liberalismus, der es um dessen Vollendung ging, in offizielle Weltanschauung umgewandelt, so dient sie – der auf die eigene Gesellschaft bezogenen Kritik verlustig – als Reklamepsychologie der Gewalt und wird, als hypostasierter und endlos wiederholter Teilabschnitt des seines idealistischen Moments beraubten dialektischen Systems, zum Ersatz des Denkens selbst. Marx, der zu England und Europa sprach, ist dem Kreml noch fremder als Rousseau dem Wohlfahrtsausschuß. Rousseau war im Grunde nicht liberal, Marx ging es in der Freiheit des Ganzen um die Freiheit der Einzelnen. In Rußland aber besteht jener staatskapitalistische Zustand, daß unter äußerem und innerem Druck die Industrialisierung rascher vollzogen wird, die Menschen brutaler zum Funktionieren gebracht werden als selbst im England des Frühliberalismus, das den Gegenstand der Marxschen Kritik gebildet hat. Die industriell und kulturell schon fortgeschritteneren Länder, die in die Gewalt der stürmischen sozialen Entwicklung im Osten hinein- und zurückgerissen sind, erfahren die furchtbare kulturelle Regression, von der ganz Europa äußerlich bedroht ist und die in ihm selbst seit Jahrzehnten auch innerlich sich vorbereitet. Schon das Wilhelminische Reich war ein Regressionsphänomen, und erst recht der Nationalsozialismus in seiner Ambivalenz nach Westen und Osten. An der ursprünglichen Duldung und Förderung des Nationalsozialismus hat der Westen erfahren, daß abwehrende Gewalt stets dem Abgewehrten in vieler Hinsicht sich gleichmachen muß. Regression ist die kulturelle Tendenz in Europa.

In dem durch Erfahrung, Ausgleich und Begriff nicht vermittelten Übergang der allmächtigen Ökonomie in Politik kündigt heute Barbarei sich an. Geist ist wesentlich Vermittlung. Er ist der Macht zu umständlich, zu differenziert und langsam, zu wenig ausgerichtet, analog zur Diskussion; die denkenden Einzelnen sind für die Macht und die ihr hörigen Massen zunehmend lästig. Das ist in Frankreich zutage getreten. Politik hat in Europa ihre Bedeutung verändert. Vor dem Ersten Weltkrieg gehörte es zum Bürger wie zum Arbeiter, eine eigene politische Überzeugung sich zu bilden; die Parteien und Richtungen entsprachen der pluralistischen Gesellschaft wie dem differenzierten Einzelnen, der viele Weisen politischen Handelns kennen und mit seinen Interessen in Verbindung bringen sollte. Heute ist selbst das — mangelhaft verstandene — Zweiparteienwesen noch ein bewahrendes Ideal; im Grund tendiert der Kontinent zur Einparteiherrschaft. Folgerichtig konvergieren die Interessen auf Vollbeschäftigung und nächste Sorgen. In der Massengesellschaft verliert Politik im Bewußtsein der Individuen ihre Beziehung zum übergreifenden Gedanken und damit ihre differenzierende Funktion. Jeder kann nur dazugehören oder anders sein. Damit bahnt die Angleichung der beiden verfeindeten Welten sich an, die unter Stalin und Hitler schon ihr Vorspiel hatte. Die Diktatoren im Osten, an deren Kulturstand die Welt in der Abwehr sich anzunähern droht, kennen Geist nur als Schlauheit, Instrument, Indoktrination. Dabei berufen sie sich auf Marx, der immerhin geschrieben hat: »Einen Menschen ..., der die Wissenschaft einem nicht aus ihr selbst (wie irrtümlich sie immer sein mag), sondern von außen, ihr fremden, äußerlichen Interessen entlehnten Standpunkt zu akkommodieren sucht, nenne ich ›gemein‹.«[6]) Sie verhalten sich zu den Gründern ihrer Weltanschauung wie Hitler zu Nietzsche oder der Großinquisitor zu Christus. Die Völker haben unter ihren Machthabern zu konkurrieren begonnen, wie einst die Unternehmer unter sich; Erfolg und Macht ist der Maßstab. Aber während im modernisierten Osten unter diesem Zeichen der gewaltsame Aufstieg sich vollzieht, kündigt in der Neutralisierung des Gedankens im Westen der Zerfall sich an; der Rückgang der europäischen Länder im internationalen Kräftespiel ist mit dem kulturellen Rückgang der Individuen verknüpft.

Nicht jenseits des Westens, sondern an der aus eigenem Versagen, gleichsam aus Erschöpfung kommenden geistigen Regression Europas erfährt Philosophie heute ihre Vergeblichkeit. Freilich droht die Regression auch von außen her durch Angriff und Verteidigung; zugleich ist sie aber auch bedingt durch den der eigenen Schwerkraft folgenden, zum Selbstzweck sich setzenden industriellen Fortschritt. Dieser meint Befreiung und Unheil zugleich. Je mehr die Hingabe an die steigende Beherrschung der Natur, die Benutzung der Naturkräfte, die Einbeziehung immer größerer Massen in die Steigerung des Verbrauchs die Menschen in Anspruch nimmt, desto leerer wird die Rede von dem, was anders ist, vom Ideal; desto funktioneller wird das Wort überhaupt. Zwischen der Karriere, die auch die privaten Interessen der Individuen strukturiert, und deren offiziellem Bekenntnis zum Guten und Schönen, zur Nächstenliebe und Selbstverleugnung ist die bewußte Verbindung, auch die des Widerspruchs, abgerissen, und der ihnen unfaßliche Bruch zwischen dem brutalen Daseinskampf und irgendeinem ausdenkbaren Sinn, heiße er Gerechtigkeit im Jenseits oder Verwirklichung des richtigen Zustands in der Welt, ist unheilbar geworden. Bis in die Periode der Weltkriege hinein schien in Europa eine andere Entwicklung noch möglich zu sein; es war denkbar, daß der materielle Fortschritt über Katastrophen schließlich zu einer höheren Stufe der Gesellschaft führen werde. Seit Jahrzehnten jedoch hat Europa im Grunde resigniert. Die Verbindung von Faschismus, Konjunktur und Krieg und aufs neue in hektischer Wiederholung Konjunktur, Bewaffnung, Vorkriegs-

---

[6]) Karl Marx, Theorien über den Mehrwert, (Vierter Band des Kapitals), 2. Teil Berlin 1959, S. 108.

zustand sind aus europäischer Ökonomie schon nicht mehr abzuleiten, wie sehr auch die Gewalt des Ökonomischen darin sich kundtut. Kein europäisches Land hat sein Gesetz noch in sich selbst. Sie haben ihre eigenen Möglichkeiten überlebt, und das ist auch ein Grund der geistigen Desintegration, der Sinnlosigkeit der einzelnen Existenz bei aller strammen Nationalität des gesteuerten Ganzen. Die Elemente verselbständigen sich. Der fortschreitenden industriellen Praxis verdankt sich neben der Hebung des Lebensstandards auch die Neutralisierung nicht nur der Philosophie, sondern auch aller nicht auf Beherrschung gerichteten Theorie, neben der höheren Lebenserwartung auch der totale Krieg, neben der im Zeitalter der Gehirnwäsche fragwürdigen Kontrolle des Politikers durch die öffentliche Meinung auch der gern gesehene objektive Zynismus, wie er, damals noch verborgen, früheren absoluten Potentaten und ihren Sekretären eigen war. Zwischen den Parteien und Machtblöcken ist der freie Gedanke allein, und das Schwinden der Möglichkeit, ihn in die wirkliche Welt einzubilden, führt zu seiner Verkümmerung.

Der Prozeß war unaufhaltsam, und aufhellende, kritische Philosophie selbst hat dazu beigetragen. Im Westen wie im Osten gehört Geistiges, das nicht deutlich den Index eines Zweckes führt, in eine Sparte, für die kaum Zeit und Kräfte bleiben und von der aus kein rechter Weg zum Leben führt. Es wird ihm die Kennkarte abverlangt. Wenn die Studenten nicht, wie Barzun es möchte, mit dem Geist als bloßem Konsumgut zufrieden sind, sondern fragen, was denn aus ihm folge, so steht dem Philosophen bei der Antwort nicht mehr, wie zur Zeit der Scholastik, der Hinweis aufs Jenseits, noch, wie zur Zeit des Rationalismus und der Aufklärung, die Forderung der Freiheit zur legitimen Verfügung. Selbst Moral und Gewissen verlieren mit der strukturellen Änderung der Familie an Boden. Die moderne Gesellschaft erteilt ihre Direktiven unmittelbar und deutlich genug. Erziehung, deren persönlich bildende Momente heute beschnitten werden müssen, damit sie den wirtschaftlichen und technischen Forderungen nachkommt, entbehrt der handgreiflichen Argumente, die ihr einst zur Verfügung standen. Sie muß rasch machen, damit der Zögling, soweit es ihn überhaupt noch gibt, den Anschluß nicht für immer versäumt. Die Chancen entscheiden sich früh, und früh muß jeder lernen, der Wirklichkeit sich anzupassen. An die Stelle der Überwindung des Chaotischen, Ungebundenen im Menschen, zu dem nicht bloß unkoordinierte leibliche, sondern auch zwecklos geistige Regungen gehören, tritt die bloße Unterdrückung und damit reaktiv die Abneigung gegen den, der freiere Regungen sich zu leisten vermag, gegen Individuen und Gruppen, die durch ihr Verhalten den unerläßlichen Verzicht auf eigene Gedanken in Frage stellen. Wann immer einer dem fragwürdigen Optimismus absagt, der sich vom Grauen der jüngsten Vergangenheit, das vielerorts andauert und sich ausbreitet, nicht beeindrucken läßt, beginnt die Narbe der Abgestumpften zu schmerzen, und es regt sich die unversöhnliche Ranküne. Selbst die bedingte und zugleich unbeirrbare Kantische Hoffnung, die, der Trauer näher als der ontologischen Glorifizierung des Seins, in vielen Einzelnen noch da ist, wird von der fortschreitenden gesellschaftlichen Entwicklung bedroht.

Um als bildende Kraft des Ichs, als Grundmotiv autonomen Lebens bewußt zu werden und in den einzelnen Menschen sich durchzuhalten, bedarf die moralische Gesinnung der behüteten Kindheit, der Fähigkeit zu differenzierter Erfahrung, zur Identifikation mit dem Glück, dem Gewalt geschieht, das heißt jener Gaben, die die Welt in der Periode der Vollindustrialisierung den Angehörigen aller Schichten, auch der höchsten, zu versagen scheint. Bürgerlicher Arbeit, auch der aufs eigene Fortkommen gerichteten, hat im neunzehnten Jahrhundert noch die Idee des Fortschritts aus dem achtzehnten den Sinn verliehen, der das Ganze meinte. Im zwanzigsten Jahrhundert scheint die Geschichte europäischer Philosophie sich ihrem Ende zuzuneigen, wie die politische Geschichte Frankreichs und vielleicht Europas als der Vorhut der Welt. Der sich ändernde Gegensatz von Idee und Wirklichkeit, den produktiv zu formulieren das Geschäft des Gedankens war, ist hierzulande nicht mehr kennzeichnend für den Gang der Welt. Wo Philosophie keine praktische Funktion ausübt, verliert sie auch ihre Kraft. Die Wurzel verdorrt. Die höchst bescheidene Teilnahme an der Erziehung oder der Beitrag zum Kulturkonsum haben nur wenig mit dem Bewußtsein der großen Philosophen zu tun, wie sehr ihr Werk zur Entfesselung der Wirtschaft beigetragen haben mag. Daß Philosophie, nachdem der europäische Nationalstaat, mit dem ihre Geschichte seit der Lösung von der Theologie dem Sinn nach zusammenhängt, als geschichtliche Kraft das politische Geschehen positiv mitzubestimmen vermöchte, ist Illusion, es sei denn, sie bekräftige, was ohnehin vor sich geht, das fortwährende Wachsen der autoritären Verhärtung der Demokratie, die angesichts der äußeren Bedrohung sich vollzieht, oder das Eintreffen dieser Bedrohung selbst.

Vornehmlich kündigt die Ohnmacht des Geistes in der Verkümmerung der Sprache sich an. Die Ohnmacht des Wortes, von der schon die Rede war, meint nicht den Mangel an Worten, sondern eher den Übergang in so geschäftige Kommunikation, daß sie den Einzelnen zum Schweigen bringt. Die Individuen der herrschaftlichen Schichten antiker, feudaler und bürgerlicher Zeit, die infolge der Befreiung von allzu großem gesellschaftlichen Druck in Wechselwirkung mit der Welt in sich ein ausdrucksfähiges Inneres erzeugen konnten, sind nie zahlreich gewesen. Jetzt aber hinge das Überleben der europäischen Zivilisation davon ab, daß es nicht bloß Kultur im alten Sinn, sondern eine Allgemeinheit innerlich selbständiger, zum geistigen Widerstand fähiger, zur autonomen Lenkung ihres gemeinsamen Lebens bereiter Menschen gäbe. Es genügt nicht mehr, daß wenige kultiviert sind. Sofern die Allgemeinheit wirtschaftlich fortgeschritten ist, müßte sie zu einzelnen denkenden und fühlenden Subjekten werden. Statt dessen bezahlt sie den Aufstieg mit dem Verzicht auf geistige Emanzipation. Wenn die Menschen politisch befreit sind, müssen sie wenigstens so weit mündig werden wie die Bürger zu den guten Zeiten der Polis, sonst wächst die Sklaverei, die in der Polis offen sichtbar war, im verborgenen in den Individuen wie in der Gesellschaft zum natürlichen Zustand sich aus, dem die politische Form gelegentlich sich anpaßt. Nicht so sehr der abstrakte oder abergläubische Gedanke als vielmehr die Gedankenlosigkeit, die mangelnde Fähigkeit, sich selbst um die von ihnen ohne politischen Zwang hervorgebrachte Gesellschaft zu bekümmern, das Hinstarren auf die nächsten Sorgen, das Sichtreibenlassen von der Ökonomie ist es, was dem Verhängnis Vorschub leistet. Je mehr eine humane Verfassung der europäischen Staaten gefährdet ist — und dafür sprechen nicht bloß die Jahre des Nationalsozialismus, sondern auch die geschichtliche Entwicklung seither, die jenen nachträglich zu rationalisieren scheint —, desto ausschließlicher stehen die negativ gerichteten Werke der gegenwärtigen Kunst und Philosophie, die heute abseits ihre Wirkung üben, für die Wahrheit und die Humanität. Ihre Macht aber ist gering. In der bürgerlichen Zeit hat die Wirtschaft den Bürgern und denen, die ihnen zugehörten, durch die Erziehung in Familie und Schule, die Jahre im Ausland, durch die Möglichkeit, im eigenen Geschäft zu irren und daraus zu lernen, nicht bloß die Grundlage zur Führung der Wirtschaft, sondern in gewissem Maß auch Weitblick und Einfluß auf anderen Gebieten gewährt. Heute vermöchte die Wirtschaft genug, um die bürgerlichen Fähigkeiten allgemein zu machen. Daß sie infolge der Struktur der Gesellschaft nicht entfaltet, sondern durch Lenkbarkeit ersetzt werden, daß der Sinn für Autonomie und individuelle Freiheit, Liberalität und Ausdrucksfähigkeit selbst in den sozialen Schichten, in denen sie einmal zu Hause waren, zurückgeht, kennzeichnet die Situation.

Die Massen sind heute nicht dümmer als ehedem, aber weil es ihnen besser geht, kommt alles darauf an, daß sie einsichtiger, menschlicher, geistig aktiver sind. Sonst muß die Gewalt an die ganz wenigen zurückfallen, und die alte schmähliche Lehre vom Kreislauf der Herrschaftsformen, nach der auf Demokratie Tyrannis folgt, tritt in Kraft: Geschichte sinkt in Naturgeschichte zurück. Die Vollbeschäftigung muß nicht notwendig den Fortschritt bedeuten; sie ist unabdingbare Notwendigkeit und mit gefährlichen Mitteln erkauft. Selbst die Ansicht, daß alle an der Konjunktur profitierten, wäre verfehlt. Auch in den hochindustrialisierten Ländern gibt es die Not, nur daß die Betroffenen nicht mehr wie vor hundert Jahren eine Klasse bilden, die man braucht und als deren Stimme die fortgeschrittensten Intellektuellen ihre Werke schrieben. Wem es nach der Konsumtion des Wirtschaftswunders schlecht geht: ausgedienten Angestellten, aus dem ökonomischen Prozeß mit oder ohne ihr Versagen ins Elend Gebannten – alle, die trotz Sozialpolitik drunten leben, sind zum Schweigen verhalten, wenn zuweilen auch weniger absorbiert als die Massen in Vollbeschäftigung. Deren Blindheit für das, was jenseits des engsten Interesses liegt, kennzeichnet die psychologische Verfassung der Gesellschaft. Die aus Angst vor den politischen Folgen der Krisen erzwungene Steigerung des Konsums, der auch die geistige Produktion der Destruktionsmittel notwendig macht, hält alle in Atem. Jeder ist mit seinen eigenen Dingen so beschäftigt, daß seine Gleichgültigkeit nicht wundernehmen darf, wenn zum Zweck reibungsloserer Ordnung einmal die Verfassung auf dem Spiel steht. Der Rückgang in der Rechtssicherheit des Einzelnen bei strafferer Staatsführung wird in solchen Fällen, wie die jüngste Geschichte lehrt, durch kollektives Machtbewußtsein und fremdes Leiden kompensiert. Unmittelbar bedroht sind Intellektuelle, Politiker und Theoretiker, nicht der durchschnittliche Volksgenosse. Ihm garantiert die nationale Erneuerung die Beschäftigung, wenigstens zunächst. Er ist froh, nicht aufzufallen. Kennen Notstand und Krieg schließlich keine Parteien mehr, so treten die verdrängten Kräfte ins Spiel. Am Horizont taucht die Volksgemeinschaft auf, in der für einen Augenblick die Isolierung eines jeden und der wirtschaftliche Druck sich mindern und in der die Rache auf den designierten Feind im Inneren und Äußeren gelenkt wird. Die massenpsychologische Bereitschaft zum Aufbruch, die früher infolge von Armut und Elend zustande kam, ist in der Gegenwart nicht überwunden. Sie ist die andere Seite der Gleichgültigkeit. Die großen Bewegungen der Geschichte, wie sehr ihre Parolen sich widersprechen mögen: Kreuzzüge und Französische Revolution, die deutsche Begeisterung 1914, von den neuen Nationalismen gar nicht zu reden, alle zeugen dafür, daß, wie Freud es aussprach, Zivilisation noch nicht vermocht hat, ohne explosive Anhäufung von destruktiven Energien in der Seele der meisten Menschen sich auszubreiten. Zu simpel wäre es freilich, die Schandtaten der Geschichte kurzweg den Massen zuzuschreiben, die sie verübten oder duldeten. Stets wurden sie, direkt oder indirekt, dazu angehalten. Wie eitel müßte der philosophische und wissenschaftliche Gedanke sein, um sich selbst nicht auch als Ausdruck dessen zu verstehen, was bei aller Ohnmacht in den vielen lebendig ist, wie sehr sie es zu Unrecht im Munde führen.

Der Rückgang der Sprache ist oft genug dargestellt, und leicht verfällt Kritik dem Mißverständnis, der Gefolgschaftswut und dem chaotischen Protest, der allzufrüh sich selbst überlassenen Jugend solle europäische Kultur, die nicht mehr lebt, versagend vorgehalten werden. Der Lauf der Industriegesellschaft ist irreversibel. Sprechen wird als Funktion in den technischen Betrieb von Wirtschaft und Gesellschaft, in die beruflichen Aktivitäten und die ihnen aufs Haar sich angleichenden privaten Verrichtungen mit einbezogen. Die Warenhäuser und andere Verkaufsanstalten bilden die Maschinerie, die die Versorgung der in die Wirtschaft Eingegliederten von selbst bewerkstelligt und ihnen zugleich das Gefühl der freien Wahl einflößt. Büro, Fabrik und sogenannte Freizeit gehen ineinander über. Die Menschen sind emanzipiert, aber allzu wenig hängt vom Individium ab, als daß das Wort, von ihm als dem bestimmten Einzelnen gesprochen, ihm zum Ausdruck helfen sollte; es dient als Instrument, Erkennungsmarke, Waffe. Nicht das oft erörterte Niveau der Freizeitindustrie kennzeichnet die Situation — es ist fraglich, ob ein Detektivfilm oder »Rigoletto« auf dem Fernsehschirm die wohltätigere Wirkung übt, und bald wird man vermutlich kräftigerer Stimulantien bedürfen — sondern die Stummheit der Einzelnen. Stumm sind die Kinder vor jenen Schirm gebannt und erfahren nicht zuletzt die Welt durch ihn, stumm sitzen die Liebenden im Kino, sie absolvieren stumm, wie einen Sport, die langen Tänze und rasen stumm und freilich auch geräuschvoll mittels Motorrad mit Sozius in die Natur. Kein Gespräch vermag in Wirtschaft oder Café, wenn überhaupt es stattfinden will, gegen Musikkapelle oder Spielautomat sich durchzusetzen, und die nicht zweckbestimmte Unterhaltung, sofern sie nicht vermieden wird, bleibt besser beim »small talk«, als daß sie an Verdrängtes rührt. Wo Sprache erklingt, sei sie auch noch so fortgeschritten, ist ein Nest der Vergangenheit. All das fällt nicht den Individuen zur Last, es zeigt nur an, daß der persönliche Ausdruck die Tendenz zur Überflüssigkeit erkennen läßt, die in einem circulus vitiosus sich verstärkt. Selbständigkeit, Besonnenheit, Kraft zum Widerstand sind auch heute, wie es in jener pragmatischen Verteidigung der Geisteswissenschaften zum Ausdruck kommt, gesellschaftlich notwendige Eigenschaften, aber nur für einen kleinen, exklusiven Teil all derer, denen es besser geht. Die vielen Menschen, die heute ein materielles Leben führen können wie Bürger von ehedem, müssen, wie diese, für sich selber sorgen, aber die Sorge schließt die Sorge um andere oder gar ums Ganze kaum noch ein.

Kultur in menschlichen Beziehungen bedeutet, nicht anders als in Speisen und Getränken, veredelte Natur. Sprache und Bild, Freundschaft, Liebe, alle Sitten sind aus dem Zusammenhang der bedingenden Situation gelöste Arten des Ausdrucks, die einst von den Oberen bewahrt und gepflegt, von den Unteren angenommen worden sind. Über der zum Dasein auf der je erreichten Stufe notwendigen Arbeit fügte das durch lange Übung Entfaltete zum scheinbar unbedingten Reich des Geistes sich zusammen. Aus den von Hunger, Angst und Geschlecht nicht festgemachten seelischen Kräften schöpfte dieses Reich sein Leben, und rückwirkend vermochte es den Menschen über ihre Prägung durch die jeweilige gesellschaftliche Funktion hinaus Inhalt und Bestimmung zu geben. Kunst ist ein Geschäft, das seine Sache und nicht das, wozu sie dient, im Auge hat und deren eigenem Gesetz zur Wirklichkeit verhelfen will; Philosophie ist der Gedanke, der nicht auf Beherrschung ausgeht und noch nicht einmal auf neue Funde — wer wäre heutzutage nicht so gewitzigt, daß er alles entlarven und durchschauen könnte —, sondern darauf insistiert, für die Erfahrung dieser Zeit nicht die Parole, sondern das Wort zu finden, und der eben deshalb der Zeit nicht untertan ist. Beide, Kunst und Philosophie, ebenso wie Formen des Umgangs vermögen nie ganz als vernünftig sich auszuweisen, sie bilden die Seele des gesellschaftlichen Lebens und sind zugleich ihm fremd. Die Kraft, eigene kulturelle Formen zu entwickeln, die von den Feudalen einmal auf die Bürger übergegangen war, ist im zukunftslosen Europa erlahmt. Überall, auch in den pathetischen Reden vom Hohen und Edlen, vom echten Menschen, wird insgeheim vorausgesetzt, daß alle alles als Mittel erkennen. Die Periode der ökonomischen Knappheit ließ dem Zwecklosen mehr Spielraum als die Vollbeschäftigung. Die Verkürzung der Arbeitszeit im Betrieb wird dadurch ausgeglichen, daß die private Zeit selbst sich in Betrieb verwandelt. Die Güter, auch die überflüssigen, werden einer größeren Anzahl erreichbar, aber die Dienste eben deshalb knapper und teurer; die Einzelnen arbeiten weniger, aber in jeder Familie müssen immer mehr Personen arbeiten. Was Kultur heißt, sinkt dabei zum Bildungsgut herab und dient den Individuen unmittelbar als Instrument, sei es zur erforderlichen Popularität, sei es zur Erhaltung von Beziehungen, letzten Endes zur Abwehr privaten und beruflichen Unheils. Die

Formen werden ausgehöhlt. Bei allem Avancement bleibt den vielen nichts übrig, als die rasch veraltenden Formen persönlicher Kultur den wenigen zu überlassen, die noch Personal haben, die zu bequemen Stunden einkaufen können, die Zeit haben. Daß die in der heutigen Form der Gesellschaft materiell sich verbessernden Schichten nicht, wie ihrerseits die bürgerlichen, eigenen Ideen folgen, eine eigene Welt entfalten, in der die alte verwandelt mit enthalten ist, bringt die bestehende zum Zerfall. Noch das Tauschprinzip, der innerste Kern der bürgerlichen Kultur, nach dem sie selbst sich einmal das Urteil sprach, macht eine Rückentwicklung durch. Luxus wird im Osten von denen, die das Ganze der Gesellschaft innehaben, nach ihrer Entscheidung ausgeteilt, und im Westen kündigen ähnliche Tendenzen sich an. Der hohe Angestellte, der Wissenschaftler kommen nicht selten schon zu ihrem Wohlstand wie der treue Hofmann einst zu seiner Grafschaft oder Generalpacht. Das ist die rationale Folge der immanenten Logik des wirtschaftlichen Prozesses selbst. Bei höchstem Stand der Technik werden vorbürgerliche, absolutistische Elemente wiederholt. In den zurückgebliebenen Ländern aber bedeutet der Staatskapitalismus, der den Absolutismus auf geschichtlich höherer Ebene wiederholt, unmittelbar den Fortschritt. Dort folgt der Staatskapitalismus auf den Feudalismus, nur können sich jene Gebiete den kulturellen Umweg sparen, den Europa, das sich ihnen wieder nähert, erst machen mußte.

All dies meint zugleich, daß Kulturkritik im Grunde keinen Gegenstand mehr hat. Es ist überflüssig, daß man heute noch Theorie als Ideologie erst auf die vorherrschende gesellschaftliche Praxis bezieht, um sie ihres absoluten Anspruchs zu entkleiden[7]). Dem Gedanken in der Öffentlichkeit sei ja gewöhnlich ohnehin der Hinweis beigegeben, für wen in der Gesellschaft und für welchen Zweck er gut sei. Damit ist der Zustand getroffen, der durch das tendenzielle Absterben der bürgerlichen Kultur im Zeitalter ihrer Verallgemeinerung entstanden ist. Was durch die Auslese der Zerstreuungsfabrikation hindurchgegangen ist, beansprucht nicht so sehr wahr als vielmehr beruhigend oder im Gegenteil spannend zu sein, von den offenkundig apologetischen Kulturprodukten des Ostens, die den Sanktionen gegen die Abweichung in die Irrealität — in China heißt es wörtlich: der »Jagd auf böse Gedanken« — sich fügen müssen, ganz zu schweigen. Ihrem eigenen Eingeständnis nach existiert Kultur, auch wo sie nicht verfolgt wird, in immer größerem Ausmaß als Hilfsartikel der

---

[7]) Vgl. Th. W. Adorno, Prismen, Frankfurt 1955, S. 23 ff.

Produktion. Vom Individuum wie vom Kollektiv, von privaten und staatlichen Gremien wird die Beziehung zum rationalen Zweck bei jeder Handlung, jeder menschlichen Verbindung unmittelbar hergestellt, soweit die eigene Besinnung reicht. Für den vermittelnden Gedanken, der den blanken Pragmatismus stören könnte, weil der Gedanke nicht bloß Mittel sein will, bleibt kaum noch Raum. Geist krankt daran, weil er seit den großen Kriegen konsequenzlos bleiben muß; der Gedanke verkümmert, weil er, der nicht auf Wirkung ausgeht, nichts mehr bewirken kann. Kritik, nicht zuletzt Kulturkritik, gerät in Gefahr, die romantische Ideologie auf höherer Ebene wiederherzustellen, oder vielmehr dürftig den Schleier zu ersetzen, dessen die Praxis schon entraten kann. Kulturkritik muß sich hüten, daß sie nicht selber durch Denunziation der Kultur als Ablenkung von den Themen wegführt, die dem Gedanken noch geblieben sind: von den krassen Unterschieden der Macht, die niemand wahrnimmt, weil sie offenkundig sind, vom Elend hinter den Mauern der Zucht- und Irrenhäuser, von radikal materiellen Bestimmungsgründen der Politik, gerade dort, wo sie besonders edel sich gibt. Die Spannung zwischen Wirklichkeit und Idee, zwischen der Einrichtung der Welt und dem, wie sie sein könnte, ist so offenkundig, daß die Sprache, die sie bezeichnen wollte, nur ihre eigene Überflüssigkeit unterstreicht. Alle sind gewitzigt, und doch ist alles so undurchsichtig wie je. An Aufklärung fehlt es dabei nicht. Wochenschau, Rundfunk und Zeitungen — mögen ihre Reporter zu den wachsten Kräften der Gegenwart zählen — vermögen nichts daran zu ändern, ja sie müssen dabei mitwirken, daß die Menschen heute ein im Grund so ungenaues Bild der Welt im Kopfe tragen wie die Bürger zu Goethes Zeiten, mag die Fassade auch noch so grell beleuchtet sein. Mit dem Verkehr wächst die Undurchsichtigkeit schon deshalb, weil alle alles angeht und jeder die Öffentlichkeit in seine Berechnung einbezieht. Wenigstens stand der Wirkungskreis der vergangenen Generationen samt ihrer Monarchen und Minister bei allem Absolutismus und beschränktem Wahlrecht in einem vernünftigen Verhältnis zu dem, was sie schließlich noch bestimmen konnten. Heute sind die Völker autonom, müssen aber angesichts der raffinierten Besonderung auf allen Gebieten alle Entscheidungen den Spezialisten, den Sachverständigen und Kommissionen überlassen, deren Qualifikation kein Mensch mehr zu beurteilen vermag. Einzig hofft jeder, daß es nicht schlimmer wird. Die Sicherung des Lebens als der einzige Sinn des Lebens, das eben dadurch für alle immer komplizierter wird, lenkt die Massen der europäischen Völker in ihrem politischen Verhalten. Der europäische Kontinent hat in den letzten Jahrzehnten bei allen wirtschaftlichen Ab- und

Aufstiegen und angesichts des nicht bloß technisch, sondern ideologisch sich aufrichtenden Ostens psychologische, politische, kulturelle Schäden erlitten, die gerade noch sich aussprechen und nicht mehr heilen lassen. Das Verhängnis will es, daß der Gedanke, der ganz ohnmächtig ist, auch seine Wahrheit verliert.

An den philosophischen Zweigen der Universität zeigt sich der Niedergang. Nicht so sehr die herrschende Fundamentalontologie, die sich im Anschluß an die Zeiten des Führers zum autoritären Sprecher des Seins aufwirft, nicht so sehr der Inhalt als die herabgesunkene Bedeutung der ganzen Sphäre drückt den Rückgang aus. Die Knappheit von Energie und Mitteln, die in Europa noch für geisteswissenschaftliche Studien zur Verfügung stehen, bestätigt den geringen Grad ihrer Aktualität. Rechtfertigungen, wie die Barzuns, kommen zu spät. Der praktische Vulgärmaterialismus, nach dem die Gesellschaft ihre Ausgaben und ihr Leben einrichtet, straft das Verdikt gegen den weltanschaulichen Materialismus Lügen, das einstmals nicht bloß ein Schlagwort war. Im achtzehnten Jahrhundert, als Europa eine Zukunft hatte, ist Philosophie und die ihr einwohnende Kritik aktuell gewesen, und noch im neunzehnten war die Utopie, die im Negativen sich äußerte, nicht bloß Illusion. In der Mitte des zwanzigsten scheint der Weltgeist an andere Völker übergegangen zu sein, und der europäische Gedanke setzt in Europa sich nicht fort. Resignation aber ist unmöglich, solange ein Rest von Freiheit bleibt.

M. H.

Ideologie und Handeln[1])

Unter dem Namen »Ideologie« wird heute nur selten ein prägnanter Begriff gedacht. Das Wort ist wie viele andere, etwa »Entwicklung«, »Lebensform«, »Unbewußtes« aus der pilosophischen und wissenschaftlichen Literatur in den alltäglichen Sprachgebrauch eingedrungen. Man könnte sagen, das theoretische Profil sei verloren gegangen, denn hinter der allgemeinen Vorstellung schwingt nur noch eine vage Erinnerung an die theoretischen Gebilde mit, in denen der heute entleerte Begriff seinen Sinn gewonnen hat. Unter Ideologie versteht man sehr häufig nichts anderes als jede Art gedanklicher Zusammenhänge, eine Theorie, eine Vorstellung im einzelnen oder Geistiges überhaupt. Es gibt kaum eine Gruppe oder Partei, die sich des Wortes nicht bedient hätte, auch zum Idiom der Nationalsozialisten hat es gehört. Seine Geschichte hat nur insofern ihre Spuren hinterlassen, als man dabei nicht an Unabhängiges, aus sich selbst Bestehendes zu denken pflegt, sondern an Geistiges in seiner Abhängigkeit von Außergeistigem, Materiellem. Wenngleich das Wort Ideologie heute in einem verschwommenen und universalen Sinn gebraucht wird, enthält es doch immer noch ein Element, das im Gegensatz zu dem Anspruch des Geistes steht, seinem Dasein oder seinem Inhalt nach für unbedingt zu gelten.

Selbst in seiner verflachten Form widerspricht der Ideologiebegriff somit der idealistischen Anschauungsweise. Geist als Ideologie ist nicht absolut. Fragen wir nach den philosophischen Ursprüngen, so hat der Begriff in der Geschichte zweimal eine unmittelbare und starke Wirkung ausgeübt. Einmal, als mit dem Ende des achtzehnten Jahrhunderts die gegen das Regierungssystem des französischen Absolutismus gerichtete Aufklärung ihre politische Funktion verlor. Damals zeigte es sich, daß die Seele der erkenntnistheoretischen und spekulativen Gedanken, wie sie sich bei Voltaire, Diderot und den Enzyklopädisten finden, in dem Interesse an einer vernünftigen Einrichtung der Welt, in dem Widerstand gegen einen sinnlos gewordenen gesellschaftlichen Druck lag. Als mit der Französischen Revolution das alte politische Gebäude des Absolutismus, vor allem das Bündnis von Klerus und Aristokratie, seine strategische Bedeutung einbüßte, gab die Aufklärung sozusagen den Geist auf. Was übrig blieb, war der Positivismus. Der Sensualismus der Aufklärung, das heißt die von England über-

---

[1]) Aus einer Diskussion über »Ideologie und Wertgebung«.

nommene Lehre, nach welcher die Sinnesempfindungen Quelle, Rechtsgrund und einzig legitimer Gegenstand aller Erkenntnis sind, schrumpfte in Frankreich zum Credo philosophischer Schulen zusammen. Zu ihnen gehörte auch L'Association des Idéologues, die zu Beginn des neunzehnten Jahrhunderts in Auteuil ihre Sitzungen hielt. Sie beschäftigte sich hauptsächlich mit der Erforschung der Abfolge, Verknüpfung, An- und Abstoßung, kurz den mannigfaltigen Bedingungsverhältnissen der Empfindungen. Sowohl die Abhängigkeit der Ideen voneinander als auch von den physiologischen Vorgängen im menschlichen Körper wurde untersucht. Das geistige Leben sollte als eine Mechanik der Vorstellungen erklärt und dadurch die Philosophie zum Rang einer exakten Wissenschaft erhoben werden. Wie die Physik die Mechanik stofflicher Teilchen sollte die Philosophie die Elemente des Bewußtseins experimentell erforschen. Sie wurde zu einer Spezialdisziplin, die den Geist nach dem Muster der Naturwissenschaft zu erfassen trachtete, eine Naturwissenschaft des Geistes. Es war immer noch ein Versuch der Säkularisierung, der Verweltlichung der Philosophie, ein Angriff auf herkömmliche Denkweisen, nur gleichsam verlassen von der geschichtlichen Aktualität. Während dieser physiologische Materialismus im Deutschland des neunzehnten Jahrhunderts schließlich zu der rückständigen Popularphilosophie der sogenannten Monisten herabsank, übten die Mitglieder der ursprünglichen Schule, zu denen in seiner Jugend auch der große italienische Dichter Manzoni gehörte, zunächst keinen geringen Einfluß auf das fortgeschrittene Denken aus. Das Wort Ideologie im Sinne des Geistes in seiner Abhängigkeit von grob materiellen Vorgängen — einer der Begründer der Schule, Destutt de Tracy, bezeichnete die Lehre von der Ideologie als einen Teil der Zoologie — spielt von da an in der wissenschaftlichen und politischen Terminologie eine Rolle.

Hatte das Wort ein spezifisches Element seiner Bedeutung schon in dem soeben dargestellten theoretischen Zusammenhang gewonnen, so denkt man heute, soweit auf den Ursprung zurückgegangen wird, fast ausschließlich an gesellschaftliche Lehren, vor allem an den ökonomischen Materialismus. Seine Urheber, Marx und Engels, hatten das Wort Ideologie schon in ihren Jugendschriften übernommen. Hier wird das Bewußtsein jedoch nicht bloß abhängig von den körperlichen Vorgängen im einzelnen Menschen, sondern von der grundlegenden Struktur der Gesellschaft betrachtet. Bei der alten Ideologenschule ändert sich das Vorstellungsleben je nach der körperlichen Verfassung nicht nur gemäß den verschiedenen Tierarten, sondern je nach den verschiedenen Einflüssen im Leben eines und desselben menschlichen Individuums. Beim ökonomischen Materialismus ändern sich die herrschenden Bewußtseinsformen, je nachdem das Zusammenleben der Menschen in der Gesellschaft kraft ihrer Auseinandersetzung mit der Umwelt eine andere Gestalt annimmt. Anstelle der physiologischen Lebensprozesse des Leibes, in denen die französischen Materialisten das entscheidende Erklärungsmoment erblickten, tritt nun der Lebensprozeß der Gesellschaft. Entsprechend wird unter Ideologie auch nicht bloß das individuelle Denken, sondern die gesamte Kultursphäre: Politik, Recht, Staat, Kunst und Religion verstanden. Nicht das Denken des Einzelnen, sondern das der Gattung gilt in seiner jeweiligen Verfassung als bedingt. Die gesellschaftliche Hierarchie, die nach der Art der technischen Arbeitsmittel, deren sich die Menschen in einer bestimmten Epoche zu bedienen wissen, verschieden gestaltet ist, bestimmt letzten Endes die Vorstellungen der Menschen von Gott und Welt, Gut und Böse, Schön und Häßlich. Elemente der Lehre finden sich bei Philosophen des sechzehnten, siebzehnten und achtzehnten Jahrhunderts, bei den Engländern Francis Bacon und Thomas Hobbes, dem Italiener Giambattista Vico wie bei dem Franzosen Helvétius. Erst im Zusammenhang mit der sozialen Bewegung des neunzehnten Jahrhunderts jedoch ist die Vorstellung, daß die kulturelle Totalität jeder Menschheitsepoche durch ihre kennzeichnenden Arbeitsverhältnisse bedingt wird, zum Kern einer Geschichtsphilosophie geworden.

Die moderne Soziologie hat den Begriff der Ideologie dazu benutzt, eine eigene Forschungsbranche zu eröffnen: die Wissenssoziologie. Entsprechend ihrem Bestreben, sich von umfassenden Theorien lieber den Einzeltatsachen zuzuwenden, will sie nicht so sehr die herrschenden juristischen, religiösen, philosophischen Auffassungen aus der jeweiligen Arbeitsweise und dem ihr entsprechenden gesellschaftlichen Ganzen ableiten. Sie möchte sich vielmehr damit begnügen, die geistige Verfassung und Vorstellungswelt der Mitglieder einer bestimmten gesellschaftlichen Schicht darzustellen und deren gesellschaftlichem Standort zuzuordnen. Die Abhängigkeit wird dabei als kompliziert angesehen. Schon in der ökonomischen Geschichtsauffassung war es im wesentlichen nicht das materielle Interesse, das unmittelbar die Anschauungen der Mitglieder einer sozialen Schicht bestimmte, sondern die Rolle dieser Schicht im gesellschaftlichen Lebensprozeß. Die Vorstellungen waren nichts anderes als die Art, wie die Welt den entscheidenden Gruppen der Gesellschaft kraft ihres gegenseitigen Verhältnisses in der Arbeit erscheinen muß. Die Geschichte der Ideen galt als Funktion der Geschichte der wirtschaftlichen Verfassungen der Menschheit sowie der Kämpfe, die sich daraus ergaben. Die Wissenssoziologie stellt es sich nun zur Aufgabe, die jeweils herrschenden Vorstellungsweisen den für eine bestimmte Gesellschaft kennzeichnenden Schichten zuzuordnen, ohne sich dabei jedoch an einer grundlegenden geschichtsphilosophischen Theorie, wie etwa dem ökonomischen Materialismus, zu orientieren. Jedes Weltbild, so lehrt sie, ist durch die Perspektive von einem kennzeichnenden gesellschaftlichen Standpunkt aus bedingt, und jeder Faktor, der an diesem Bedingungsverhältnis mit beteiligt ist – handle es sich um geistige, psychologische oder materielle Determinanten –, hat bei den relevanten Gruppen verschiedenes Gewicht. Man denke an das bekannte Beispiel von der Landschaft, die sich je nach der Existenzweise des Betrachters als ein ganz Anderes konstituiert. Nicht bloß das Phänomen, sondern das Wesen ist verschieden für den Bauern, der die Erde bestellt, den städtischen Bürger, der Erholung sucht, den Jäger, der einem Wild auflauert, den Maler, der ein Bild entwirft, den Flieger, der eine Notlandung machen muß, den Strategen, der das Gelände abschätzt. In der Wissenssoziologie aber geht es nicht bloß um ein Einzelnes, wie die Landschaft, und um Berufsgruppen, sondern um die Welterfahrung als Ganzes und die entscheidenden Schichten der Gesellschaft. Nicht nur die Welt als ein intellektuelles Gebilde, sondern die philosophischen Interpretationen, die Ziele und moralischen Tendenzen sollen soziologisch zugeordnet werden.

Wie umfassend man sich die Abhängigkeit dachte, geht aus einer Tafel der formalen Denkarten hervor, die der Philosoph Max Scheler, einer der Begründer der Wissenssoziologie, in den zwanziger Jahren aufgestellt hat[2]). Scheler ordnet die Denkarten entweder der Ober- oder Unterklasse zu, ohne dabei geschichtlich zu differenzieren. Die sozialen Klassen erscheinen gleichsam als natürliche, ja als ewige Wesenheiten. Nach Scheler gehört die Werdensbetrachtung zur Unterklasse, die Seinsbetrachtung zur Oberklasse, die mechanische Weltbetrachtung zur Unterklasse, die teleologische zur Oberklasse, der Realismus, das heißt die Erfahrung der Welt als Widerstand, zur Unterklasse, der Idealismus, das heißt die Welt als Ideenreich, zur Oberklasse. Es wird der Materialismus der Unterklasse, der Spiritualismus der Oberklasse zugerechnet, Induktion und Empirismus der Unterklasse, a priori Wissen und Rationalismus der Oberklasse. Die optimistische Zukunftsansicht und pessimistische Beurteilung der Vergangenheit seien Denkarten der Unterklasse; dagegen neige die Oberklasse zu pessi-

---

[2]) Vgl. Soziologische Exkurse, Frankfurter Beiträge zur Soziologie, Bd. 4, Frankfurt 1956, S. 173.

mistischer Zukunftsaussicht und optimistischer, romantischer Rückschau, zum Bilde von der »guten alten Zeit«. Scheler besteht darauf, daß man es bei all diesen Ansichten keineswegs mit Theorien zu tun habe, welche die Angehörigen dieser Klasse etwa zur Verschleierung oder Beförderung ihrer Interessen absichtlich konstruierten, sondern um lebendige Denkarten und Anschauungsformen. Es handele sich um klassenbedingte, unbewußte Tendenzen, die Welt vorwiegend in der einen oder der anderen Form aufzufassen, also nicht um Klassenvorurteile, sondern um etwas Tieferes als Vorurteile, nämlich um unentrinnbare Neigungen, die nur und allein in der Klassenlage wurzeln — ganz abgesehen von der Individualität, vom Beruf und dem Maß des Wissens des Menschen, auch seiner Rasse, Nationalität. Die systematische Erforschung dieser Abhängigkeitsverhältnisse wollte er zu einer durchgeführten soziologischen Idolenlehre ausbauen.

Von den vielfältigen Problemen, die sich aus der Annahme ergeben, das Geistige sei in so tiefgreifender Weise bedingt, soll hier nur auf das des philosophischen Relativismus hingewiesen werden. Scheler selbst suchte verzweifelt die Objektivität und Verbindlichkeit von Werten, einschließlich dem der Wahrheit, philosophisch zu begründen; andere Wisssenssoziologen neigten dazu, die Bedingtheit und Vergänglichkeit der kulturellen Gestalten stillschweigend mit einem Mangel an Verbindlichkeit gleichzusetzen, und damit jedes Ziel wie jeden Glauben zur Ideologie zu stempeln. Beide Auffassungen sind verwandt. Sie enthalten die Voraussetzung, daß der Sinn des menschlichen Lebens durch feste begriffliche Formen gesichert werden müsse, die sogenannten »Werte« oder gar die Kulturgüter. Wenn es sich zeigt, daß diese dem geschichtlichen Prozeß nicht entzogen sind, wenn ihre allgemeine physiologische, psychologische Abhängigkeit auf Grund der fortschreitenden Wissenschaft erkannt ist, so entsteht entweder der krampfhafte Versuch, sie philosophisch zu verankern, wie ihn die Husserlsche Schule und mit ihr Scheler unternahm, oder der kulturelle Pessimismus, die Verkündung der Zufälligkeit aller Ziele, wie sie vom Max Weberschen Positivismus her bekannt ist. Die absolute Wertlehre ist nur die andere Seite der relativistischen Ansicht, die aus der ideologischen Bedingtheit des Geistes das ausschlaggebende philosophische Prinzip zu machen strebt. Beide Doktrinen fordern sich gegenseitig. Beide sind eine kennzeichnende Erscheinung unserer Periode. Der totale Ideologiebegriff drängt dazu, die Abhängigkeit alles Geistigen zur ausschlaggebenden theoretischen Erfahrung zu machen. Den »freischwebenden Intellektuellen«, wie der Ausdruck heißt, wird zwar weitgehende Unabhängigkeit zugestanden, aber diese besteht ja letzten Endes doch in nichts anderem als der Verkündung und Anwendung der Abhängigkeit.

Eine besondere Wendung der Ideologienlehre stellte die Soziologie Vilfredo Paretos dar. Sie enthält Elemente der alten und neuen Schule. Man darf sagen, daß in seinem Land seit Macchiavelli eine eigene wissenschaftliche Tradition in dieser Richtung bestanden hatte. Nach ihr ist menschlicher Glaube ein Mittel im politischen Kräftespiel. Es kommt nicht so sehr auf seine Wahrheit als auf seine gesellschaftliche Wirkung an. Die Herrschenden müssen die Gesinnungen der Massen in ihren Bedingungen genau erkennen und damit umzugehen wissen. Nach Pareto stammt menschliches Handeln aus dem, was er Residuen und Derivationen nennt. Dazu gehört zum Beispiel die Tendenz zum Kombinieren, aus der man zum Teil die Lust am Vergleichen und Experimentieren und manche wissenschaftlichen Fortschritte erklären kann; ferner die Neigung, das, was einmal Gestalt gewonnen hat, fortbestehen zu lassen. Hieraus erklärt sich die oft irrationale Dauer abergläubischer Vorstellungen, Gebräuche und so fort. Es gibt Residuen, die uns dazu treiben, zu sein wie die anderen, also die, welche uns zur Abwehr des Ungewöhnlichen und Fremden drängen, ferner Residuen, die uns zur Gesellschaft treiben. Alle diese ureingeborenen Neigungen wirken zunächst irrational, sie kehren sich nicht daran, ob sie zum Fortkommen des Individuums passen oder ob etwa ihre Ziele mit der Wissenschaft im Einklang sind. Dagegen finden die Menschen stets Wege, diese innersten Motive ihrer Handlungen durch logische Gründe, Hinweise auf Autoritäten oder allgemein anerkannte Prinzipien oder auch nur durch große und gern gehörte Worte den anderen und sich selbst plausibel zu machen. Diese Wege sind die Derivationen, die also dem psychoanalytischen Begriff der Rationalisierung, der sozial akzeptablen Begründung unserer irrationalen Beweggründe nahekommen. Das Geschäft der Soziologen besteht darin, bei der Erklärung des Handelns hinter die jeweiligen Derivationen zu blicken, alles Tun und Lassen den verschiedenen Klassen der Residuen zuzuordnen. Da unter den Derivationen die Ideen der Freiheit und Solidarität, der Wahrheit, Liebe und Religion sich finden, so gewinnt diese Soziologie den menschenverachtenden Zug, dessen sich der italienische Faschismus, der sich einmal als der Ultrarelativismus bezeichnet hat, so gut zu bedienen wußte. Er hätte freilich ebensogut, mit demselben Zynismus, die ewigen Werte verkünden können, wie er es auch, je nach Bedürfnis, getan hat. Denn im Begriff des Wertes selbst ist, wie sein Ursprung aus der Wirtschaftstheorie es anzeigt, die Relativität enthalten. Die Werte sind Sein für Anderes, nicht Sein an sich, wie ihre philosophischen Vertreter es behaupten. Die Wertphilosophie entstammt dem Bedürfnis, der grauen Trostlosigkeit zu entgehen, die von der Identifikation des Denkens mit dem bloßen Auffinden, Anordnen und Zuordnen von Tatsachen geschaffen wird. Aber es hat sich längst gezeigt, daß die Grundsätze a priori der alten Philosophie und erst recht die Werthierarchien der Phänomenologen einen legitimen Stoff für eben die Relativierungen bilden, aus denen sie herausführen sollen, und daß man von der materialen Wertethik notwendig in den Relativismus fällt, und umgekehrt.

Der Frage, wie dem schlechten Widerspruch oder vielmehr der schlechten Identität der beiden Standpunktsphilosophien zu entrinnen sei, läßt sich nicht durch Aufstellung eines anderen Systems Genüge tun. Wenn die Herbeiführung einer Veränderung im privaten oder gesellschaftlichen Leben — das heißt verantwortliches Handeln — der Rechtfertigung durch angeblich unveränderliche Wesenheiten bedarf, oder wenn andererseits die historische Bedingtheit eines Zieles als philosophischer Einwand gegen seine innere Notwendigkeit und Verbindlichkeit angesehen wird, dann ist Kraft und Glauben aus dem Handeln bereits geschwunden. Das Verhältnis von Praxis und Theorie ist anders, als es sowohl dem Relativismus wie der absoluten Wertlehre gemäß sich darstellt. Die Praxis bedarf dauernd der Orientierung an fortgeschrittener Theorie. Die Theorie, auf die es ankommt, besteht in der möglichst eindringenden und kritischen Analyse der historischen Wirklichkeit, nicht etwa in einem Schema abstrakter Werte, von dem man versichert, daß es konkret und ontologisch begründet sei. Die Darstellung und kritische Analyse der Wirklichkeit, von der die Praxis jeweils begeistet wird, ist vielmehr selbst durch praktische Impulse und Strebungen bestimmt. Wie die Entfaltung und Struktur der Naturwissenschaft weitgehend aus dem gesellschaftlichen Bedürfnis nach Naturbeherrschung zu erklären sind, so prägen sich in der Begriffsbildung der sogenannten Geistes- und Sozialwissenschaften die Bedürfnisse und Interessen von Individuen und Gruppen aus. Es gibt weder eine von praktischen Tendenzen freie Vorstellungswelt, noch selbst eine isolierte, von Praxis und Theorie freie Wahrnehmung. Die Metaphysik der Tatsachen hat vor der des absoluten Geistes nichts voraus. Aber der Umstand, daß in der Struktur der Welt, in dem Bilde von Mensch und Gesellschaft, das ich als wahr erkennen muß, sich ein geschichtlicher Wille geltend macht, bedeutet keine Entwertung des Bildes. Wir können unsere praktischen Impulse als relativierende Faktoren unseres Handelns ansetzen oder als objektive Normen an einen Ideenhimmel aufhängen, stets wird, selbst beim philosophischen Geschäft der Relativierung und Idealisierung, ein willensmäßiges, subjektives Moment unmittelbar gegenwärtig sein.

Es bleibt nichts übrig, als so unbestechlich und unabhängig wie möglich die Erkenntnis vorwärts zu treiben, sowohl nach der sogenannten objektiven wie nach der subjektiven Seite hin, und dann auf Grund der Erkenntnis in allem Ernst zu handeln. Dieses auf Grund der Erkenntnis heißt nicht, daß sie eindeutig ein Handeln vorschreibt. Theorie ist kein Rezept. Das Handeln enthält ein Moment, das in der kontemplativen Gestalt der Theorie nicht ganz aufgeht. Und doch kann zwischen Theorie und Praxis, zwischen Denken und Handeln, eine Art von Notwendigkeit bestehen. Schon im täglichen Leben gibt es Situationen, deren Wahrnehmung uns, ohne den Rückgang auf abstrakte Normen und Vorschriften, ein Handeln zwingend nahe legt. Je tiefer Theorie in die Wirklichkeit eindringt, um so eindringlicher wird ihre Sprache auch im Hinblick auf umfassende Zusammenhänge. Wenn sich aus der Betrachtung der historischen Situation etwa ergibt, daß die ganze Menschheit im Begriff steht, von totalitären, menschenverachtenden Systemen erfaßt zu werden, so vermögen die lebendigen Menschen, welche diese Erkenntnis im eigentlichen Sinn vollziehen, dem Impuls zum Widerstand sich gar nicht zu verschließen. Die so erkannte Lage selbst spricht eine Sprache. Es ist die des Grauens, das vom Terror ausgeht. Daß der Widerstand der Einzelnen gegen die Unterdrückung von Ideen abgeleitet oder durch sie verstärkt wird, besonders von Ideen, die traditionell mit dem Fortschritt der Menschheit und ihren Institutionen verknüpft sind, hat unbestreitbar eine große praktische Bedeutung. Wo aber das Grauen selbst nicht mehr ursprünglich gefühlt, wo die Wahrnehmung der Situation bloß unter der vorgegebenen Form der Ideen und nicht im Zusammenhang mit dem ureigenen Interesse lebendig vollzogen wird, da bleibt die Berufung auf sie ohnmächtig. Das Gute, Wahre und Schöne, alles, was in der Geschichte zu politischen und kulturellen Leitgedanken erhoben worden ist, wird nur dann wirklich geliebt, wenn das Negative, das in der Situation zu ihrer Überwindung aufruft, zugleich ursprünglich erfahren wird, sonst entarten die Ideen in der Tat zur Ideologie. Im Begriff der Freiheit des Individuums ist dieses Negative mehr noch als in anderen bewahrt. Deshalb ist er in der gegenwärtigen Situation so aktuell.

Unter den großen Philosophen hat es vor allem Spinoza ausgesprochen, daß aus der Erkenntnis des Objektiven das Handeln gleichsam unmittelbar hervorgehe. Seine Konstruktion der Welt heißt Ethik, also die Lehre vom richtigen Handeln, während sie sich doch vor allem mit dem objektiven Sein beschäftigt. Je deutlicher wir die Welt erkennen, desto deutlicher spricht sie. Verum index sui et falsi. Sie bedarf nicht eines außer ihr befindlichen Prüfsteins. Dies ist kein bloß erkenntnistheoretischer Satz – in der Wahrheit ist auch das Tun mit beschlossen.

Was für Spinoza gilt, ist auch für Aristoteles, Thomas, Hegel richtig. Im Grunde gab es für sie keinen Zweifel, daß aus der wahren Darstellung der Wirklichkeit, aus der Einsicht in das, was ist, das richtige Handeln hervorgeht. Ethik und Metaphysik, die freilich seit Plato im europäischen Denken begrifflich getrennt sind, stehen doch bis zum Zerfall im neunzehnten Jahrhundert im Zeichen der Sokratischen Lehre von der Identität von Tugend und Wissen. Philosophisches Denken selbst erfährt sich als Vermittlung ihres Gegensatzes. Noch am Ende der Metaphysik, als der Glaube ans System der objektiven Wahrheit geschwunden ist, stellt Nietzsche die Einheit im Bereich des Subjekts her, man könnte sagen als den Ernst des sich als Quelle der Geschichte selbst erfahrenden Willens. Bei ihm geht aus der Erkenntnis der Brüchigkeit der Systeme, des ideologischen Charakters der traditionellen Moral die Erfahrung von der Macht des Menschen hervor. Er kann sich von der Verknechtung frei machen, indem er sich als den Urheber aller Hirngespinste erkennt und weiß, daß aus seinem Willen selbst die Ziele stammen. Das Subjekt ist die Quelle objektiver Wahrheit. Die Verantwortung des Menschen, der so von aller Verantwortung sich befreit, wächst, für Nietzsche, ins Ungemessene. Das Mißverständnis, das sich häufig an seine Lehre knüpft, liegt darin, daß man glaubt, die Willkür, nach der bei ihm die neuen Werttafeln entstehen sollen, sei die psychologische Willkür, wie sie unsere Positivisten verstehen, die Zufälligkeit und Unverbindlichkeit der Wahl zwischen politischen und anderen Idealen. Bei Nietzsche aber geht das Setzen der Werte mit Notwendigkeit aus der Erkenntnis von der Faulheit herrschender Verhältnisse hervor. Das Mißverständnis, dem er selbst anheimgefallen ist, liegt im Inhalt des von ihm Verkündeten. Weil Humanität zum Vorwand der Inhumanität gedient hat, soll nun die Inhumanität behauptet werden. Er hat die Ideen, die zur Ideologie geworden waren, anstatt auf die Verwirklichung zu dringen, durch das empörte Bekenntnis zum bloßen Gegenteil ersetzen wollen, und die Wirklichkeit hat nicht lange gezögert, *diese* Ideologie, das heißt, die Inhumanität, in furchtbare Praxis umzusetzen. Wer aber den Ton der Empörung bei Nietzsche zu hören vermag, versteht, daß auch bei ihm, nicht weniger als bei den Vorgängern, die innerste Tendenz seiner Philosophie wenig mit diesen Anti-Werten zu tun hat und in Wahrheit aus der äußerst hellsichtigen Darstellung der geschichtlichen Lage sich ergibt: als Notwendigkeit nämlich, es besser zu machen in dem Sinne, der sich aus der kritischen Darstellung ergibt.

Geist ist in der Tat in der Geschichte verflochten, er hängt unlöslich mit dem Willen, den Interessen und Trieben der Menschen, mit ihrer realen Lage zusammen. Aber der Unterschied zwischen dem als Unbedingten sich aufspreizenden Bedingten einerseits und der Erkenntnis, zu der wir mit unseren besten Kräften jeweils kommen, andererseits, dieser Unterschied fällt damit keineswegs dahin. Es ist der Unterschied zwischen Wahrheit und Unwahrheit. Der Name der Ideologie sollte dem seiner Abhängigkeit nicht bewußten, geschichtlich aber bereits durchschaubaren Wissen, dem vor der fortgeschrittensten Erkenntnis bereits zum Schein herabgesunkenen Meinen, im Gegensatz zur Wahrheit vorbehalten werden. Wertgebung aber, sofern sie glaubt, aus der geschichtlichen Verflechtung sich befreien zu können, oder infolge dieser Verflechtung bloß noch den Weg in Zufälligkeit und Nihilismus offen zu sehen, ist selbst Ideologie in dem engen und prägnanten Sinn.

M. H.

Kultur und Verwaltung

Wer Kultur sagt, sagt auch Verwaltung, ob er will oder nicht. Die Zusammenfassung von so viel Ungleichnamigem wie Philosophie und Religion, Wissenschaft und Kunst, Formen der Lebensführung und Sitten, schließlich dem objektiven Geist eines Zeitalters unter dem einzigen Wort Kultur verrät vorweg den administrativen Blick, der all das, von oben her, sammelt, einteilt, abwägt, organisiert. Das Wort Kultur selbst, in seinem spezifischen Gebrauch, ist kaum älter als Kant, und sein zumal in Deutschland beliebter Widerpart, Zivilisation, bürgerte erst im neunzehnten Jahrhundert sich ein, wurde zum Slogan durch Spengler. Wie nah heute jedenfalls Kulturbegriff und Verwaltung einander sind, wäre etwa an dem Sprachgebrauch zu erkennen, der im Rundfunk einem Ressort den Titel »Kulturelles Wort« vorbehält, worunter alles Mögliche läuft, wofern es nur einer mehr oder minder genauen Vorstellung von Niveau und Gepflegtheit entspricht, im Gegensatz zu der Sphäre U, dem Verwaltungsressort, das jenem Geist reserviert ist, der kein Geist, sondern Dienst am Kunden sein soll, also der leichten Musik und ihren literarischen und dramatischen Pendants.

Aber Kultur ist zugleich, gerade nach deutschen Begriffen, der Verwaltung entgegengesetzt. Sie möchte das Höhere und Reinere sein, das, was nicht angetastet, nicht nach irgendwelchen taktischen oder technischen Erwägungen zurechtgestutzt ward. In der Sprache der Bildung heißt das ihre Autonomie. Gern assoziiert damit die gängige Meinung Persönlichkeit. Kultur sei die Manifestation reinen Menschenwesens, ohne Rücksicht auf Funktionszusammenhänge in der Gesellschaft. Daß man das Wort Kultur trotz seines selbstgerechten Beiklangs nicht vermeiden kann, bezeugt, wie sehr die hundertmal zu Recht kritisierte Kategorie der Welt wie sie ist, der verwalteten, verschworen und angemessen ist. Gleichwohl wird kein einigermaßen Empfindlicher das Unbehagen an der Kultur als einer verwalteten los. Je mehr für die Kultur geschieht, desto schlechter für sie, formulierte Eduard Steuermann. Diese Parodoxie wäre zu entfalten: daß sie Schaden nehme, wenn sie geplant und verwaltet wird; daß aber, wenn sie sich selbst überlassen bleibt, alles Kulturelle nicht nur die Möglichkeit der Wirkung, sondern die Existenz zu verlieren droht. Weder ist der naive, längst mit ressorthaften Vorstellungen durchsetzte Kulturbegriff unkritisch zu übernehmen, noch bei dem konservativen Kopfschütteln über das zu verharren, was im Zeitalter integraler Organisation der Kultur widerfährt.

Die Abneigung gegen das Wort, die übrigens von Barbarischem, dem Drang, den Revolver zu entsichern, nicht frei ist, darf nicht darüber betrügen, daß ihm auch seine Wahrheit zukommt. Sie erlaubt es, Kultur derart als Einheit zu behandeln, wie etwa die Kulturdezernate von Städten es zu tun pflegen, die in den Händen eines Referenten eine Reihe von Gegenständen vereinen, die zunächst einmal tatsächlich etwas miteinander gemein haben. Dies Gemeinsame ist der Gegensatz zu all dem, was der Reproduktion des materiellen Lebens, überhaupt der buchstäblichen Selbsterhaltung der Menschen dient, der Erhaltung ihres bloßen Daseins. Jeder weiß, daß die Grenzen verfließen. Von je hat man darüber gestritten, ob etwa die Sphäre des Rechts und die der Politik der Kultur zuzurechnen sei — in den Kulturdepartements der Verwaltungen jedenfalls kommen sie nicht vor. Man wird weiter nur schwer bestreiten können, daß unter der heutigen Gesamttendenz viele der traditionell der Kultur zugerechneten Sparten der materiellen Produktion sich annähern: die Naturwissenschaften bis in ihre obersten theoretischen, nach älterem Sprachgebrauch »philosophischen« Disziplinen hinein, die ja wohl nicht aus der Idee der Kultur herauszunehmen wären, bedingen in stets wachsendem Maße das reale Schicksal der Menschen, und der Fortschritt jener Wissenschaften hängt unmittelbar wiederum von den Mächten des materiellen Lebens, von der Wirtschaft ab. Was heute vor Augen steht und beunruhigt, wird aber verfehlt, wenn man es aus der Welt diskutiert, indem man sich an vermeintliche Übergangsphänomene hält. Zu widerstehen ist der gegenwärtigen Neigung, peinliche Widersprüche in der Sache durch begriffliche Distinktionen und Manipulationen, eine Art vulgarisierte Erkenntnistheorie, zu verleugnen. Zunächst wird man das Simple festhalten müssen, daß das spezifisch Kulturelle eben das der nackten Notdurft des Lebens Enthobene ist.

Das dispensiert nicht von Erwägungen darüber, was mit Verwaltung gemeint sei: nicht länger nämlich bloß die staatliche oder kommunale, als vom freien gesellschaftlichen Kräftespiel säuberlich getrennte Institution. Die Tendenz einer jeglichen, sich — quantitativ und qualitativ — zu expandieren, ist im Bürokratiekapitel aus Max Webers »Wirtschaft und Gesellschaft«[1]) der formal-definitorischen Methode seines Spätwerks gemäß als

---

[1]) Max Weber, Grundriß der Sozialökonomik, Tübingen 1947, III. Abteilung, Wirtschaft und Gesellschaft, dritter Teil, Kapitel VI, S. 650 ff.

immanent bezeichnet worden: Bürokratien sollen von sich aus, dem eigenen Gesetz folgend, sich ausbreiten. Für die These bietet die Geschichte der SS das furchtbarste Beispiel aus jüngster Vergangenheit. Weber begründet sie wesentlich mit der technischen Überlegenheit des Organisationstypus der Verwaltung gegenüber traditionalistischen: »Der entscheidende Grund für das Vordringen der bürokratischen Organisation war von jeher ihre rein technische Überlegenheit über jede andere Form. Ein voll entwickelter bürokratischer Mechanismus verhält sich zu diesen genau wie eine Maschine zu den nicht mechanischen Arten der Gütererzeugung. Präzision, Schnelligkeit, Eindeutigkeit, Aktenkundigkeit, Kontinuierlichkeit, Diskretion, Einheitlichkeit, straffe Unterordnung, Ersparnisse an Reibungen, sachlichen und persönlichen Kosten sind bei streng bürokratischer, speziell: monokratischer Verwaltung durch geschulte Einzelbeamte gegenüber kollegialen oder ehren- und nebenamtlichen Formen auf das Optimum gesteigert.«[2]) Gerade an der SS aber läßt sich erkennen, wie sehr der von Weber unterstellte formale Rationalitätsbegriff, beschränkt auf die Zweck-Mittel-Relation, das Urteil über die Rationalität der Zwecke selbst behindert; in Webers eigener Rationalitätstheorie mag man den Niederschlag von Verwaltungsdenken argwöhnen. Der Mechanismus der Verselbständigung von Organisationen wäre spezifischer zu bestimmen als bei Weber oder auch in der formalen Soziologie Simmels, der soziale Erstarrungsphänome dem Leben entgegensetzt als metaphysische Gegebenheit schlechthin. Zweckorganisationen in der antagonistischen Gesellschaft müssen notwendig partikulare Zwecke verfolgen: auf Kosten der Interessen anderer Gruppen. Daher sind sie zur Verhärtung und Vergegenständlichung genötigt. Hielten sie sich nach unten, ihren Mitgliedern und deren unmittelbaren Ansprüchen gegenüber, stets ganz offen, so wären sie nicht aktionsfähig. Je fester gefügt sie sind, um so größer die Aussicht, anderen gegenüber sich durchzusetzen. Was heute international im machtpolitischen Vorsprung der totalitären, »monolithischen« Staaten über die liberalistischen sich zeigt, gilt auch für die Struktur von Organisationen im kleineren. Ihre Wirksamkeit nach außen ist Funktion ihrer Geschlossenheit nach innen, und diese hängt davon ab, daß das sogenannte Ganze den Primat über die Einzelinteressen gewinnt, daß die Organisation qua Organisation sich an deren Stelle setzt. Ihre Verselbständigung wird der Organisation von der Selbsterhaltung aufgezwungen, während sie gleichzeitig durch diese Verselbständigung ihren Zwecken und den Menschen, aus denen sie

---

[2]) a.a.O., S. 660 f.

sich zusammensetzt, sich entfremdet. Schließlich tritt sie, um ihren Zweck angemessen verfolgen zu können, notwendig in Widerspruch zu diesen.

Schwerlich erklärt die immanente Expansions- und Verselbständigungstendenz von Verwaltung als bloßer Herrschaftsform allein den Übergang von Verwaltungsapparaturen älteren Wortsinns in solche der verwalteten Welt; ihren Eintritt in früher nicht verwaltete Bereiche. Verantwortlich sein dürfte die Expansion des Tauschverhältnisses über das gesamte Leben bei zunehmender Monopolisierung. Denken in Äquivalenten produziert von sich aus insofern eine der Verwaltungsrationalität prinzipiell verwandte, als es Kommensurabilität aller Gegenstände, ihre Subsumierbarkeit unter abstrakte Regeln herstellt. Qualitative Differenzen zwischen den Bereichen wie innerhalb jedes einzelnen Bereichs werden herabgesetzt, und damit vermindert sich ihr Widerstand gegen Verwaltung. Zugleich bewirkt die anwachsende Konzentration Einheiten von solchem Umfang, daß mit traditionalistischen, irgend »irrationalen« Methoden nicht mehr durchzukommen ist. Ökonomisch wächst mit der Größe der Einheit auch die des Risikos und erzwingt Planung, wie sie bis heute jedenfalls den Herrschaftstypus verlangt, den Max Weber als den »monokratischen« definiert. Allein schon die unmäßige Größe selbst nicht auf Profit gerichteter Institutionen wie Erziehungswesen oder Rundfunk befördert, mit dem Verlangen nach organisatorischer Gestuftheit, Verwaltungspraktiken. Sie verstärken sich durch die technologische Entwicklung: daß im Rundfunk etwa das zu Kommunizierende aufs äußerste sich konzentriert und aufs weiteste gestreut wird. Max Weber konnte sich noch wesentlich auf Verwaltungen im engeren Sinn, auf Beamtenhierarchien, beschränken. Analoge Tendenzen hat er nur – in Übereinstimmung mit Robert Michels – am Parteiwesen, freilich dann auch bereits am Sektor von Erziehung und Unterricht notiert. Unterdessen hat die Tendenz all das weit hinter sich gelassen und total, keineswegs nur in ökonomischen Monopolen, sich entfaltet. Das Anwachsen der Quantität von Verwaltungsapparaten hat eine neue Qualität erzeugt. Nicht länger wird ein nach liberalistischem Modell vorgestelltes Getriebe von Verwaltungen überdacht oder durchwachsen, sondern sie haben gegenüber den Bereichen der Freiheit so sehr das Übergewicht angenommen, daß diese nachgerade nur noch geduldet erscheinen; bereits in der Ära des Vorfaschismus hat Karl Mannheim gerade das antizipiert.

Auch Kultur ist dieser Tendenz nicht tabu. Weber erwägt im wirtschaftlichen Sektor, ob den Befugnissen der Verwaltenden ihr Verständnis für die objektiven Probleme, die sie zu lösen haben, angemessen sei. »Überlegen ist«, ihm zufolge, »der Sachkenntnis der Bürokratie nur die Sachkenntnis der privatwirtschaftlichen Interessenten auf dem Gebiet der ›Wirtschaft‹. Diese deshalb, weil für sie die genaue Tatsachenkenntnis auf ihrem Gebiet direkt wirtschaftliche Existenzfrage ist: Irrtümer in einer amtlichen Statistik haben für den schuldigen Beamten keine direkten wirtschaftlichen Folgen, — Irrtümer in der Kalkulation eines kapitalistischen Betriebes kosten diesem Verluste, vielleicht den Bestand.«[3]) Die Frage nach der Kompetenz von Bürokratien jedoch, die Weber mit Rücksicht auf die Wirtschaft aufwirft, hat unterdessen ebenso sich ausgebreitet wie die Verwaltung selber in der Gesellschaft. Sie wird kritisch in der kulturellen Sphäre. Was heraufdämmert, streift Weber in einem beiläufigen Satz, ohne daß er die Tragweite seiner Beobachtung bei der Konzeption seines großen Werkes, vor mehr als vierzig Jahren, hätte absehen können. Im höchst speziellen Zusammenhang der bildungssoziologischen Anmerkungen des Bürokratie-Kapitels spricht er davon, daß der Besitz von Bildungspatenten die Begabung — das »Charisma« — zunehmend zurückdränge; »denn die ›geistigen‹ Kosten der Bildungspatente sind stets gering und nehmen mit der Massenhaftigkeit nicht zu sondern ab«.[4]) Demnach wird dem Geist selber zunehmend jene irrationale, nicht zu planende Bestimmung entzogen, die ihm nach traditioneller Ansicht eignet. Weber pointierte das in einem Exkurs: »Hinter allen Erörterungen der Gegenwart um die Grundlagen des Bildungswesens steckt an irgendeiner entscheidenden Stelle der durch das unaufhaltsame Umsichgreifen der Bürokratisierung aller öffentlichen und privaten Herrschaftsbeziehungen und durch die stets zunehmende Bedeutung des Fachwissens bedingte, in alle intimsten Kulturfragen eingehende Kampf des ›Fachmenschen‹-Typus gegen das alte ›Kulturmenschentum‹.«[5]) Dem »Fachmenschentum« opponiert Weber hier so, wie es in der spätliberalen Gesellschaft seit Ibsens Hedda Gabler üblich war. Untrennbar davon jedoch ist die zwangsläufige Zunahme von Verwaltungsbefugnissen dort, wo ihnen sachlich keine Zuständigkeit entspricht. Fachmenschen müssen Autorität ausüben in Bereichen, in denen sie fachlich nicht qualifiziert sein können, während man ihrer besonderen, abstrakt-verwaltungstechnischen Eignung bedarf, damit der Betrieb funktioniert und in Gang bleibt.

Die Dialektik von Kultur und Verwaltung drückt keineswegs so sehr die sakrosankte Irrationalität von Kultur aus — diese dünkt durchweg denen am irrationalsten, die am wenigsten von ihr erfahren haben —, als

---

[3]) a.a.O., S. 673.
[4]) a.a.O., S. 676.
[5]) a.a.O., S. 677.

daß die Verwaltung, sowohl ihren objektiven Kategorien wie ihrer personellen Zusammensetzung nach, dem Kulturellen immer weiter sich entfremdet. Die Verwaltung ist dem Verwalteten äußerlich, subsumiert es, anstatt es zu begreifen. Eben das liegt im Wesen von verwaltender Rationalität selber, die bloß ordnet und überspinnt. Schon im Amphibolie-Kapitel der Kritik der reinen Vernunft hat Kant, gegen Leibniz, dem Verstand die Fähigkeit abgesprochen, das »Innere der Dinge« zu erkennen. Die Aporie waltet zwischen der unabdingbaren Bestimmung des Kulturellen und der unabdingbaren Rationalität der Verwaltung, die keine andere ist als der szientifische Verstand. Was mit Grund kulturell heißt, muß erinnernd aufnehmen, was am Wege liegen bleibt bei jenem Prozeß fortschreitender Naturbeherrschung, der in anwachsender Rationalität und immer rationaleren Herrschaftsformen sich spiegelt. Kultur ist der perennierende Einspruch des Besonderen gegen die Allgemeinheit, solange diese unversöhnt ist mit dem Besonderen. Das war mit der wie immer auch problematischen Unterscheidung des Nomothetischen und des Idiographischen in der südwestdeutschen Schule wenigstens visiert, der Max Weber philosophisch selber anhing. Verwaltung aber repräsentiert notwendig, ohne subjektive Schuld und ohne individuellen Willen, das Allgemeine gegen jenes Besondere. Das Gefühl des Windschiefen, Unvereinbaren im Verhältnis von Kultur und Verwaltung heftet sich daran. Es bezeugt den stets noch antagonistischen Charakter einer stets weiter sich vereinheitlichenden Welt. Die Forderung der Verwaltung an die Kultur ist wesentlich heteronom: sie muß Kulturelles, was immer es auch sei, an Normen messen, die ihm nicht innewohnen, die nichts mit der Qualität des Objekts zu tun haben, sondern lediglich mit irgendwelchen abstrakt von außen herangebrachten Maßstäben, während gleichzeitig nach seinen Vorschriften und der eigenen Beschaffenheit nach der Verwaltende meist ablehnen muß, auf Fragen der immanenten Qualität, der Wahrheit der Sache selbst, ihrer objektiven Vernunft überhaupt sich einzulassen. Solche Ausdehnung der Verwaltungskompetenz auf einen Bereich, dessen Idee jener Art durchschnittlicher Allgemeinheit widerspricht, die im Begriff der Verwaltungsnorm liegt, ist selber irrational, ein der immanenten Vernunft der Sache, etwa der Qualität des Kunstwerks Fremdes, ihr gegenüber Zufälliges. Das Selbstbewußtsein dieser Antinomie und die Konsequenzen daraus wären wohl als erstes von einer im Kantischen Sinne mündigen, aufgeklärten Verwaltungspraxis zu verlangen.

Früh schon, seit der Mitte des neunzehnten Jahrhunderts, hat Kultur gegen jene Zweckrationalität sich gesträubt. Im Bewußtsein dessen haben zur Zeit des Symbolismus und des Jugendstils Künstler wie Wilde provokativ Kultur das Nutzlose genannt. Zwischen dem Nützlichen und dem Unnützen aber herrscht in der bürgerlichen Gesellschaft, und wahrhaft nicht erst seit heute, ein überaus komplexes Verhältnis. Der Nutzen des Nützlichen selber ist keineswegs über allem Zweifel, und das Unnütze okkupiert den Platz dessen, was nicht mehr vom Profit entstellt wäre. Viel unter den nützlichen Gütern Eingereihtes geht hinaus über die unmittelbar biologische Reproduktion des Lebens. Diese selbst ist kein Jenseits der Geschichte, sondern abhängig von dem, was als Kultur rangiert; sollten Menschen der industriellen Ära unter den Bedingungen ihr Dasein fristen, die ihnen in der Steinzeit dahinzuvegetieren gestatteten, so gingen sie wohl zugrunde. Die kritische Theorie der Gesellschaft hat dem Ausdruck verliehen in dem Satz, daß die Reproduktion der Arbeitskraft nur auf dem jeweils historisch erreichten kulturellen Standard erfolge, keine statische Naturkategorie sei. Dem wohnt ein Potential inne, das zum Antagonismus fortschritt. Man braucht nicht dem amerikanischen Ökonomen Veblen, auf den die Technokratie zurückdatiert, zu folgen, der tendenziell alle Güter, die nicht drastisch notwendig sind, für den Ausdruck von Herrschaft, Status und Ostentation, die ganze Kultur für das hielt, was im saloppen Jargon der verwalteten Welt »Angabe« heißt. Aber man wird doch nicht dagegen sich verblenden, daß dem Profit gegenüber im Gesamtsystem das Nützliche an sich, das niemals ein den Menschen unmittelbar zugute Kommendes war, zu einem Sekundären, von der Maschinerie Mitgeschleiften wurde. Kaum anderswo aber ist das Bewußtsein der Gesellschaft so allergisch wie hier. Gerade weil es dubios bestellt ist um die Nützlichkeit des Nützlichen, ist es dem Apparat doppelt wichtig, sich als ein Nützliches, um der Konsumenten willen Ablaufendes zu präsentieren. Darum wird in der Ideologie die Demarkationslinie von Nützlichem und Unnützem so streng gezogen. Zur Inthronisierung der Kultur als einem an sich Seienden, von den materiellen Bedingungen Unabhängigen, ja diese Vergleichgültigenden schickt sich korrelativ der Glaube an die reine Nützlichkeit des Nützlichen selbst. Kultur soll durchaus unnütz, darum auch jenseits der Planungs- und Verwaltungsmethoden der materiellen Produktion sein, damit der Rechtsanspruch des Nützlichen ebenso wie der des Unnützen um so mehr Relief gewinnt.

In solcher Ideologie hat sich ein Reales sedimentiert, die Trennung der Kultur vom materiellen Lebensprozeß, schließlich der gesellschaftliche Bruch zwischen körperlicher und geistiger Arbeit. Er erbt sich fort an die Antinomie von Kultur und Verwaltung. Der Geruch des Banausischen, der der Verwaltung anhaftet, ist, nicht bloß philologisch, vom gleichen Schlag wie das Odium niedriger, nützlicher — schließlich körperlicher Arbeit in der Antike. Die starre Entgegensetzung von Kultur und Verwaltung im Denken, Produkt einer gesellschaftlichen und geistigen Lage, die beides zugleich auch zusammenbiegt, war indessen stets fragwürdig. Vertraut ist zumal der Kunstgeschichte, daß in der Vergangenheit überall dort, wo Artefakte kollektive Arbeit erforderten, aber auch bis tief in die individuelle Produktion bedeutender Architekten, Bildhauer und Maler hinein Verwaltungen mitgeredet haben. Ihr Einfluß blieb nicht äußerlich, sondern teilte der Sache selbst sich mit. Daher standen die Verwaltungen auch in der Vergangenheit keineswegs mit denen, die heute unbedenklich Kulturschaffende sich nennen, in jener glücklichen Harmonie, welche der romantische Wunsch nur allzu gern nach rückwärts projiziert. Unter dem Aspekt ihrer Beziehung zu den Kulturbereichen stellten die Kirche, später die Regenten der italienischen Stadtstaaten und dann des Absolutismus Verwaltungsinstanzen dar. Vermutlich war ihre Beziehung zur kulturellen Produktion vielfach substantieller als die zwischen der gegenwärtigen Verwaltung und der verwalteten Kultur. Die unbestrittene Vorgegebenheit der Religion milderte den Gegensatz des Kulturellen zum praktischen Leben, und die verfügenden großen Herren von ehedem, oft genug freilich Condottieri, mochten der Kultur näher sein als manche Verwaltungsspezialisten unter radikal arbeitsteiliger Gesellschaft. Um so unmittelbarer aber auch und rigoroser kontrollierten sie das Kulturelle, unbehindert von Zuständigkeiten und rationalen Verfahrensordnungen. Das Verhältnis der immanenten Wahrheit kultureller Gebilde zu dem, was man heutzutage zwielichtig »Auftrag« getauft hat, war jedenfalls damals kaum weniger leidvoll als heute. Große Künstler selbst eines Typus, der mit dem zu seiner Zeit objektiv verbindlichen Geist weithin zusammenzustimmen scheint, wie Bach, haben in permanentem Konflikt mit ihren Verwaltungen gelebt. Aus dem Hochmittelalter weiß man wohl nur darum weniger von derartigen Konflikten, weil diese damals prinzipiell zugunsten der verwaltenden Macht vorentschieden waren, der gegenüber Ansprüche, die ihrer selbst erst im modernen Begriff des Individuums recht innewurden, kaum Chance hatten.

Trotz all dem hat im Verhältnis von Kultur und organisierter Macht etwas Wesentliches sich verändert. Kultur, als das über das System der Selbsterhaltung der Gattung Hinausweisende, enthält allem Bestehenden, allen Institutionen gegenüber unabdingbar ein kritisches Moment. Es ist keineswegs die bloße Tendenz, wie manche kulturellen Gebilde sie verkörpern, sondern Protest gegen die Integration, die durchweg dem qualitativ Verschiedenen gewalttätig widerfährt: in gewisser Weise gegen die Idee der Vereinheitlichung selber. Indem überhaupt etwas gedeiht, was anders, was nicht zu verwerten ist, belichtet es zugleich die herrschende Praxis in ihrer Fragwürdigkeit. Nicht erst durch manifeste praktische Intentionen, sondern durch ihre bloße Existenz, ja gerade durch ihr Unpraktischsein hat zumal die Kunst einen polemischen, insgeheim praktischen Zug. Der ist aber unvereinbar damit, daß Kultur als eine Sparte, als »cultural activities« der Totalität herrschender Praxis eingefügt wird, so bruchlos vollends wie unter den gegenwärtigen Bedingungen. Einst war die Demarkationslinie zwischen Realität und Kultur nicht so scharf und tief gegraben; die Kunstwerke etwa reflektierten noch nicht auf ihre Autonomie, ihr je eigenes Formgesetz, sondern hatten a priori auch in Zusammenhängen ihren Ort, in denen sie eine wie sehr auch mittelbare Funktion erfüllten. Gerade daß sie noch gar nicht so sehr als Kunstwerke sich setzten, wie es danach fast selbstverständlich dünkte, ist ihrem runden, umfangenden Gelingen, ja ihrer künstlerischen Gewalt zugute gekommen. Paul Valéry hat das herausgearbeitet, ohne der salbungsvollen Phrase vom Menschen zu verfallen, für den angeblich alles da sei; der Mensch ist erst Mode, seit er gänzlich fungibel wurde. Liest man heute etwa die Künstlerbiographien von Vasari, so gewahrt man mit Staunen, wie oft er an den Malern der Renaissance ihre Fähigkeit, die Natur nachzuahmen, also ähnliche Porträts zu liefern, als besonders rühmlich hervorhebt. Seit der Erfindung der Photographie ist diese mit praktischen Zwecken verfilzte Fähigkeit in der Malerei stets gleichgültiger geworden; auch an älterer. Aber schon Valéry hegte den Verdacht, als dankte jene Malerei ihre ästhetische Authentizität eben dem, daß sie noch nicht auf einen chemisch reinen Begriff des Ästhetischen vereidigt war; als gedeihe Kunst als Kunst am Ende nur dort, wo sie gar nicht sich selber als Kunst ambitioniert; ohne daß doch, aus eingebildetem Gemeinschaftswillen, solche Unschuld sich wiederherstellen ließe.

Jedenfalls hat der Begriff der Kultur durch die Emanzipation von den realen Lebensprozessen, die er mit dem Aufstieg des Bürgertums und der Aufklärung durchmachte, in weitem Maße sich neutralisiert. Seine Spitze gegenüber dem Bestehenden ist abgeschliffen. Die Theorie des späten, resignierten Hegel, die den Begriff des absoluten Geistes, im Gegensatz zur »Phänomenologie«, einzig den Kultursphären im engeren Sinn vorbehält, ist der erste, wohl auch bis heute noch der bedeutendste theoretische Niederschlag dieses Sachverhalts. Der Neutralisierungsvorgang, die Verwandlung der Kultur in ein Eigenständiges und der Beziehung auf möglidie Praxis Entäußertes, macht es dann möglich, sie dem Betrieb, von dem sie unermüdlich sich reinigt, widerspruchslos und ohne Gefahr einzupassen. Daran, daß heute extreme künstlerische Manifestationen von offiziellen Institutionen gefördert und vorgestellt werden können, ja daß sie es müssen, um überhaupt noch hervorgebracht zu werden und gar ein Publikum zu erreichen, während sie doch das Institutionelle, Offizielle denunzieren — daran läßt sich etwas von der Neutralisierung des Kulturellen ebenso wie von der Vereinbarkeit des Neutralisierten mit der Verwaltung ablesen. Indem der Kulturbegriff seine mögliche Beziehung auf Praxis einbüßt, wird er selbst ein Moment des Betriebs; das herausfordernd Unnütze daran wird zum toleriert Nichtigen oder gar zum schlechten Nützlichen, zum Schmieröl, zu einem für Anderes Seienden, zur Unwahrheit, den für Kunden kalkulierten Waren der Kulturindustrie. Das wird vom Unbehagen am Verhältnis von Kultur und Verwaltung heute registriert.

Daß die radikal vergesellschaftete Gesellschaft nichts draußen läßt und damit das erfaßte Kulturelle affiziert, läßt sich simpel verdeutlichen. Vor einiger Zeit erschien eine kleine Schrift, ein »pamphlet«, offenbar für die Bedürfnisse solcher verfaßt, die Kulturreisen durch Europa unternehmen, wozu immer das gut sein mag. Alle wichtigeren künstlerischen Feste des Sommers und wohl auch des Herbstes waren darin übersichtlich verzeichnet. Die Vernunft eines solchen Schemas liegt auf der Hand: es ermöglicht den Kulturreisenden, ihre Zeit einzuteilen, das sich auszusuchen, wovon sie etwas zu haben glauben, kurz ebenso zu planen, wie alle diese Feste von einer Dachorganisation umfangen und disponiert sein könnten. Der Idee eines Festes aber, auch eines künstlerischen Festivals, wohnt, sei es noch so säkularisiert und abgeschwächt, der Anspruch des Einmaligen, nicht Fungiblen, des emphatischen Augenblicks inne. Man soll die Feste feiern, wie sie fallen; nicht sie einteilen und Überschneidungen verhüten. die verwaltende Vernunft, die ihrer sich bemächtigt und sie rationalisiert, löst ihre Festlichkeit auf. Etwas von dem damit ins Groteske Gesteigerten werden aber sensiblere Nerven an allen sogenannten kulturellen Veranstaltungen, auch an den avantgardistischen, spüren. Man läßt zwar, in absichtlich aufrechterhaltenem Gegensatz zum streamlining, Kultur in einer Art von Zigeunerwagen noch herumfahren, die Zigeunerwagen tummeln sich aber insgeheim in einer monströsen Halle und merken es selber nicht. Der Verlust an Innenspannung, der an den verschiedensten Stellen auch der progressiven kulturellen Produktion heute zu beobachten ist, von der übrigen gar nicht zu reden, dürfte wohl daraus zu nicht geringem

Teil sich erklären. Was von sich aus autonom, kritisch, antithetisch zu sein beansprucht, und was freilich diesen Anspruch nie ganz rein bewähren kann, muß verkümmern, wenn seine Impulse in ein ihnen Heteronomes, von oben her Vorgedachtes bereits eingegliedert sind; wenn es womöglich den Raum zum Atmen von der Gnade dessen empfängt, wogegen es rebelliert.

Dabei handelt es sich nicht um die billig kritisierten Auswüchse eines wild gewordenen Managertums. In der verwalteten Welt sind die Manager kaum weniger Sündenböcke als die Bürokraten; die Verschiebung objektiver Funktions- und Schuldzusammenhänge auf Personen ist selbst ein Stück der herrschenden Ideologie. Die paradoxalen Entwicklungen sind unumgänglich. Die gesellschaftliche und wirtschaftliche Gesamttendenz zerfrißt die materielle Basis der traditionellen Kultur liberalen oder individualistischen Stils. Der Appell an Kulturschaffende, sie möchten dem Prozeß der Verwaltung sich entziehen und draußen sich halten, klingt hohl. Nicht nur würde ihnen damit die Möglichkeit abgeschnitten, ihren Unterhalt zu erwerben, sondern auch jegliche Wirkung, der Kontakt zwischen Werk und Gesellschaft, auf den das integerste Werk nicht verzichten kann, wenn es nicht verdorren soll. Die ihrer Reinheit vom Betrieb sich rühmen, die Stillen im Lande, sind des Provinziellen, kleinbürgerlich Reaktionären überaus verdächtig. Der beliebte Hinweis darauf, daß für den produktiven Geist — und das war stets der nicht konformierende — die materielle Basis immer prekär gewesen sei, und daß er seine Kraft in trotziger Selbstbehauptung bewährt hätte, ist fadenscheinig. Daß ein schlechter Zustand nicht erst von heute sei, gibt nicht das Recht, ihn zu perpetuieren, wenn er nicht mehr notwendig wäre; und daß das Bessere aus eigener Kraft sich durchsetze, ist nichts mehr als ein erbaulicher Lebkuchenspruch. »Manches bleibt in Nacht verloren.« Gelegentlich lassen Zufallsentdeckungen wie die von Georg Büchner durch Karl Emil Franzos ahnen, wieviel in der Geschichte der Menschheit auch an geistigen Produktivkräften sinnlos vernichtet wurde. Überdies aber hat in dieser Zone etwas Qualitatives sich geändert. Es gibt keine Schlupfwinkel mehr, auch in Europa nicht; keine Armut in Würde, nicht einmal mehr die Möglichkeit des bescheidenen Überwinterns für den, der aus der verwalteten Welt herausfällt. Man braucht sich nur eine Existenz wie die von Paul Verlaine ins Gedächtnis zu rufen, am Ende des neunzehnten Jahrhunderts: die des deklassierten Alkoholikers, der noch, als er out and down war, freundliche und verständnisvolle Ärzte in Pariser Spitälern fand, die ihn mitten im Äußersten vorm Äußersten bewahrten. Ähnliches wäre heute wohl undenkbar. Nicht, daß es an solchen Ärzten, daß es überhaupt an freundlichen Menschen fehlte; in gewissem Sinn ist in der verwalteten Welt die Humanität vielfach angestiegen, als Sorge aller um alle. Allein solche Ärzte hätten vermutlich schon gar nicht mehr ihren Administrationen gegenüber die Befugnis, den vagabundierenden Genius zu beherbergen, zu ehren, Demütigungen ihm zu ersparen. Statt dessen würde er zum Objekt der Sozialfürsorge, betreut, sorgfältig gepflegt und ernährt, gewiß, aber seiner Lebensform entrissen und damit vermutlich auch der Möglichkeit auszudrücken, wozu er sich nun einmal in der Welt fühlte, wie fragwürdig es auch um die Produktion des endgültig deklassierten, ausgestoßenen Verlaine schon bestellt war. Der Begriff gesellschaftlich nützlicher Arbeit ist von der integralen Vergesellschaftung nicht zu trennen; er würde notwendig auch dem präsentiert, dessen Nützlichkeit einzig in deren Negation sich ausweist, und die Rettung schlüge dem Geretteten schwerlich zum Segen an.

Um sich derlei Zusammenhänge zu vergegenwärtigen, braucht man sich keineswegs auf das zu besinnen, was man seit dem zweiten Krieg mit einem selbst fatal neutralisierenden Wort Grenzsituationen zu nennen pflegt, obwohl man weiß, daß diese, das Extrem, selber bis heute untrennbar sind von der Substantialität des Kulturellen: in seinem Bereich hat der Begriff des Durchschnittlichen keine Stätte. Aber die Veränderungen in der gesellschaftlichen Grundschicht der Kultur, um die es geht, reichen bis ins Harmlosere hinein. Im Schönberg-Kreis des Wien der zwanziger Jahre überraschte die Stärke der Tradition bei den Antitraditionalisten, der künstlerischen und auch der der Lebensführung. Der Geist, der dort lockte, war zugleich der artistischere, gewähltere, empfindlichere; er trug mehr an Geschichte und Diskriminierungsvermögen in sich. Die zur Auflösung vorgegebener Ideen und Normen bereiten Künstler existierten mit einer gewissen Naivität und Selbstverständlichkeit in der selbst nach dem Sturz der Monarchie noch halb geschlossenen, noch halb feudalen österreichischen Gesellschaft. Gerade ihr verdanken sie jene sinnliche Kultur und unduldsame Subtilität, die sie mit dem Wiener Konformismus in Konflikt brachte. Kühnheit künstlerischer Neuerungen verband sich mit hochmütiger Lässigkeit. Zahlreiche Kategorien einer noch fest gefügten gesellschaftlichen und geistigen Ordnung wurden trotz aller Ironie und Skepsis akzeptiert. Sie gaben eine nicht unbeträchtliche Voraussetzung des Unbotmäßig-Zarten ab. Man mußte gleichsam gesättigt sein mit der Tradition, um sie wirksam negieren, um ihre eigene lebendige Kraft gegen das Erstarrte und Selbstzufriedene wenden zu können. Nur wo das Gewesene stark genug ist, um die Kräfte des Subjekts zu formen und zugleich ihnen sich entgegenzusetzen, scheint die Produktion des noch nicht Gewesenen möglich. Konstruktivismus und Glashäuser sind nur in Wärme und psychologisch geschützten Wohnungen zu konzipieren; und das ist nicht bloß wörtlich gemeint.

Der Spannungsausgleich zwischen der Kultur und ihren objektiven Bedingungen jedoch, der heute sich spüren läßt, bedroht die Kultur mit dem geistigen Kältetod. In ihrem Verhältnis zur Realität gibt es eine Dialektik des Ungleichzeitigen. Nur wo die Entwicklung zur verwalteten Welt, zum gesellschaftlich Modernen, noch nicht so recht sich durchsetzte, wie in Frankreich und Österreich, gedieh das ästhetisch Moderne, die Avantgarde. Wo jedoch die Realität ganz auf dem gegenwärtigen Standard ist, wird das Bewußtsein tendenziell nivelliert. Je reibungsloser es sich an die integrale Realität anpaßt, desto mehr wird es entmutigt, über das hinauszugehen, was nun einmal ist.

Selbstverständlich werden keineswegs alle kulturellen Bereiche von jener Dialektik des Ungleichzeitigen betroffen, und manche bedürfen geradezu des jüngsten administrativen Standards. So die gesamten Naturwissenschaften, die heute vielleicht die stärksten Produktivkräfte absorbieren und auch produzieren: anders als unter planender Verwaltung könnten sie ihren gegenwärtigen Aufgaben nicht gerecht werden; ihre eigene Rationalität gleicht der verwaltenden. Ähnliches gilt, wo immer team work, kollektive Arbeit, weitschichtige Untersuchungen vonnöten sind, wie in der empirischen Sozialforschung. Diese hat nicht nur sich selbst an Verwaltungskategorien geschult, sondern müßte ohne Verwaltung ins Chaotische, vor allem ins zufällig Partikulare und Unverbindliche abgleiten. Auch die Kunst wäre nicht en bloc all dem gegenüberzustellen. Ein Sektor wie der der Architektur, der, vermöge seiner Fundierung im praktischen Bedürfnis, in manchem heute besser daran ist als die autonomen Kunstgattungen, war nie ohne Verwaltung zu denken. Vollends der Film ist durch den Umfang der erforderlichen Investitionskosten auf eine der öffentlich-administrativen Planung analoge angewiesen. Bei ihm freilich zeichnet der Widerspruch zwischen dem unabweisbar Kalkulatorischen und der Wahrheit der Sache erschreckend sich ab: das Läppische des Films rührt nicht so sehr von individuellem Versagen her als von jenem Widerspruch. Sein Prinzip ist die planende, den Betrachter mitkalkulierende Absicht, die verstimmt.

Verwaltung aber wird dem angeblich produktiven Menschen nicht bloß von außen angetan. Sie vervielfacht sich in ihm selbst. Daß eine Zeitsituation die ihr zubestimmten Subjekte hervorbringt, ist sehr buchstäblich zu nehmen. Vor der »anwachsenden organischen Zusammensetzung der Menschen« — davor, daß in ihnen selbst der Anteil der Apparatur gegenüber dem Spontanen ähnlich sich ausbreitet wie in der materiellen Produktion, sind auch diejenigen, die Kultur produzieren, nicht sicher. Wer für solche Tendenzen ein flair besitzt, kann verkappten Verwaltungskategorien bis in die avantgardistischen Kunstprodukte, bis in die nunciertesten Regungen der Person hinein, bis in Tonfall und Gestik begegnen. Aufmerksam gemacht sei auf die ästhetisch vielerorten konstatierbaren Tendenzen zur integralen Konstruktion. Sie visieren eine Art Planung von oben her, deren Analogie zur Verwaltung sich aufdrängt. Solche Gebilde möchten total vorherbestimmt sein. Wie, nach Max Webers These, Verwaltung dem Wesen nach individuelle Willkür zugunsten eines objektiv geregelten Verfahrens weithin ausschließt, so ist in solcher Kunst der individuelle Eingriff der Idee nach verpönt. Dabei sind die angewandten Verfahrensweisen nicht willkürlich ausgedacht — und das verleiht dem Phänomen sein Gewicht —, sondern immanent-künstlerisch konsequent entwickelt; sie lassen historisch sich sehr weit zurückverfolgen. Nur eben stellt in der Kunst, die insgesamt dem Stimme leiht, was für die fortschreitende Integration den Preis zu zahlen hat, das scheinbar Individuelle und Zufällige, das nunmehr auch ästhetisch geächtet werden soll, etwas gänzlich anderes dar als in der eigentlichen Verwaltung. Diese verhindert in gewissen Grenzen tatsächlich durch rationale Verfahrensordnungen den schlechten Zufall, die blinde Verfügung über Menschen, Nepotismus und Begünstigung. Freilich weiß man seit der Aristotelischen Politik, daß der Schatten von Ungerechtigkeit auch in der Ordnung der Realität dem gerechten rationalen Gesetz gesellt ist, so daß die Rationalität der Verwaltungsakte jener Korrektur bedarf, die Aristoteles als »Billigkeit« einbaute. Ebenso wenig will die Rationalität des Kunstwerks ohne Rest gelingen. Sie bleibt behaftet mit einem Moment des von außen Angeordneten, Veranstalteten — insgeheim jenes Subjektivismus, der anathema ist. Das Spannungsfeld aller fortgeschrittenen Kunst heute ist geradezu definiert durch die Pole radikaler Konstruktion und ebenso radikaler Auflehnung gegen sie: oft geht beides ineinander über. Nicht zuletzt unter solcher Perspektive ist der Tachismus zu begreifen.

Die Negation des Begriffs des Kulturellen selber bereitet sich vor. Seine Konstituentien: Begriffe wie Autonomie, Spontaneität, Kritik werden kassiert. Autonomie: weil das Subjekt, anstatt sich bewußt zu entscheiden, in das je Vorgeordnete sich einfügen muß und will; weil der Geist, der dem traditionellen Kulturbegriff zufolge sich selbst das Gesetz geben soll, in jedem Augenblick seine Ohnmacht gegenüber den überwältigenden Anforderungen des bloß Seienden erfährt. Spontaneität schwindet: weil die Planung des Ganzen der einzelnen Regung vorgeordnet ist, diese prädeterminiert, zum Schein herabsetzt und jenes Kräftespiel gar nicht mehr duldet, von dem man das freie Ganze erwartet. Kritik schließlich stirbt ab, weil der kritische Geist in jenem Ablauf, der immer mehr das Modell von Kulturellem abgibt, stört wie Sand in der Maschine. Er erscheint antiquiert, »arm chair thinking«, unverantwortlich und unverwertbar. Skurril verkehrt sich das Generationsverhältnis; die Jugend beruft sich aufs Realitätsprinzip, das Alter schweift aus in intelligible Welten. Die Nationalsozialisten, welche all das gewalttätig vorweggenommen und dadurch parodistisch bloßgestellt haben, waren gerade der Kategorie des Kritischen gegenüber Boten einer kommenden Entwicklung, als sie Kritik durch ihre Kunstbetrachtung, eigentlich durch Information über Tatsächliches ersetzten, wie sie immer mehr den kritischen Geist verdrängt: schon trägt eine durchaus avantgardistische Schriftenreihe stolz den Untertitel »Information«.

Während in manchen — von den gesellschaftlich mächtigsten Tendenzen isolierten oder entlegenen, freilich durch solche Abspaltung keineswegs nur begünstigten — Sektoren die Rechnung immer noch nicht aufgeht, stimmt sie in der offiziellen Kultur um so genauer. Leibhaftige Unesco-Dichter schießen ins Kraut, die etwa dafür sich begeistern, daß auch inmitten der unmenschlichsten Situationen das Menschliche blühe, und im Namen einer Humanität, die keine »controversial issues« anpackt, internationale Leitbilder von Verwaltungsgremien mit ihrem Herzblut auspinseln; gar nicht zu reden von dem infantilen Schund, zu dem in den Ostblockstaaten amtliche Stellen, die der Partei, die Künstler terroristisch anhalten. Niemand wäre erstaunt, wenn man im Westen Projekte zur Ermittlung allgemein verbindlicher, wertbeständiger Werte, mit einem Seitenblick auf die unterentwickelten Länder, finanzierte. Willfährige Intellektuelle, welche mit der Lebensbejahung aus Heiratsofferten den kritischen Geist der Intellektuellen verdächtigen, finden sich übergenug. Den offiziellen Humanismus ergänzt, daß, was immer an Humanem, nicht Offiziellem, laut wird, darum der Unmenschlichkeit geziehen wird. Denn Kritik nimmt den Menschen ihren kargen geistigen Besitz, den Schleier, den sie selber als wohltätig empfinden. Ihre Wut wird vom Verschleierten auf die abgelenkt, welche jenen Schleier zerreißen, dem Satz des alten Aufklärers Helvétius gemäß, daß die Wahrheit niemals jemandem schadet außer dem, der sie ausspricht. Jüngst wird die keineswegs neue Beobachtung, daß auch das Abweichende nicht gefeit ist gegen Standardisierung, dazu mißbraucht, die polemische Anwendung des Begriffs Konformismus zu diskreditieren, als ob dadurch, daß es einen Konformismus zweiten Grades gibt, dem immerhin ein Akt von Resistenz vorausgeht, der widerstandslose erste, das Mitschwimmen mit dem Strom, die Einreihung in die stärkeren Bataillone, besser würde. In Wahrheit schilt man, nach einem Wort von Heinrich Regius, das Wort Konformismus, weil man mit der Sache einig ist.

Auch das unter dem Namen des Musischen affichierte, spezifisch deutsche Phänomen hat seinen Ort in der verwalteten Kultur als massenpsychologisch wirksamer Versuch, die von Verwaltung bedrohte Spontaneität durch Verwaltung oder, wie es in jenen Kreisen heißt, »Erfassung« zu retten: alle Pädagogisierung von Geistigem entspricht diesem Desiderat. Regression, blinde Willfährigkeit der zur Spontaneität ermunterten Subjekte ist die sichtbare Folge. Nicht zufällig wird überall in dieser Sphäre der Jargon der Eigentlichkeit gesprochen. Jener Jargon ist nicht identisch mit der Verwaltungssprache alten Stils, wie sie heute nur noch in rührend subalternen Aktennotizen herumgeistert. Jene alte Verwaltungssprache, staubig und zopfig, bezeugt vielmehr gerade die relative Trennung von Verwaltung und Kultur und tut dieser damit, wider ihren Willen, Ehre an. Der Jargon der Eigentlichkeit aber bringt das Heterogene unter einen Hut. Sprachbestandteile aus dem individuellen Bereich, aus der theologischen Tradition, der Existentialphilosophie, der Jugendbewegung, dem Barras, dem Expressionismus werden institutionell aufgesogen und dann, gewissermaßen reprivatisiert, an die einzelne Person zurückerstattet, die nun leicht, frei und freudig vom Auftrag und der Begegnung, von der echten Aussage und dem Anliegen redet, als redete sie selber; während sie in Wahrheit bloß sich aufplustert, als wäre jeder Einzelne sein eigener Ansager über UKW. Steht in so einem Brief »in etwa«, so darf man darauf vertrauen, ein paar Zeilen weiter zu lesen, daß der Unterschreibende die Absicht hege, demnächst auf einen zuzukommen. Der damit stipulierte persönliche Kontakt ist nichts als die Maske vor einem Verwaltungsvorgang, der den dergestalt Angesprochenen in seine Funktion hineinzieht: angedrehte Menschlichkeit soll den Adressaten zu unbezahlten Leistungen veranlassen.

Was solche Modelle demonstrieren, ist jedoch nicht hochfahrend der Verwaltung aufzubürden, der gegenüber man sich mit einem philosophisch überaus anrüchigen Begriff von Innerlichkeit, mit reiner, garantiert echter Kultur trösten könnte. Die sie im Munde führen, fallen als erste entrüstet über das Unreglementierte her. In Wahrheit wird der Kultur selber die Rechnung präsentiert. Auch als von der Realität abgehobene ist sie dieser gegenüber nicht isoliert, sondern sei's noch so ferne und vermittelte Anweisung auf reale Verwirklichung. Ist dies Moment ganz abgeschnitten, wird sie nichtig. Verwaltung wiederholt an der Kultur nur, was diese selber gefrevelt hat, indem sie von je zu einem Stück Repräsentation, zur Betriebsamkeit, schließlich zu einem Sektor der Massenbehandlung, der Propaganda, des Fremdenverkehrs sich macht. Begreift man Kultur nachdrücklich genug als Entbarbarisierung der Menschen, die sie dem rohen Zustand enthebt, ohne ihn durch gewalttätige Unterdrückung erst recht zu perpetuieren, dann ist Kultur überhaupt mißlungen. Sie hat es nicht vermocht, in die Menschen einzuwandern, solange ihnen die Voraussetzungen zu menschenwürdigem Dasein mangeln: nicht umsonst sind sie stets noch, aus verdrückter Rancune über ihr Schicksal, die tief gekühlte Unfreiheit, zu barbarischen Ausbrüchen bereit. Daß sie dem Schund der Kulturindustrie, von dem sie halbwegs selber wissen, daß es Schund ist, zulaufen, ist ein anderer Aspekt des gleichen Sachverhalts, harmlos wahrscheinlich nur an der Oberfläche. Kultur ist längst zu ihrem eigenen Widerspruch, zum geronnenen Inhalt des Bildungsprivilegs geworden; darum gliedert sie nun in den materiellen Produktionsprozeß als dessen verwalteter Anhang sich ein.

Auch wer sich nicht aufschwatzen läßt, man müßte sogleich das ominöse Positive bringen, wird sich nicht bei der Konstatierung all jener Schwierigkeiten bescheiden, um kopfschüttelnd beiseite zu treten, weil die objektive Möglichkeit zum Besseren verstellt sei. Der Radikalismus, der sich alles von einer Veränderung des Ganzen erwartet, ist abstrakt: auch in einem veränderten Ganzen kehrt die Problematik des Einzelnen hartnäckig wieder. Solcher Radikalismus verliert an Gewicht, sobald seine Idee ins Schimärische sich verflüchtigt und von jeglicher Anstrengung zum Besseren dispensiert. Dann wird sie selber zur Sabotage des Besseren. Überforderung ist eine sublime Gestalt der Sabotage. Andererseits ist nicht zu verkennen, daß in der Frage, was jetzt und hier zu tun sei, eine Art gesamtgesellschaftliches Subjekt vorgestellt wird, eine Gemeinschaft von hommes de bonne volonté, die sich nur um einen gigantischen runden Tisch zu setzen brauchten, um das Mißratene in Ordnung zu bringen. Aber die Schwierigkeiten des Kulturellen, an welche der billige Begriff der Krise längst nicht mehr heranreicht, gründen so tief, daß der individuellen bona voluntas enge Grenzen gesetzt sind. Nicht darf dort ein einstimmiger Wille fingiert werden, wo objektive und subjektive Antagonismen das Unheil hervorrufen.

Schließlich verweist die Drohung, welche der Geist von der Rationalisierung erfährt, darauf, daß die Irrationalität des Ganzen unverändert fortbesteht, und daß jede partikulare Rationalisierung dieser Irrationalität zugute kommt, indem sie den Druck eines blinden und unversöhnten Allgemeinen aufs Besondere verstärkt.

Die Antinomie von Planung und Kulturellem zeitigt den dialektischen Gedanken, das Nichtgeplante, Spontane selber in die Planung aufzunehmen, ihm Raum zu schaffen, seine Möglichkeiten zu verstärken. Er enträt nicht des gesellschaftlichen Rechtsgrundes. Die Möglichkeiten der Dezentralisierung, die gerade bei dem ins Utopische entwickelten Stand der technischen Produktivkräfte absehbar werden, kommen ihm entgegen. Planung des Nichtgeplanten in einem spezifischen Sektor, dem des Bildungswesens, ist von Hellmut Becker nachdrücklich vertreten worden; auch in anderen Bereichen drängt Analoges sich auf. Bei aller Plausibilität aber ist das Gefühl eines Unwahren nicht ganz zu beschwichtigen: daß das Ungeplante zum Kostümstück seiner selbst, Freiheit fiktiv werde. Man braucht nur das synthetische Künstlerviertel von New York, Greenwich Village, mit der Pariser rive gauche aus vor-Hitlerischen Zeiten zu vergleichen. Dadurch, daß in jenem New Yorker Quartier Ungebundenheit als offiziell tolerierte Institution fortgedeiht, wird sie, was man auf amerikanisch phoney nennt; übrigens verbarg sich in der zumindest das gesamte neunzehnte Jahrhundert durchherrschenden Tendenz, den Künstlern einen besonderen Lebensstil zu reservieren, ihnen zu gestatten, was in der bürgerlichen Gesellschaft, von der sie leben, anstößig ist, schon der Schwindel, den Murgers Bohème-Roman zuerst vielleicht exploitierte.

Planung des Ungeplanten hätte vorweg auszumachen, wie weit sie mit dem spezifischen Gehalt des Ungeplanten vereinbar, wie weit sie insofern »rational« ist. Darüber hinaus wirft die Frage nach dem »man«: wer also die Instanz sei, die darüber entscheidet, die größten Schwierigkeiten auf. Zunächst wird man nichts anderes fordern dürfen als eine in sich durchreflektierte, all jener Schwierigkeiten bewußte Kulturpolitik, die nicht den Begriff Kultur dinghaft, dogmatisch als fixiertes Wertgefüge sich vorgibt, sondern kritische Erwägungen in sich aufnimmt und weitertreibt; eine Kulturpolitik, die weder sich als gottgewollt verkennt, noch den Kulturglauben unbesehen unterschreibt, noch sich mit der Funktion des bloßen Verwaltungsorgans bescheidet. Der schlechten Naivetät von Kultur, die sich gegen ihre Verflochtenheit in die Gesamtgesellschaft verblendet und dadurch erst recht sich verstrickt, entspräche die schlechte Naivetät der Verwaltung als Glaube: wem Gott ein Amt gibt, dem gibt er auch den Verstand. Verwaltung, die das ihre tun will, muß sich ihrer selbst entäußern. Sie bedarf der geschmähten Figur des Experten. Keine Stadtverwaltung etwa kann entscheiden, von welchen Malern sie Bilder ankaufen soll, wenn sie nicht auf Menschen sich stützen kann, die ernsthaft, objektiv und fortgeschritten etwas von Malerei verstehen. Indem man die Notwendigkeit des Experten einräumt, setzt man sich jedoch sogleich wieder allen erdenklichen Einwänden aus; etwa dem mittlerweile anrüchigen, daß das Expertenurteil ein Urteil für Experten bleibe und die Gemeinschaft darüber vergesse, von der, nach der gängigen Phrase, die öffentlichen Institutionen ihren Auftrag empfingen; oder daß der Experte, selber notwendig Verwaltungsmann, von oben her entscheide und die Spontaneität abwürge; zuweilen auch, daß seine Zuständigkeit nicht stets gesichert sei; daß es mitunter schwer falle, ihn vom Apparatschik zu scheiden. Manches davon mag man konzedieren, wird freilich dem Allerweltsargument mißtrauen, Kulturelles habe den Menschen schlechterdings etwas zu geben: der Bewußtseinsstand, nach dem man dieser Argumentation zufolge sich richten muß, ist in Wahrheit eben derjenige, den eine Kultur, die ihrem eigenen Begriff genügt, durchbrechen sollte. Gar zu gern werden Angriffe gegen exponierte moderne Kunst gekoppelt mit Angriffen gegen Verwaltungen, welche angeblich die Groschen der Steuerzahler für Experimente vergeudeten, die jenen gleichgültig wären oder von ihnen abgelehnt würden. Diese Argumentation ist scheindemokratisch, Ableger jener totalitären Technik, welche unter Ausnutzung plebiszitärer Formen der Demokratie ans Leben will; was solche Sprecher der Volksseele hassen, ist freien Geistes; sie sympathisieren mit muffiger Reaktion. Während die gesellschaftliche Gesamtverfassung formale Gleichheit der Rechte garantiert, konserviert sie stets noch das Bildungsprivileg und gewährt die Möglichkeit differenzierter und fortgeschrittener geistiger Erfahrung nur wenigen. Die Binsenweisheit, daß der Fortschritt geistiger Dinge, zumal der Kunst, zunächst gegen die Majorität sich anbahnt, erlaubt es den tödlichen Feinden allen Fortschritts, sich hinter jene zu verschanzen, die, gewiß ohne ihre Schuld, ausgeschlossen sind vom lebendigen Ausdruck ihrer eigenen Sache. Gesellschaftlich unnaive Kulturpolitik muß diesen Zusammenhang durchschauen, ohne Angst vorm Aufgebot von Mehrheiten. Wohl kann der Widerspruch zwischen der demokratischen Ordnung und dem tatsächlichen Bewußtsein derer, die durch die Verhältnisse nach wie vor zur Unmündigkeit verhalten sind, nicht durch bloße Kulturpolitik weggeschafft werden. Aber die Demokratie durch Repräsentation, der schließlich auch die Experten in der Verwaltung kultureller Angelegenheiten ihre Legitimation verdanken, gestattet doch einen gewissen Ausgleich; erlaubt es, Manöver zu verhindern, die der Barbarei dienen, indem sie den Gedanken objektiver Qualität korrumpieren durch den abgefeimten Appell an die volonté de tous. Auf Kulturpolitik ist Benjamins Wort vom Kritiker anzuwenden, welcher die Interessen des Publikums gegen das Publikum zu vertreten habe. Dem dient der Experte. Die Sehnsucht nach solchen, die über das Expertentum hinaus wären, markiert meist nur den Rückschritt oder den Wunsch nach Technikern der Kommunikation, mit denen, eben weil ihnen das Verständnis der Sache selbst abgeht, bequemer auszukommen ist und die in der eigenen Politik konformistischer sich verhalten. Es gibt keine reine Unmittelbarkeit der Kultur: wo sie von den Menschen als Konsumgut beliebig sich konsumieren läßt, manipuliert sie die Menschen. Das Subjekt wird zu dem von Kultur einzig durch die Vermittlung der sachlichen Disziplin hindurch, und ihr Fürsprech in der verwalteten Welt jedenfalls ist der Experte. Freilich wären Experten zu finden, deren Autorität wirklich die der Sache ist und nicht bloß personelle Prestige- oder Suggestivkraft. Der müßte selber ein Experte sein, der entscheidet, wer Experten sind – ein fataler Zirkel.

Die Beziehung zwischen Verwaltungen und Experten ist Not nicht nur sondern auch Tugend. Sie eröffnet die Perspektive, kulturelle Dinge vorm Kontrollbereich des Marktes oder Pseudomarktes zu schützen, der sie heute unweigerlich fast verstümmelt. Geist, in seiner autonomen Gestalt, ist den gesteuerten und nachgerade eingefrorenen Bedürfnissen der Konsumenten nicht weniger entfremdet als den Verwaltungen. Deren autoritäre Verselbständigung erlaubt ihnen, durch Kooption solcher, denen die Sachen nicht fremd sind, etwas am Diktat jener Bedürfnisse zu korrigieren. Kaum wäre das möglich, wenn die Kultursphäre dem Mechanismus von Angebot und Nachfrage widerstandslos überantwortet bliebe, von der direkten Befehlsgewalt totalitärer Machthaber zu schweigen. Das Fragwürdigste der verwalteten Welt, eben die Verselbständigung der exekutiven Instanzen, birgt das Potential des Besseren; die Institutionen sind derart gekräftigt, daß sie, wenn sie und ihre Funktion sich selbst durchsichtig sind, das Prinzip des bloßen für Anderes Seins, die Anpassung an jene trügerisch plebiszitären Wünsche durchbrechen können, welche alles Kulturelle, indem sie es aus seiner vermeintlichen Isolierung herausholen, unerbittlich herunterdrücken. Ist die verwaltete Welt als eine zu verstehen, in der die Schlupfwinkel verschwinden, so vermöchte sie dafür auch wiederum, kraft der Verfügung Einsichtiger, Zentren von Freiheit zu schaffen, wie sie der blinde und bewußtlose Prozeß bloßer gesellschaftlicher Selektion ausmerzt. Jene Irrationalität, die in der Verselbständigung der Verwaltung gegenüber der Gesellschaft zum Ausdruck kommt, ist das Refugium des Nichtaufgehenden an Kultur selbst. Einzig in der Abweichung von der herrschenden Rationalität hat sie ihre ratio. Allerdings gehen derlei Hoffnungen von einem Bewußtseinsstand der Verwaltenden aus, der nicht durchweg supponiert werden kann: ihrer kritischen Unabhängigkeit von der Macht und dem Geist jener Konsumgesellschaft, die identisch ist mit der verwalteten Welt selbst.

In den ventilierten Vorschlägen jedoch steckt noch ein Denkfehler, er mag ihre Lahmheit verschulden. Allzusehr bequemt man sich der herrschenden Überzeugung an, wenn man die Kategorien Kultur und Verwaltung bloß als das nimmt, wozu sie historisch tatsächlich in weitem Maß geworden sind, als statische, diskret gegeneinander abgesetzte Blöcke, bloße Gegebenheiten. Man verharrt dabei selber im Bann jener Verdinglichung, deren Kritik allen triftigeren Besinnungen über Kultur und Verwaltung innewohnt. So verdinglicht beide Kategorien real sind, beide sind es nicht gänzlich; beide weisen, wie noch die abenteuerlichste kybernetische Maschine, auf lebendige Subjekte zurück. Darum kann das spontane, noch nicht ganz erfaßte Bewußtsein die Institutionen, innerhalb deren es sich äußert, immer wieder umfunktionieren. Einstweilen hat, in der liberaldemokratischen Ordnung, das Individuum Raum genug, auch in der Institution und mit ihrer Hilfe zu deren Korrektur ein Weniges beizutragen. Wer der Verwaltungsmittel und Institutionen unbeirrbar, kritisch bewußt sich bedient, vermag stets noch etwas von dem zu realisieren, was anders wäre als bloß verwaltete Kultur. Die minimalen Unterschiede vom Immergleichen, die ihm offen sind, vertreten, wie immer auch hilflos, den ums Ganze; in den Unterschied selber, die Abweichung, hat Hoffnung sich zusammengezogen.

T. W. A.

Verantwortung und Studium

Wer vor fünfzig Jahren, im kaiserlichen Deutschland, vor einem akademischen Publikum, vor Studenten, über Verantwortung gesprochen hätte, wäre kaum in Verlegenheit geraten. Im stillen davon ausgehend, daß der Stand, zu dem die akademische Laufbahn den Zugang eröffnet, eine verhältnismäßig gesicherte und unabhängige Existenz versprach, eine Position, die nicht nur Prestige, sondern auch eine gewisse Macht über andere Menschen mit sich brachte, hätte er an Tugenden appelliert, die seit der Aufklärung allen Menschen, insbesondere jedoch den Privilegierten, zur Pflicht gemacht wurden: Selbstzucht, Vaterlandsliebe und Ehrgefühl. Wie der preußische König, der keinem Römischen Kaiser Deutscher Nation folgte (und vor dem andererseits auch kein Reichstag die Unteren schützen konnte), von sich verkündete, daß er der erste Diener des Staates sei und den Verdacht despotischer Willkür von sich und anderen durch das Bekenntnis zum frei anerkannten Gesetz abwies, so haben die Inhaber sicherer politischer und sozialer Positionen seit jener Zeit sich selbst zu einer Rechenschaft bekannt, die kein übergeordneter Machthaber von ihnen fordern konnte. Erziehung hieß Entfaltung jener inneren Instanz, die statt des äußeren Gebots, statt geheiligten Brauchtums, statt der Autorität von Aristoteles und Dogma nun selbst bestimmen sollte, was Recht und Unrecht sei. Einzig die Zuverlässigkeit und Kraft der moralischen Selbstdisziplin des bevorrechteten Subjekts konnte die Fortdauer ständischen Vorrechts begründen, das, wenn wir von Adel und Heer absehen, vor allem in der Ausübung akademischer Berufe lag. Je mehr aber die Verhältnisse dem Rest der ständischen Ordnung den Boden entzogen, je offenkundiger die Gliederung der Gesellschaft nicht herrschaftlicher Weisung oder gar dem Vorbild einer geheiligten Ordnung, sondern dem komplizierten Kräftespiel der modernen Wirtschaft entsprang, desto ungewisser erschien auch die Rolle der Bildung in der Lenkung des Ganzen, und desto weniger überzeugend klang der Appell an die gesteigerte Moralität ihrer Träger. Weder nimmt der Akademiker heute eine hervorragende Stellung im gesellschaftlichen Ganzen ein, noch ist dieses auch nur sinnvoll genug gegliedert, als daß man etwa in es »hineinwachsen« könnte. All dies hätte aber idealistisch jener Festredner vor fünfzig Jahren vorausgesetzt.

Er hätte ein weiteres Moment für gewiß und feststehend genommen, das zum Begriff der Verantwortung gehört: die menschliche Freiheit. Wer von

Verantwortung spricht, denkt Freiheit mit, und wer es ernst meint, muß fragen, wie es heute um sie steht. Selbst Kant – von den Alten ganz zu schweigen – hat ja die Freiheit nicht der bloßen Innerlichkeit reserviert, sondern sie an einen Spielraum für die Willkür geknüpft. Die Skepsis, die ich bei vielen Studenten spüre, wenn das Wort Verantwortung erklingt, rührt daher, daß sie vor den Anforderungen des Fachstudiums und überhaupt der Laufbahn den Spielraum nicht mehr sehen. Der Student von heute hat wenig mehr gemein mit dem Angehörigen der Universitäten in jener produktiven Zeit zwischen 1780 und 1830, als in Deutschland die akademische Bildung der Realisierung am nächsten kam. Der Unterschied zwischen heute und damals betrifft aber nicht die materiellen Bedingungen allein, also das Schwinden des alten Mittelstandes und den größeren Zeitdruck, das ungünstige, echtes akademisches Studium geradezu vereitelnde Zahlenverhältnis von Professoren und Studenten, kurz, die Weise der äußeren Existenz, sondern auch den Inhalt des Studiums selbst. Das aufs Ganze sich richtende Interesse, das Denkerische, spielte zu jener Zeit eine viel bedeutendere Rolle. Man erfuhr die einzelnen Wissenschaften in gewissem Sinn noch als Momente der Philosophie, und dieser ging es, mit oder gegen die Theologie, um dasselbe wie ihr: um das Absolute und die menschliche Bestimmung. Das machte die Würde und die europäische Bedeutung der deutschen kleinstaatlichen Universitäten aus.

Heute liegt der Akzent auf dem Instrumentalen, auf allem, was, wie es heißt, zum Rüstzeug gehört. Rüstzeug sucht der Einzelne im Studium, zum gesellschaftlichen Rüstzeug gehört die ganze Wissenschaft, zum Rüstzeug droht der ganze Mensch zu werden. Man will ihn zuverlässig, leistungsfähig. Auch in diese Entwicklung spielt noch die Aufklärung hinein. Die Forderung, die Studenten zur Treue den Tatsachen gegenüber, zur unbeirrbaren Sachlichkeit, zur wissenschaftlichen Objektivität, zur Abstinenz von Werturteilen und vagen Spekulationen zu erziehen – und darin liegt heute das Pathos der akademischen Ausbildung –, hat auch einen humanen Sinn. Verschwinden sollen die Hirngespinste, das Pseudowissen, der Aberglaube. Der gegenwärtige Begriff der Wissenschaft trägt das Moment der Kritik, das einmal zur militanten Philosophie gehörte, noch an sich. Er ist dem Wesen nach demokratisch, weil er Erkenntnis grundsätzlich der Kontrolle jedes vernünftigen Wesens unterstellt. Wenn aber die abstrakte Sachlichkeit in sture Konzentration aufs je Gegebene sich verwandelt, wenn die Abstinenz von Werturteilen dazu führt, daß man sich nicht mehr denkend um die Ordnung der Ziele bemüht, wenn die Herzen der Studenten nicht bloß von vager Spekulation, sondern zugleich von Phantasie abgeschreckt werden, dann schlägt auch die Treue gegenüber den Tatsachen in Beschränktheit durch die Tatsachen um, und Beschränktheit ist das Gegenteil der Freiheit.

Die Triumphe der Naturwissenschaft und Technik seit hundert Jahren haben den bedrückenden Zustand verdeckt, daß die universitas dieser unheilvollen Dialektik nicht genügend zu widerstehen vermochte. Während die neue Naturwissenschaft nach Form und Inhalt in heftigem Gegensatz zu den Denkgewohnheiten ihrer Zeit entstand, ordnete, zumindest seit den Gründerjahren, die Hochschule sich dem Bestehenden mit begeisterter Fügsamkeit ein. Nicht bloß durch die vorgeschriebene Staatsgesinnung geschah diese Anpassung, sondern durch die zunehmende Reduktion des Intellekts aufs Instrumentale und damit des Menschen auf eine bloße Funktion. Je mehr die Wissenschaft auf ihre Autonomie pochte, als desto anpassungsfähiger an die bestehende Wirklichkeit erwies sie sich. Das neunzehnte Jahrhundert hat den Widerspruch des Denkens zur Realität, der im dreizehnten wie im achtzehnten Jahrhundert in Hochscholastik und Aufklärung, von der Renaissance ganz zu schweigen, fürs theoretische Denken kennzeichnend ist, schließlich zum Stillstand gebracht. Unbewußt und daher desto sicherer machten sich die Aspekte der Disziplinen, durch die sie zum Dienst an der puren Praxis sich eignen, zu den bestimmenden Zügen des an den Universitäten gepflegten Denkens überhaupt. Das gilt gerade für die Gebiete, die der Praxis entfernter stehen: Physik zum Beispiel beweist eine stärkere Resistenz gegen den Konformismus als die neueste Soziologie; kein Wunder, denn diese muß ja fortwährend ihre Nützlichkeit erst beweisen und erbringt ihr Alibi, indem sie eifrig und nicht ganz glücklich die physikalischen Methoden imitiert. Ähnlich steht es mit manchen Zweigen der Psychologie.

Zwischen dem Kultus der Tatsachen in der Wissenschaft, gerade in ihren geistigen Zweigen, und der Widerstandslosigkeit, mit der sich die Völker beherrschen lassen, voran die sogenannten Gebildeten, besteht ein innerer Zusammenhang. Denken hat es nicht etwa mit sinnlosen Daten zu tun, die es äußerlich aneinanderfügt, sondern Tatsachen sind immer schon Momente begrifflicher Einheiten, an denen die geistige Natur des Subjekts beteiligt ist. Zu genuiner Erfahrung gehört eine bestimmte, freilich je schon an Erkenntnis geschulte Art der Aufmerksamkeit, eine gewisse Unabhängigkeit von Clichés, ein eigener Wille. Ob wir die Welt und zunächst unsere Umwelt richtiger gestalten können, hängt nicht bloß davon ab, was, sondern auch wie wir sehen; in jeder genuinen Theorie steckt, wie in der theologischen, ein affektives Moment und wahrlich in jedem affektiven ein intellektuelles. Das haben die großen Philosophen von Sokrates und Platon bis Leibniz und Hegel gewußt. Die fixe Unterordnung des Denkens unter das, was je als das Sichere, als Tatsache sich gibt, ist im Grunde Unterordnung unter die je herrschenden Denkgewohnheiten und die Erziehung dazu Einübung einer Art geistigen Gehorsams. Man entwöhnt sich der Fähigkeit, die Dinge neu anzuschauen, und akzeptiert die Vorentscheidung der je anderen. Der Widerstand gegen den unheilvollen Zug der Zeit erfordert die Ausbildung anderer intellektueller Kräfte als die, die am bloßen Unterscheiden, Feststellen, Klassifizieren und Kalkulieren sich entfalten. Nicht weil man die Tatsachen im Denken ignorieren oder gar verfälschen dürfte, sondern weil die Jugend in ihrem Studium sich daran gewöhnen muß, wie man das Gegebene auf eigene menschlich lebenswerte Ziele hin strukturiert und umstrukturiert, wie man es unter individuellen Aspekten ansieht und zum Sprechen bringt. Es gibt überhaupt keine Tatsachen an sich, sondern das, was wir Tatsachen nennen, ist immer schon durch die Apperzeption mitbestimmt, und zwar nicht die reine transzendentale, sondern die konkrete des geschichtlichen Subjekts. In jeder menschlichen Wahrnehmung steckt die ganze Vergangenheit der Gesellschaft. Wenn es nicht mehr genug geistige Menschen gibt, die die zugleich schwierige und lustvolle Anstrengung aufbringen, die Welt mit eigenen Augen neu und fruchtbar anzusehen, wenn die Universität den Rückgang der übrigen bildenden Institutionen, vor allem der Familie, nicht etwa kompensiert, sondern fördert, dann verödet die Menschheit bei allen sogenannten Wirtschaftswundern, und diese drohen, anstatt zum Guten auszuschlagen, das Verhängnis zu beschleunigen.

An keiner Bestrebung hat die bis ins Herz der Universität eindringende Unfreiheit, von der hier die Rede ist, einen tragischeren Ausdruck gefunden als am Werk Edmund Husserls, dem Begründer der modernen Phänomenologie und Ontologie. Er ist ausgezogen, den Positivismus zu bekämpfen, der das Faktum zum Maßstab des Gedankens macht, und fand mit seinem fast beispiellosen Scharfsinn als Ausweg eine Methode, die sich noch ängstlicher ans Vorfindliche hält als eine physikalische Theorie, auch wenn er anstatt mit den Tatsachen sich mit dem raffinierten Abzug subtil erfaßter, innerer und äußerer Daten zu schaffen macht. Seine Mathematik der Wesenheiten gewinnt[1]), wie Adorno gezeigt hat, ihren Sinn nicht weniger als die eigentliche im Hinblick auf mögliches Vorfindliches, wie sehr auch, ja gerade weil auf dem unabhängigen idealen Sein der Wesen-

---

[1]) Th. W. Adorno, Zur Metakritik der Erkenntnistheorie, Stuttgart 1956.

heiten so sehr der Nachdruck liegt. Husserls bewundernswerter und vergeblicher Versuch des Ausbruchs aus dem Positivismus nicht weniger als Max Webers tyrannisches Gebot, als Denkender beim Positivismus zu verharren, entspringen der Verabsolutierung des geschichtlich bedingten Wissensbegriffs.

Unter den Mißverständnissen, zu denen unsere kritische Stellung dem Positivismus gegenüber Anlaß geben könnte, wiegt keines schwerer als die Ansicht, es gelte, nun der Ausbreitung rationalen, aufhellenden Denkens Einhalt zu gebieten, sei es durch eine anti-progressive Philosophie oder gar durch die Bekämpfung sozialer Reformen, die mit dem Fortschreiten der Wissenschaft und Industrie zusammenhängen. Die Denunziation des Intellekts, die in solcher neuromantischen Attitüde zu finden ist, und etwa seit der Jahrhundertwende für die kulturelle Situation kennzeichnend war, hat, wie ich glaube, an der wenig befriedigenden Rolle der Elite im Zeitalter der Weltkriege ihren Anteil. Die Abwendung der Geistigen von der Wissenschaft ist bloß die andere Seite des Positivismus. Es paßt durchaus zum gängigen, in die blinde Praxis verstrickten Wissenschaftsbetrieb, der die Arbeitsteilung über sich ergehen läßt, ohne sie durch kritisches Bewußtsein wieder aufzuheben, wenn neben der Wissenschaft eine von ihr losgelöste Philosophie, als sei sie etwas völlig Anderes und viel Vornehmeres, ihr apartes Haus aufmacht. Man kann nicht unter Abstraktion von allem fortgeschrittenen Wissen um Natur und Gesellschaft zum Geist vordringen. Nicht die Rationalität, nicht die von allen Kräften der menschlichen Seele gespeiste Vernunft ist ja schuld am Substanzschwund der Wissenschaft – Vernunft und Wissenschaft wurden von allen wahrhaften Denkern, nicht weniger als von Faust gegen den Teufel verteidigt – sondern gerade der Abfall von ihnen. Anstatt die Wissenschaft auf die Teilfunktionen, aufs Handwerkliche und Expertenhafte festzulegen, das sie unter den gegenwärtigen Umständen angenommen hat, soll ihr Begriff die Erkenntnis der Dinge mit einschließen, die uns als Menschen und nicht bloß als Mitglieder der Industriegesellschaft angehen. Aus den Spezialproblemen, an die sie in der heutigen Situation fast ausschließlich gebunden scheint, soll Wissenschaft reicher und erfahrener stets wieder zum Ganzen zurückführen. Viel spricht dafür, daß durch moderne wissenschaftliche Arbeit der Blick auch für entscheidende gesellschaftliche Fragen geschärft werden kann, nicht zuletzt der Umstand, daß, wie mir scheint, in den letzten Jahrzehnten Naturwissenschaftler in stärkerem Maß als jene wissenschaftsfeindlichen Philosophen die Gefahr erkannt haben, in der die Menschheit schwebt, und für das Recht der Menschen eingetreten sind. Nicht die Wissenschaft eindämmen, sondern sie vorwärts treiben und zu sich selbst bringen, ist die Konsequenz aus der Kritik am Positivismus. Nicht weniger bedenklich als die Ausflucht des Antiszientivismus scheint mir die einspurige Attacke auf die technische Zivilisation. Ihr pflegt man Kultur als sinn- und formvolles menschliches Zusammenleben entgegenzustellen.

Seit Jean-Jacques Rousseau nicht bloß gegen das Unrecht, sondern gegen die angebliche Verkünstelung des Lebens im französischen Absolutismus, gegen das sinnlose, veräußerlichte Dasein, die Natur als kritische Instanz errichtete, ist das Bewußtsein von jenem Gegensatz allgemein geworden. Es wird Sie überraschen, daß wir der Zivilisationsmüdigkeit auch bei Kant, der sich ja Rousseau aufs tiefste und entscheidendste verpflichtet wußte, begegnen. So schreibt er: »Wir sind in hohem Grade durch Kunst und Wissenschaft kultiviert, wir sind zivilisiert bis zum Überlästigen, zu allerlei gesellschaftlicher Artigkeit und Anständigkeit«, und an anderer Stelle: »Die Idee der Moralität gehört zur Kultur. Der Gebrauch dieser Idee aber, welcher nur auf das Sittenähnliche in der Ehrliebe und die äußere Anständigkeit hinausläuft, macht bloß die Zivilisation aus.« Das klingt rousseauistisch, aber auch harmlos-klassifikatorisch genug. Jedoch glaube ich, daß die scheinbar nüchternen und pedantischen Formulierungen Kants mehr gesellschaftlich Wahres enthalten als die modernen Invektiven gegen die Zivilisation, deren berühmteste vielleicht das Porta-Nigra-Gedicht aus Georges »Siebentem Ring« enthält, wo ein im modernen Trier auferstandener Buhlknabe als Richter über die Neue Zeit auftritt. Kant setzt die Begriffe der Kultur und Zivilisation weder ins Verhältnis der bloßen zeitlichen Aufeinanderfolge noch in das eines einfachen Gegensatzes, sondern charakterisiert beide als zueinander gehörige, wenn auch einander widersprechende Elemente der fortschreitenden Vergesellschaftung. Er weiß, daß man das eine nicht ohne das andere haben kann; daß die innere Entfaltung des Menschen und seine Gestaltung der äußeren Welt wechselseitig voneinander abhängen, und daß es illusionär ist, ein Innenreich aufzurichten, das nicht zugleich in der Gestaltung des Wirklichen sich bewährt. Auch jene Gebilde der Vergangenheit, die wir Kultur nennen, längst auch jenes neunzehnte Jahrhundert, das einmal selbst als »Zivilisation« diffamiert war – alle »Kultur«epochen sind dazu nicht als bloßer Ausdruck des reinen Menschenwesens geworden, sondern durch den realen Lebensprozeß der Gesellschaft hindurch; auch die christliche, römische, griechische Kultur haben ihre höchst zivilisatorische Seite gehabt. Erst ein Bewußtsein, das daran verzweifelt, die menschliche Welt aus Freiheit und Bewußtsein zu gestalten, und sie darum wie Spengler nach Analogie mit pflanzenhaftem Werden und Vergehen beschreibt, kommt dazu, Kultur als Seelengebilde messerscharf von der Äußerlichkeit der Zivilisation zu trennen und gegen diese auszuspielen — oft genug nur, um damit dem wahren Feind das Tor zu öffnen, der Barbarei. Wer heute die Kultur auf Kosten der Zivilisation verherrlicht, hat es mehr mit der Anlage von Kulturschutzparks als mit der Humanität zu tun. Die zum Ausstellungsobjekt erniedrigten Giebel der alten Städte oder die dem Fremdenverkehr zuliebe wieder aufgebauten Barockhäuser passen nur allzu gut in den Betrieb der Autobusse und insgesamt in jene Zivilisation hinein, die sie denunzieren wollen.

Demgegenüber hat es etwas Befreiendes, daß ein Denker unserer Tage, dem man weder bequemen Fortschrittsoptimismus noch Oberflächlichkeit zuschreiben kann, die Trennung der beiden Begriffe ablehnt. In einer Spätschrift Sigmund Freuds, der »Zukunft einer Illusion«, stehen die Sätze:

»Die menschliche Kultur — ich meine all das, worin sich das menschliche Leben über seine animalischen Bedingungen erhoben hat und worin es sich vom Leben der Tiere unterscheidet — und ich verschmähe es, Kultur und Zivilisation zu trennen — zeigt dem Beobachter bekanntlich zwei Seiten. Sie umfaßt einerseits all das Wissen und Können, das die Menschen erworben haben, um die Kräfte der Natur zu beherrschen und ihr Güter zur Befriedigung der menschlichen Bedürfnisse abzugewinnen, andererseits alle die Einrichtungen, die notwendig sind, um die Beziehungen der Menschen zueinander und besonders die Verteilung der erreichbaren Güter zu regeln. Die beiden Richtungen der Kultur sind nicht unabhängig voneinander...«[2])

Nun möchte ich nicht verschweigen, daß die zwei Begriffe, welche die Aufklärung von Kant bis Freud so nachdrücklich noch verbunden hat, mittlerweile in der Tat sich stets weiter voneinander entfernten. Wohl steht es nicht an, Kultur gegen die Zivilisation zu beschwören. Der beschwörende Gestus selber, die Exaltation der Kultur auf Kosten der Massengesellschaft, die beflissene Konsumtion der Kulturgüter als Bestätigung eines gehobenen seelischen Innenlebens sind unabtrennbar vom Zerfallscharakter der Zivilisation. Die Beschwörung der Kultur also ist ohnmächtig. Ebenso wenig aber ist zu leugnen, daß der zivilisatorische Betrieb selber heute bis zum Unerträglichen den Menschen gegenüber sich verselb-

---

[2]) Sigmund Freud, Ges. Werke, Bd. 14, London 1948, S. 326.

ständigt hat, und daß diese kaum mehr ihrer selbst mächtig, sondern nur noch Exponenten des Apparats oder Zwangskonsumenten dessen geworden sind, was der Apparat ausspeit. Aber dabei sollte der Gedanke nicht stehenbleiben. Die Aspekte der Zivilisation, an denen wir heute leiden, sind den gepriesenen Kulturen selbst schon eingeboren gewesen.

Das Chaotische und Beängstigende der gegenwärtigen Zivilisation hat seinen Ursprung weder in deren Begriff, noch etwa in der Technik an sich selbst. Sondern die Technik hat in der modernen Gesellschaft eine spezifische Gestalt, eine Struktur, eine Stellung gewonnen, die zu den Bedürfnissen der Menschen in einem höchst gebrochenen Verhältnis steht. Nicht die Rationalisierung der Welt trägt Schuld an dem Unheil, sondern die Irrationalität dieser Rationalisierung. Die Technik besitzt die Menschen nicht nur leiblich sondern auch geistig. So wie man in der Wirtschaftstheorie gelegentlich vom Geldschleier spricht, könnte man heute vom technischen Schleier sprechen. Der Traum der Zivilisierten ist nicht mehr die erlöste Welt, ja nicht einmal mehr das Schlaraffenland, wo jedem die gebratenen Tauben in den Mund fliegen, sondern die nächst bessere Auto- oder Fernsehmarke. Die falsche Ordnung der Ziele, der aus vielen Gründen niemand sich entziehen kann, keineswegs der technische Fortschritt selbst, sei es Auto oder Fernsehapparat, bedroht den Geist und heute bereits die materielle Fortexistenz der Menschheit. Freilich werden nun die Menschen selbst in einem solchen Maß von diesem Prozeß umklammert und geformt, daß es einigermaßen schwerfällt, den technischen Fortschritt — nun nicht von der Zivilisation, wohl aber von der Verdummung zu trennen. Dagegen hilft aber nicht die Rückkehr zur Kultur, die doch schimärisch bliebe, sondern die an Theorie geschulte Anstrengung, die Technik wahren menschlichen Zielen dienstbar zu machen.

Lassen Sie uns nun wieder zu jenem traditionellen Festredner zurückkehren, der die Veränderungen in der Situation des Akademikers seit der industriellen Revolution ignoriert. Die Unfreiheit, die er mit dem tönenden Bekenntnis zur sittlichen Autonomie zudeckt, reicht ins Herz der modernen Universität. Wie in der logischen Struktur der einzelnen Wissenschaft und des Gefüges der Wissenschaften setzt sie sich durch im Größenunterschied der finanziellen Mittel, die für geistige Bestrebungen und für friedens- und kriegswichtige Experimente zur Verfügung stehen, nicht zuletzt im Unterschied der sozialen Chancen des Nachwuchses. Vom anonymen, gesellschaftlichen Apparat gewollt ist nicht der denkende Mensch sondern der Funktionär. Der Wissenschaftler soll die Tatsachen beistellen und es bleiben lassen, über Zwecke zu spekulieren oder gar zu den jeweils geltenden in Widerspruch zu geraten. Wenn man freilich gegen das Dasein des Funktionärs, in der Wissenschaft wie anderswo, mit Verdammungsurteilen herzieht, so verstärkt man damit den Bann eher, als daß man ihn löst. Was für die Massengesellschaft zutrifft, daß nämlich die Masse über die Masse schimpft und gerade dadurch die charakteristische Atmosphäre der sich im Grunde verachtenden Massengesellschaft erzeugt, gilt für den Funktionär erst recht. Das Dasein des Funktionärs, also des zunächst nicht sich selbst, sondern einer vorgegebenen Aufgabe Verantwortlichen ist zum kennzeichnenden Phänomen deshalb geworden, weil es der gesellschaftlichen Tendenz nach keine andere Existenzform mehr gibt. Der wirklich Freie, der, der sein eigener Herr ist, wird immer mehr ein Relikt. Eher als diese Tendenz abzuschaffen, scheint es mir darauf anzukommen, daß jeder in sich immer wieder den Konflikt erfährt zwischen dem Anspruch der bestehenden Gesellschaft an ihn und andererseits dem eigenen Urteil und dem eigenen Willen. Wo es zu solchem Konflikt überhaupt kommt, und wo er ehrlich ausgetragen wird, kann trotz allem von Verantwortung die Rede sein. Die Gefahr liegt wesentlich in der Schwächung der subjektiven Seite des Konflikts, das heißt des autonomen Urteils und Willens, im Rückgang der Fähigkeit, sich eine Vorstellung von Mensch und Welt zu machen, die nicht völlig hinter die Zeit zurückfällt. So wenig abschlußhaft die Vorstellung auch sein mag, sie muß so konsistent und offen sein, daß man sich zutraut, Entscheidungen nach ihr zu treffen. Dies Vertrauen in die Vernunft, die in einem selbst inkarniert ist, dieses Selbstvertrauen gehört zur Verantwortung, nicht weniger als die innere und äußere Freiheit, von der es untrennbar, ja mit der es eines ist. Wer aber von denen, die heute an Universitäten lehren, hätte nicht die Erfahrung gemacht, daß selbst unsere besten Studenten, auch die, die außergewöhnliche Einsicht in die öffentlichen Dinge und große kritische Fähigkeiten besitzen, darauf warten, daß die Initiative zum Handeln von anderen ausgeht. Die Generation ist sich wenig bewußt, wie viel von ihr selbst abhängt.

Kein Zweifel, wozu Studenten und insbesondere deutsche Studenten in Wirklichkeit angespornt werden, ist nicht etwa persönliches moralisches Urteil, durch das der Einzelne den je propagierten sozialen und politischen Losungen, den Nah- und Fernzielen des Zeitgeistes Widerstand leisten könnte. Verwiesen ist vielmehr jeder auf die rasche Aneignung der technischen Mittel für seinen Beruf, nicht etwa auf die beste menschliche Verfassung, in der man ihn sinnvoll ausübt, und schließlich noch auf die — wohl im Asta zu erwerbende — frühe Kenntnis und Beherrschung parlamentarischer Spielregeln und der politisch administrativen Routine, die man nur allzu leicht mit der Begabung fürs Allgemeinwesen oder, wie es heißt, für Demokratie, verwechselt. Es wirkt alles zusammen, um dem schweifenden Gedanken den Weg abzuschneiden und statt dessen jeden auf behende Einordnung abzurichten. Die wirtschaftliche Unsicherheit, die knappen Geldmittel des Einzelnen, die lockenden Stellungen in der vollbeschäftigten Industrie, die angewachsenen Stoffmassen und die Spezialisierung stacheln zu jener Eile und Eingleisigkeit an, mit der das Studium heute erledigt wird. Und die Universität selbst, mit dem Massenbetrieb in vielen Fakultäten und Fächern, mit den überfüllten Seminaren und überlasteten Professoren, bei denen zuweilen die Lehrtätigkeit nur die Teilnahme an Arbeitstagungen unterbricht, läßt in seltenen Fällen eine akademische Situation aufkommen, die zum Verweilen einlüde. Der circulus vitiosus vom Abgang der bedeutenden Lehrer und dem mangelnden Nachwuchs, die Unmöglichkeit kultivierten Umgangs zwischen Professoren und begabten Studenten, nicht zuletzt die engen ökonomischen Chancen einer rein akademischen Laufbahn und das damit verbundene Schwinden sozialer Geltung derer, die sich zu ihr entschließen, sind Symptome dafür, daß die Rolle der Universität im gesellschaftlichen Ganzen eine tiefgreifende Änderung durchmacht.

Es ist schwer, den Begriff der Verantwortung in demselben Sinne auf die heutige studentische Jugend anzuwenden wie auf manche frühere. Ich bin mir jedoch nicht im Zweifel darüber, daß trotz allem etwas Entscheidendes identisch geblieben ist. Die Verantwortung des Studenten liegt auch heute darin, daß er sich den entgeistenden Mächten nicht fügt, sondern sie erkennt. In einer Zeit, in der fast alle Worte, mit denen seine studentische Verantwortung einmal beschrieben werden konnte, wie kitschige Phrasen klingen, muß er doch die Konsequenz daraus ziehen, eine geistige Existenz gewählt zu haben. Ich sage der Student und zweifle nicht daran, daß angesichts der Masse der Studierenden nur für wenige die subjektiven und objektiven Voraussetzungen dazu bestehen, unter den unendlich erschwerten Bedingungen solche Verantwortung aufzubringen. Ich höre Sie sagen: ja was sollen wir denn tun, zum Geist haben wir keine Zeit, es wird zuviel von uns verlangt, wir sind zu arm, um zu warten oder Umwege zu machen, und wir haben ohnedies das Vertrauen verloren in die hohen geistigen Güter, die meist nur dazu herhalten, daß man uns für irgendwelche Interessen im Gegensatz zu unseren eigenen einspannt. An all dem ist etwas Wahres, und ich bin der letzte, es mit einer Handbewegung abzutun. Aber ich möchte Sie doch veranlassen, einen Augenblick innezuhalten, ob Sie dabei sich bescheiden wollen. Steckt nicht in solchem Fatalismus zuweilen ein Stück Bequemlichkeit, die sich lieber von kritischer Anstrengung dispensieren möchte, und ist der Grund für das Unvermögen, so wahr er auch sein mag, nicht auch zuweilen ein Vorwand? Die Last des Lebens und die Mechanisierung seines Betriebs in der Gegenwart kann selber zur Ideologie werden für die, welche es eigentlich gar nicht anders möchten und ihr Gewissen damit beruhigen, daß es nicht anders geht. Denn was den Menschen geistige Distanz und Selbständigkeit verbietet, ist nicht nur ein ihnen Feindliches, Gewalttätiges, sondern zugleich auch ein Bequemes, auf das sie ansprechen, weil es in ihnen selbst schon vorgeformt ist. Die Fluchtbahn, die das Leben dem Studenten heute vorzeichnet, ist zugleich die Linie seines eigenen geringsten Widerstandes. Ihr nicht zu folgen, heißt Verantwortung. Sie kann bei solchen Reflexionen, wie den meinen, wahrlich nicht stehenbleiben, aber sie muß sie doch erst einmal anstellen. Denn der Druck, unter dem die Menschen leben, besteht zum Teil auch aus ihnen selbst.

Einverständnis mit der Geistfeindschaft bedroht heute den jungen Akademiker in einer sehr spezifischen Gestalt. Er kann aus ihr eine Weltanschauung machen, die sich für das Gegenteil von Weltanschauung hält. Was ich meine, möchte ich mit einem psychologischen Ausdruck benennen, der ursprünglich bestimmte seelische Rückbildungen bezeichnete, aber nachgerade eine neue Art von Norm charakterisiert. Ich warne Sie vor dem »Konkretismus«. Er besteht im Kleben am unmittelbar Vorhandenen, Greifbaren, im Unvermögen, über die je gegenwärtige Situation mit seinen Gedanken und Interessen hinauszugehen. Man verharrt in der Situation des Jungen, der im Basteln aufgeht und sich damit als Erwachsener vorkommt, bei einer Art von Verstand, den an der Uhr die Räder interessieren und nicht die Zeit, die sie mißt. Alle werden sozusagen zu Mechanikern. In der Theorie hängen sie ihre ganze Liebe an das, womit man als einem Zweifellosen schalten kann, sie wähnen ihre Sicherheit in dem zu finden, was ihnen absolut gewiß dünkt und womit man vor jeglicher Widerlegung geschützt ist. Sie verlieben sich in säuberliche Mittel, Methoden, Techniken und schätzen krampfhaft gering oder vergessen, was sie sich nicht mehr zutrauen und was doch im Grunde jeder sich einmal von Erkenntnis versprochen hat. Man kommt sich als Erwachsener vor, wenn man nicht träumt und mit Gedanken spielt. Wie oft habe ich gesehen, daß alte Professoren, nicht zuletzt in Verhandlungen mit Studenten über studentische Dinge, jünger waren und zu freieren Ansichten sich bekannten als die Studenten selbst. Dem Gedanken, der nicht unmittelbar verifiziert werden kann und der nicht praktisch sogleich umsetzbar ist, haftet das Odium des Windigen, Müßigen an. Die Formel, unerläßlich als Abkürzung der Fakten, soll nun durch die erwähnte Substitution der wissenschaftlichen Apparatur für die Wissenschaft den Gedanken ersetzen, der so zur bloßen Verdoppelung der Wirklichkeit und im Grunde überflüssig wird. Man verwechselt Hypothesen, die von Protokollsätzen bestätigt werden und dann verschwinden sollen, mit der dem Einzelnen je erreichbaren Wahrheit, in der er leben und sterben kann. Ist nicht der Student notwendig Zeuge dafür, daß die Entfaltung der Vernunft und alle ihr zugeordneten Fähigkeiten dem eine Pflicht sind, der es ernst mit der Wahrheit meint, und gibt es ohne diese Überzeugung überhaupt ein Studium? Statt darauf sich zu besinnen, verläßt man sich — jenseits des Berufs im engeren Sinn — nicht so sehr auf die Religion, denn auch diese appelliert ja ans Gewissen, das kultiviert oder trügerisch sein kann, und dessen Verfeinerung von ihr gefordert wird, sondern nur allzu oft auf kurzsichtige, materielle Interessen. Man wird zum Objekt der Meinungsmanipulation. Daß der Akademiker es nicht vermag, mit seinem fachlichen Urteil die Kraft und den Mut zur Einsicht in Fragen des Lebens auszubilden, hat zu jener Verbindung von Fachwissen und Obskurantismus geführt, die uns mit Grund vermuten läßt, daß die Gebildeten dem totalitären Wahnwitz der Vergangenheit gegenüber nicht immuner waren als die Ungebildeten und es auch in Zukunft nicht sein werden.

An seiner eigenen Wissenschaft soll der Student lernen, daß es in ihr ohne einen Überschuß an innerer Freiheit, ohne ein Spiel des Geistes, ohne jene Kraft des Subjekts, die über das Objekt hinausschießt, Erkenntnis des Objektiven überhaupt nicht gibt sondern bloß Sterilität. Er sollte die Vereinigung von kritischer Prüfung der Tatsachen und produktiver Phantasie einüben, von Behutsamkeit und Scharfsichtigkeit, Liberalität und Einfühlungskraft, die man eben nirgends so wie im richtigen wissenschaftlichen Studium lernen kann. Und wenn es in den Hörsälen und Instituten nicht geht, dann im Umgang mit den ähnlich Gesinnten und über den Büchern — soweit es der Zeitdruck überhaupt noch gestattet, daß man sie anders als zum Memorieren für Prüfungen in die Hand nimmt. Dieses geistige Verhalten kann zur zweiten Natur werden. Von den Gegenständen des speziellen Gebiets wird es sich auf alles ausdehnen, womit man Umgang pflegt. Einmal hieß es Humanität. Nach dem Grauenvollen, das geschehen ist, und trotz ihm, kann ich von der Hoffnung nicht lassen, daß nicht bloß in den ersten Jahren, die auf den Zusammenbruch folgten, sondern sogar in kommenden Jahrzehnten die Universität jenes vergessene Verhalten wieder zum Ziel hat. Die Beschränkung des Studiums auf die Vorbereitung zur Verfassung historischer Kompendien oder der Erfindung von Geräten zur Atomzertrümmerung, ja selbst von Antibiotika, ist nicht genug, und Richter ohne Kraft der Identifikation bedeuten ohnehin den Tod der Gerechtigkeit.

Man könnte argumentieren, die Universität allein sei nicht in der Lage, dem Studenten zu helfen, die Verantwortung zu lernen, von der hier die Rede ist. Gäbe es nicht noch viele andere Ursachen ihrer Unzulänglichkeit, darunter die spezifisch deutsche des Schicksals dieser Generation, die von mir selbst angeführten Elemente der Geistfeindschaft in dieser Zeit reichten wahrlich aus, sie darzutun. Die Universität kann heute nicht ersetzen, was früher einmal Familie, eine leidlich intakte kulturelle Tradition und vor allem der Umstand, daß es damals für den Studenten Muße gab, geleistet haben. Liegt hier nicht die Bedeutung der studentischen Gemeinschaften und vor allem der traditionellen Verbindungen, die vielleicht noch stärker als andere die Aufgabe betonen, die Menschen zur Verantwortung zu erziehen? Auch Freundschaft ist eine ihrer Parolen, und diese individualistische Kategorie mag eine der Ursachen gewesen sein, warum man sie im Dritten Reich auflöste, gleichviel ob sie sich völlig dem Regime anpaßten oder etwa verfolgte Bundesbrüder zu schützen suchten. Wie immer man zu ihren Auffassungen sich verhalten mag, die Verbindungen mildern auch heute die krasse Isoliertheit, in der viele Studenten nicht nur beim Beginn ihres Studiums sich finden. Sie arbeiten jener trüben Resignation entgegen, in deren Klima geistige Verantwortung kaum entstehen kann. Aber damit erschöpfen sich nicht die Fragen, die das Verhältnis von Verantwortung und akademischen Verbindungen aufwirft. Wie sehr seit je man Freundschaft zu institutionalisieren suchte, das Streben danach widerspricht zugleich ihrem Begriff. Die Stärkung der Verantwortung des Einzelnen einem Bund gegenüber kann mit der Schwächung der Verantwortung vor dem eigenen Gewissen, Autonomie, zusammengehen. Wenn etwas nicht sich organisieren läßt, dann Freundschaft. Die festgelegte Form des Bundes, wie sehr sie aus der neuzeitlichen Einsamkeit erlöst, mag edlere, der Sache gerechtere Beziehungen, die spontan entstehen könnten, hemmen. Daß Bundesbrüder sich zu Stellungen verhelfen, daß die proklamierte Freundschaft vielfach nur Deckbild eines Zweckverbandes ist, scheint während der Vollbeschäftigung nicht notwendig bedenklich. Ein Unglück geschähe nur dann, wenn die Studenten im Hinblick auf entscheidende Fragen des persönlichen, gesellschaftlichen und politischen Lebens ihre Ideen sich nicht selbst, im Zusammenhang mit ihrer akademischen Ausbildung, erarbeiteten und für deren Änderung aus rationalen Gründen offen blieben, sondern sich festlegen ließen durch eine an sie herangebrachte Stereotypie. Die Chancen, daß es so geht, sind nicht gering. Je ohnmächtiger das Ich des Einzelnen sich heute weiß, je mehr ihm die Möglichkeit der Realisierung in der Praxis verbaut ist, desto mehr hat es das Bedürfnis, sich selbst zu bestätigen und zu erhöhen. Aus innerer Unsicherheit und Schwäche verlangt es nach einem Kollektiv, als dessen Teil es sich stark fühlen kann. Dem kommen die Verbindungen entgegen, nicht bloß durch die Aufnahme des Individuums in den eigenen Verband, sondern durch die Tradition vom starken Staat und nationalen Selbstbewußtsein, für die sie einstehen. Es geht mir nicht um die Berechtigung oder Irrigkeit des Inhalts dieser Tradition. Ich halte sie persönlich für recht zeitgemäß, und das ist kein Kompliment. Aber es widerspricht meinem Begriff von geistiger Verantwortung, daß verdinglichte Ideen von dem, was Tugend, Staat und Menschheit sein soll, oder überhaupt ein fixiertes Leitbild die handfeste Voraussetzung jugendlicher Beziehungen bildet, anstatt Gegenstand kritischer Reflexionen zu sein. Gerade das macht meiner Ansicht nach den Studenten aus, daß er in diesen Dingen geöffnet ist und auch die gegensätzlichen Gedanken nicht ablehnt oder gar verdrängt, sondern sie so überwindet, daß auch noch ihre relative Wahrheit in seinem Geiste gerettet ist. Ich weiß, daß viele Mitglieder der Verbindungen darin gar nicht so unähnlich denken wie ich, aber gerade diese werden wissen, daß die Gefahr einer ganz anderen Dynamik besteht. Im Widerspruch zu dem, was an so vielen Stellen der Welt heute geübt wird, scheint mir die Vaterlandsliebe des Akademikers vor allem darin sich zu erweisen, daß er dem eigenen Volke die Wahrheit sagt, auch wenn er damit allein steht. Dieser Wille soll den Studenten anerzogen werden, und nicht etwa die Bereitschaft, sich dem großen Kollektiv, dem »Wir« zu überantworten, es zu glorifizieren, immer und ohne Überlegung gegen alles zu sein, was ihm konträr ist, und gar nicht zu erwägen, ob dessen Interesse auch das rechte ist. Volk und Staat in ihrer jeweiligen Gestalt sind nicht unmittelbar das Absolute, sondern endliche Größen und Mächte, die sich irren und ebenso das Falsche tun können wie das Gute und Heilvolle. Noch nicht einmal der dehnbare Begriff der Demokratie ist ein Maßstab, an den man sich halten kann, schon gar nicht aber das kollektive Selbstbewußtsein, dem sich die in ihrem Ich geschwächten Individuen so gerne überlassen wollen. Zu ihm gehört es, daß man vom eigenen Volk mit »Wir« redet, von den anderen aber im Singular. Wir haben es mit »dem« Amerikaner, »dem« Franzosen, »dem« Russen zu tun. Der Unterschied von Innen und Außen wird so gefaßt, daß auf das Innen das Licht und auf das Draußen das Dunkel fällt. Man denkt in Schwarzweiß, und der Fehler, wenn einer passiert, liegt entweder bei den anderen, oder wenigstens an den Umständen, die man nicht kontrollieren konnte. Daß man zuerst den Irrtum im eigenen Inneren sucht, wie es die Religion mit Recht vom Einzelnen erwartet, muß auch für das Kollektiv-Ich gelten. Es ist wahrlich nicht notwendig besser als er. Aber gerade weil sich das heute so bedrohte Selbstgefühl des Individuums durch Glorifizierung der größeren und stärkeren Totalität, zu der man gehört, so angenehm kompensieren läßt, bietet das kollektive so bequem sich an.

Wer jedoch für einen geistigen Beruf sich entschieden hat, sollte es vermögen, der allgemeinen Suggestion standzuhalten. Dieselbe Vernunft, die ihn in seinem Fach gegen Illusionen schützt und persönlichen Voreingenommenheiten gegenüber hellsichtig macht, soll er in den öffentlichen Angelegenheiten bewähren, und nicht wie die Massen, die es nicht anders gelernt haben, in die je gewünschte Begeisterung ausbrechen oder dem Unrecht gegenüber lethargisch bleiben. Er hat nichts Besseres als die Wahrheit. Wer auch immer dazu hilft, die Studenten im Bewußtsein und im Genusse solcher Verantwortung zu stärken, und dafür sorgt, daß sie den nationalen Massenrausch, den sie selbst nicht mehr nötig haben, auch im Volke heilen können, wer dazu beiträgt, sie in der Sokratischen Treue zum Gesetz und zugleich in der Sokratischen Unerbittlichkeit gegen es zu festigen, alle die Kräfte sind wohltätig. Wir wollen, sofern sie dazu gehören, die Verbindungen gewiß nicht ausschließen, wenn wir auch bezweifeln, daß etwa die Mensur das beste Mittel zu solcher Erziehung sei. Allzu leicht verleitet gerade der Wert, den man ihr beimißt, dazu, die Bereitschaft, Schläge um ihrer selbst oder der männlichen Tugend willen auszuteilen und einzustecken, an die Stelle der Tapferkeit der Wenigen zu setzen, die man nach Goethes aktuellem Wort seit je gekreuzigt und verbrannt hat.

Nachdem ich vom Begriff der Verantwortung theoretisch gesprochen habe, mögen Sie sich fragen, was Sie praktisch damit anfangen können. Sie denken an die inneren und äußeren Schwierigkeiten der Universität. Über die äußeren, besonders über diejenigen, die aus der notdürftigen Existenz so vieler Studenten stammen, wissen Sie so gut und noch besser Bescheid als ich selbst. In dieser Not setzt sich der hier kritisierte Hang der Gesellschaft durch, der der Großorganisation alle Macht gibt und den Willen des Einzelnen bricht und zum rückhaltlosen Konformismus fertig macht. Es ist ein Trost, daß im Augenblick, nicht zuletzt dank der öffentlichen Hand, die materielle Lage der Studierenden sich sehr gebessert hat. Wenn aber die Verantwortung des Studenten im emphatischen Sinn kein flatus vocis, kein leerer Hauch der Stimme werden soll, dann muß nicht bloß der idiotische Druck auf den einzelnen Studenten, sondern der akademische Massenunterricht verschwinden. Wir bedürfen fürs edelste Geschäft eines Volkes, die Erziehung seiner Jugend und zumal ihrer höchsten Erziehung in Wissenschaft und Philosophie, des Vielfachen der Lehrstellen, die wir haben, und der Luxus darf nicht bloß an anderen Stellen unserer Gesellschaft, sondern er muß in den Instituten und Bibliotheken unserer Universitäten zu finden sein. — Was aber die inneren Bedingungen angeht, so sind die Studenten und vor allem ihre gewählten Vertreter berufen, selbst an der Verwirklichung teilzunehmen. Ich denke nicht zuerst an die Mitwirkung in der Verwaltung des Gemeinschaftslebens, an die Universitätsfeste und Studentenhäuser, im Grunde ist auch das noch äußerlich. Wichtiger schon ist die zeitgemäße Ausgestaltung des Lehrplans, die Verringerung des geisttötenden Zwangs, die furchtbaren Stoffmassen aufzunehmen, auch wo sie gar nicht nötig sind, die Erleichterung des Studierens außerhalb der eigenen Fakultät, die Stärkung solcher Fächer, die zur Urteilsbildung über menschliche Probleme beitragen und auch zum Avancierten und Umstrittenen in Theorie und Kunst noch kompetent und liebevoll hinführen. Die Forderung, der Soziologie an den Universitäten den angemessenen Platz zu geben, betrifft nicht bloß den Unterricht. Wir bedürfen neben dem juristischen und Studienreferendar, neben dem Diplompsychologen, Diplomvolkswirt, Kaufmann usf. einer weiteren Art der akademischen Berufsausbildung. Theoretische und empirische Soziologie und Politik müßten in ihr den Kern bilden, juristische und ökonomische Kenntnisse obligatorisch sein und die Möglichkeit zur Promotion in der philosophischen oder wirtschaftswissenschaftlichen Fakultät bestehen. Ich bin überzeugt davon, Industrie und Verwaltung, Presse und Rundfunk nicht weniger als die Gewerkschaften, die Politik und Diplomatie würden diesem Typus des Akademikers wichtige Aussichten bieten, ganz abgesehen davon, daß diese Form des Studiums eine verjüngende Wirkung auf den Unterricht in manchen Fächern ausüben könnte. In jeder historischen Periode verändert sich die Konstellation der Kenntnisse und Fächer im Hinblick auf die Relevanz fürs Schicksal des Ganzen. Die philosophische Bedeutung, die die Physik im siebzehnten Jahrhundert besaß, gehört ihr im zwanzigsten nicht mehr ausschließlich. Soziologie, Tiefenpsychologie, neueste Geschichte hätten heute eine wichtige Rolle zu spielen. Daß sie in der Universität nicht immer die gebührende Pflege finden, rächt sich nicht nur bei der akademischen Ausbildung allein, sondern auch dadurch, daß sie dem Halbwissen überlassen bleiben und Fehlwege einschlagen, denn von ihnen absehen kann der Mensch unserer Tage nicht. Wie von Professoren, kann auch von Studenten die insistente Forderung und der produktive Vorschlag in Fragen des Lehrplans und der Prüfungsordnungen ausgehen.

Auch die Vertreter der Studentenschaft freilich, die Funktionäre, sollen bei aller administrativen Arbeit, durch deren Verrichtung sie dem Ganzen Opfer bringen, nicht zu bloßen Vollstreckern des Willens ihrer Körperschaft sich machen lassen. Sie müssen Personen bleiben, mit eigenen, stets wieder in Frage gestellten und doch jeweils bestimmten Ideen von dem, was die Universität trotz allem heute noch sein kann, und wie sie am besten die Vorbereitung auf den akademischen Beruf mit der für ein geistiges Dasein verbindet. Dann wird es sich schon zeigen, daß sie in den entscheidenden Fragen zwar vielleicht an manchen Stellen anstoßen, aber mit den besten Studenten und Professoren an einem Strang ziehen.

Das Anstoßen übrigens, den Zusammenstoß mit der Welt, soll man nicht suchen, aber es kommt darauf an, ihn nicht als absolutes Übel anzusehen und jedenfalls sich nicht schon innerlich zu ducken und gleichzuschalten, ehe er erfolgt. Das Entmutigende in unserer Zeit ist nicht so sehr der Druck als solcher, der auf den Menschen lastet, sondern die Gefügigkeit gegen ihn. Den Druck hat es auch früher gegeben, und die große Dichtung ist ein Aufschrei dagegen. Das Neue scheint mir, daß die Menschen heute nicht mehr das Leiden am gesellschaftlichen Zustand sich gestatten, sondern das, was ihnen angetan wird, sich selbst zu eigen machen, womöglich es noch selbst unterschreiben. Die Leidensfähigkeit am Schlechten aber gehört zu den Voraussetzungen, daß es besser wird. Auch heute wie zu allen Zeiten bilden die, die Verantwortung im hier gemeinten Sinne kennen, die Gebildeten im eigentlichen Sinn, eine Gemeinschaft, die keine besondere Organisation hinter sich weiß. Vielmehr erkennen sie einander in Organisationen und Gruppen, wie vor allem auch außerhalb ihrer. Die Universität aber sollte der Ort sein, von dem sie natürlicherweise herkommen. Weder die rein wissenschaftliche, noch die Berufsausbildung, noch etwa das sogenannte studium generale führen notwendig zur Verantwortung hin, und doch gibt es keinen besseren Weg dazu als eben die Universität. Es gilt, die dort erlernte Besinnung und Umsicht, die Sorgfalt der Beobachtung und Formulierung, die Phantasie und Initiative, die in echter Wissenschaft die Regel sind, auch auf jene Gegenstände anzuwenden, die man nicht exakt berechnen und endgültig bestimmen kann.

In der Praxis des Lebens sind begründete Vorstellungen notwendig, die, auch wenn sie nicht endgültig sein können, an Unabhängigkeit den eigentlich wissenschaftlichen nicht nachgeben und in denen das Interesse jedes menschlichen Subjekts, das heißt also der Menschheit, nicht weniger gut aufgehoben ist als etwa im Fortschritt der Physik und Chemie. Das Band, das alle, die in solcher Anstrengung des Denkens begriffen sind und so zu urteilen versuchen, zusammenhält, auch wenn sie nicht den Vorzug des Studiums genossen haben, ist kein anderes als die Hoffnung, daß es nicht vergebens sei.

M. H.

Über das Vorurteil

Seit dem Ende des Krieges war in Deutschland viel vom Vorurteil die Rede. In anderen Ländern lange vorher. Wenn die Herabsetzung der Menschen wegen ihrer nationalen Herkunft, der Religion oder Hautfarbe erforscht und angegangen wurde, geschah es unter dem Titel des Vorurteils, auch dann, wenn nicht bloß Antipathie und soziale Benachteiligung, sondern der auf schwächere Gruppen gerichtete Haß, die organisierte Verfolgung, entfesselte Mordlust das Thema war. Der Euphemismus, der Gebrauch des harmlosen Wortes verdankt sich der Scheu, das Furchtbare zu nennen, ähnlich wie man gewaltsame Tötung durch gesellschaftlich bestellte Ordnungskräfte gleichsam beschwichtigend als Hinrichtung bezeichnet. Schließlich meint ein so gebrauchtes Wort nichts anderes mehr als die krasse Wirklichkeit, deren Bild es mildern sollte. Die unheimliche Bedeutung schlägt auf es zurück.

Vorurteil nennt ursprünglich einen harmlosen Tatbestand. In alten Zeiten war es das auf frühere Erfahrung und Entscheidung begründete Urteil, praejudicium. Später hat die Metaphysik, Descartes, Leibniz zumal, eingeborene Wahrheiten, Vorurteile im strengen Sinne, zur höchsten philosophischen Wahrheit erklärt. Sätze »a priori«, der Erfahrung logisch vorgeordnet, bilden nach Kant die reine Wissenschaft. Nur in England, wo Erfahrung seit Jahrhunderten als die oberste Instanz der Erkenntnis erscheint, galt prejudice, das heißt die Ansicht, die der Prüfung durch die Tatsachen vorhergeht oder ihr sich gar entziehen will, von der Bibel abgesehen, längst als Vorurteil im negativen Sinn.

Daß Abbreviaturen eigener Erlebnisse und dessen, was vom Hörensagen stammt, im Vollzug des Lebens eine Rolle spielen, ist offenbar. Was einmal gelernt und aufgenommen ist, wird in allgemeinen Vorstellungen aufgestapelt. Bewußt und halbbewußt, automatisch und absichtlich wird jeder neue Gegenstand mittels des so erworbenen Arsenals begrifflich eingeschätzt. Die Verhaltensweisen der Individuen in den Situationen des Alltags haben auf Grund von bruchstückhaftem Wissen sich eingeschliffen, sind Reaktionen aus Vorurteilen. Im Dschungel der Zivilisation reichen angeborene Instinkte noch weniger aus als im Urwald. Ohne die Maschinerie der Vorurteile könnte einer nicht über die Straße gehen, geschweige denn einen Kunden bedienen. Nur muß er imstande sein, die Generalisierung einzuschränken, wenn er nicht unter die Räder kommen will.

Jenseits des Kanals fahren Autos auf der linken Straßenseite, und hierzulande wechseln die Kunden in immer rascherem Tempo den Geschmack. Man kann sie nicht stets nach demselben Schema zufriedenstellen. Solche Vorurteile näher zu bestimmen, zwingt das eigene Interesse.

Der Trieb zur Selbsterhaltung ist nur eine der Ursachen von Vorurteilen. Eigenliebe, Bedürfnis nach Prestige sind in der Gesellschaft mit ihm aufs engste verknüpft. Jeder muß nicht bloß so handeln, sondern so auftreten und sprechen, daß die Menschen ihm glauben und ihren Vorteil in ihm sehen. Er bedarf der positiven Vorurteile über sich selbst. Sie zu korrigieren, fällt schwerer als wenn es nicht um Stolz und Selbstbewußtsein, sondern unmittelbar um Selbsterhaltung geht. Es gibt dunklere Triebe, die noch auf andere Weise mit Vorurteilen in Verbindung stehen. Machtgier, Neid, Grausamkeit haben seit Anfang die Geschichte der Länder und Kontinente beherrscht. Von der Kindheit der Völker an fordert Zivilisation die schmerzhafte Bewältigung chaotischer Regungen, jeder hat den Prozeß verkürzt zu wiederholen, um in die Kultur hineinzuwachsen, der er zugehört. Selten geschieht es, daß die Institutionen der entfalteten Gesellschaft im Verein mit hellsichtiger Erziehung Menschen zu Erwachsenen machen, die ohne Rückhalt sich der eigenen Arbeit und dem Glück des Ganzen widmen können. Zumeist bleiben seelische Narben zurück. Die List der Vernunft, das heißt die allgemeine Steigerung der menschlichen Kräfte durch den Wettkampf unter den Völkern, und die günstige Konstellation im besonderen Fall müssen je und je zusammenwirken, damit nicht unter der Decke gesitteten Umgangs in den Herzen der Hang zur Gewalt, der Haß, zumindest die Kälte herrscht. Im Dienst zerstörerischer Triebe gewinnt das Vorurteil die Funktion, die hier zur Rede steht. Aus der Verkürzung des Gedankens, die ein Mittel bei der Erhaltung des Lebens ist, wird es zum Schlüssel, eingepreßte Bosheit loszulassen. War jene neutrale Abbreviatur zuweilen schwer abzuändern, weil die mit ihm verbundene Verhaltensweise sich eingeschliffen hatte und lieb geworden war, so ist das Vorurteil des Hasses unverrückbar, weil es dem Subjekt gestattet, schlecht zu sein und sich dabei für gut zu halten. Je mehr die Bekenner die Falschheit ihres Glaubens ahnen, desto begeisterter halten sie an ihm fest. Das starre Vorurteil schlägt in Fanatismus um. Zum Geschäft des Demagogen gehört es, edle Losungen zu finden, die zugleich der Feindschaft ein Objekt versprechen. Von den kleinen Gerüchtemachern, die im Namen des Anstands und der Solidarität das Komplott gegen Neger und Fremde anzetteln, bis hinauf zu den planvoll ungebärdigen Führern, die das Volk durch Haß zur explosiven Gemeinschaft zusammenschweißen, zieht sich die Reihe der Agenten des Unheils, die den Anfälligen den erwünschten Vorwand liefern.

Nicht bloß Amateure und Experten der Verführung, die bewußt auf die verborgenen zerstörerischen Kräfte in den Menschen wirken, sondern die Umstände des gesellschaftlichen Lebens treiben von selbst zum starren Vorurteil. Die sozialen und psychologischen Mechanismen, die dabei im Spiele sind, sind längst erforscht. Wenn das Kind aus der Stube der Eltern in die Schule kommt und unter Fremden sich bewähren soll, muß es seine eigene Schwäche, sein Heimweh bekämpfen. Um das zu leisten, wird ihm Schwäche zum Feind, es entdeckt und schlägt sie überall und lieber bei den anderen als in sich. Die ganze Klasse ist dem Schwächling und dem Mamakindlein auf der Spur. Wer sich am meisten dabei hervortut, das je gefundene Opfer zu verhöhnen, und sich besonders als den Starken aufzuspielen weiß, den plagt die Schwäche, die er beim anderen findet, damit er sie in sich vergessen kann. Soldaten, die im Kriege leicht in anderen den Feigling sehen und den zu Haus Gebliebenen als Drückeberger denunzieren, pflegen ein hohes Maß uneingestandener Angst zu haben. Wer möchte sich von Schmerz, Verstümmelung und Tod nicht drücken. Wissenschaftlich heißt das heute Projektion. Die Dichter und Schriftsteller haben es immer gewußt. Wer überall Unrat wittert, hat eine besondere Neigung dazu. Der Anstoß, den er nimmt, ist Index seiner eigenen Verfassung.

Daß eine gesellschaftliche Gruppe, die sich nicht wehren kann, durch Gerüchte, Losungen, schließlich durch Kommando der schlechten Regungen bezichtigt wird, die man selber an ihr auslassen will, ist vielen recht, vor allem, wenn zur seelischen Verbitterung ein wirtschaftlicher Rückgang kommt. Natur erzeugt den Kollektivhaß nicht. Dafür sprechen Studien über Rassenvorurteile in Amerika. Unter günstigen Umständen machen Kinder zwischen Farbigen und Weißen keinen Unterschied. In einer Versuchsreihe wurden Fünfjährige veranlaßt, ein Maskenspiel aufzuführen, in dem einer der Böse war. Eine Anzahl Masken, darunter eine schwarze, stand zur Wahl. Selten war es diese, die die Kinder für den Bösen wählten. Hautfarbe erschien ihnen nicht als wesentlich. Das erfahren Eltern an den eigenen Kindern. In den großen Städten kommen die Kleinen aus der gemischten Schule und erzählen von den Klassenkameraden. Nicht selten merkt die Mutter erst im Lauf von Monaten und Jahren, daß die kleine Mary oder Lucy, mit der ihr Töchterchen sich angefreundet hat, ein Negermädchen ist; ihrer eigenen Kleinen war das nicht aufgefallen, sie hat es der Erwähnung nicht für wert gehalten. Wo dagegen in zurückgebliebenen Provinzen und sozialen Schichten die Eltern von Beginn darüber wachen, daß ihr Kind ja nicht mit Negerkindern spielt, wo es dafür gescholten und geschlagen wird, muß es die Unbefangenheit sich abgewöhnen. Es entwickelt sozusagen einen eigenen scharfen Sinn für Neger und alles, was damit zusammenhängt. Um sich selbst zu schützen, steigert es die Abneigung, bis die dunkle Farbe ihm zuwider ist. Das Vorurteil wird physischer Abscheu, eine Disposition im Charakter, die man ausnahmsweise ignorieren, aber nicht ablegen kann. Der gegen die Natur erzwungene Verzicht wird an eben der Rasse gerächt, mit der man durch die Freundschaft einst verbunden war.

Das negative Vorurteil ist mit dem positiven eins. Sie sind zwei Seiten einer Sache. Daß der Neger wesensmäßig schlechter ist, bedeutet, daß der Weiße wesensmäßig besser ist, er braucht nichts dafür zu tun. Wenn es genügt, die Hautfarbe zu kennen, um über jenen den Stab zu brechen, gleichviel, was er als Einzelner auch denkt und tut, dann sind dem eingesessenen Weißen seine eigenen moralischen Qualitäten garantiert. Sein Ich wird dadurch aufgebläht, daß er der richtigen Rasse angehört. An die Stelle eigener Verdienste tritt die Mitgliedschaft in einem Kollektiv. Auch dem vernünftigen Bewußtsein gilt die Zugehörigkeit zu einem Volk, zu einer Partei oder Institution, gleichviel ob der Zugehörige sich einfügt oder widerstrebt, nicht als bedeutungslos. Das Individuum für sich allein ist eine Abstraktion. Es ist in die Gesellschaft verflochten; von den Besonderheiten der Verflechtung hängt zum großen Teil nicht bloß sein Schicksal, sondern auch sein Charakter ab. Die Historiker kennen die Subtilität, deren es bedarf, um die Rolle der sogenannten großen Männer in den Nationen, Religionen, Völkerstämmen festzustellen. Bei den kleinen, den Privatpersonen, ist die Aufgabe nicht einfacher. Diese können sie zumeist nur selber leisten. Anstatt der Sammlungen von Dokumenten bleibt ihnen die Erinnerung, das Gewissen, die Empfindsamkeit des eigenen Bewußtseins. Einen mit irgendwelchen Kollektiven, in die er hineingeboren oder sonst hineingeraten ist, unmittelbar in eins zu setzen, im guten oder schlechten Sinn, ist wider die Vernunft. In manchen Städten und Ländern, in denen der Gedanke an den letzten Krieg noch lebendig ist, pflegt ein Deutscher an sich selbst die Abneigung zu erfahren, die dem ganzen Volke gilt. Er wird schlicht mit ihm identifiziert. In anderen Ländern, etwa in Ägypten, wird er aus demselben Grund zuweilen mit dem Gruß des Dritten Reichs empfangen. Wieweit er die Begeisterung verdient oder mit jenen harmoniert, die ihn in ihrer Bitterkeit mit dem Vergangenen verwechseln, das er haßt, ist eine Frage, die zu verantwortlichem Denken zwingt. Das Vorurteil, das eigene wie das fremde, nimmt sie zu leicht.

Gegen die starren Vorurteile[1]) zu argumentieren ist eitel. Sie degradieren den Einzelnen dazu, in dem Allgemeinbegriff, unter den sie ihn befassen, als autonomes Wesen unterzugehen, und die Sätze, die den Allgemeinbegriff bestimmen, stehen fest: »Das ist ein Jude«, »Das ist ein Zigeuner«, »Die Art kennen wir«, »Jeder Deutsche ist ein Nazi«, »Dem Amerikaner fehlt die tiefere Kultur«. Das Tor ist geschlossen gegen alles, was der andere auszudrücken vermag. Er gilt nicht mehr als ein Wesen, mit dem umzugehen und zu sprechen vielleicht ein Vehikel der Wahrheit ist. Er gehört zu einer niedereren Gattung. Die Verfolgungen sind die logische Konsequenz. Wenn vom Geist die Kraft nicht abzulösen ist, den anderen zu erhöhen, indem sie das Höhere in ihm entdeckt, dann sind die vorurteilsvollen, »autoritären« Charaktere der Widerpart des Geistes. In der Forschung wurden sie beschrieben und lassen sich zumeist erkennen, auch wenn von Nationalität, von Religion und Rasse nicht die Rede ist. Das zur Zeit des Krieges für Amerika entworfene Modell wies unter anderen die bekannten Züge auf. Die Autoritären pflegen hierarchisch zu denken, teilen die Menschheit nach der sozialen Stufenleiter ein. Sie haben feste Maßstäbe, schließen an das je Bestehende genau sich an, sind gegen alles Schwanken und fordern, daß die Macht rasch zugreift. Unfähig sind sie, in irgendeinem Fall die Schuld im Ernst bei sich selbst zu suchen. Sie sagen gern »Wir« und meinen dabei das ganze Land. Über sich zu lächeln, ist ihnen versagt. Je weniger sie ihr eigenes Subjekt in Frage stellen, desto rascher sind sie bei der Hand, die anderen anzuklagen. Sie haben eine feine Witterung für Machtverhältnisse, nach ihnen richten sie ihr Leben ein. Die Züge des »autoritären Charakters« variieren nach Zeiten und Ländern. Sie und ihren Vorsprung zu erforschen ist eitel, solange die Ergebnisse, fragmentarisch wie sie heute noch sind, in Politik und Erziehung nicht wirksam werden. Trotz allem, was die Gegenwart verdüstert, könnte solche Kenntnis dazu helfen, daß die Zahl der Einzelnen wächst, deren Urteil nicht starr, sondern sinnvoller Entfaltung fähig ist.

Die Aussicht dazu war schon immer verstellt. In den achtziger Jahren des letzten Jahrhunderts wurde Theodor Mommsen, der Historiker, einmal gebeten, sich zum Antisemitismus zu äußern, sein Wort könne »hilfreich und reinigend« sein. In seinem Antwortschreiben heißt es: »Sie täuschen sich, wenn Sie annehmen, daß überhaupt etwas durch Vernunft erreicht werden könnte. In vergangenen Jahren habe ich das selbst geglaubt und fuhr fort, gegen die ungeheuerliche Niedertracht des Antisemitismus

---

[1]) Vgl. frühere Arbeiten über das Thema, auch Verantwortung und Studium, S. 82 f.

zu protestieren. Aber es ist nutzlos, völlig nutzlos. Was ich oder irgend jemand anders Ihnen sagen könnte, sind in letzter Linie Argumente, logische und ethische Argumente, auf die kein Antisemit hören wird. Sie hören nur ihren eigenen Haß und Neid, ihre eigenen niedrigsten Instinkte. Alles andere zählt für sie nicht. Sie sind taub für Vernunft, Recht und Moral. Man kann sie nicht beeinflussen... Es ist eine fürchterliche Epidemie, wie die Cholera — man kann sie weder erklären noch heilen. Man muß geduldig warten, bis das Gift sich selbst aufgezehrt und seine Virulenz verloren hat.« Es hat sich nicht aufgezehrt, sondern die furchtbare Wirkung geübt. Der Glaube, es sei nun verbraucht, ist zukunftsfroh. Anstatt daß die Bedingungen für den autoritären Charakter geschwunden sind, haben sie sich überall vermehrt. Der vielbesprochene Rückgang der Familie, die Not in übersetzten Schulen sind nicht geeignet, autonomes Denken, Phantasie, die Lust an geistiger Tätigkeit zu entwickeln, die nicht zweckgebunden ist. Das Wachstum der Bevölkerung, die Technik selber zwingen die Menschen, innerhalb und außerhalb der Arbeitsstätte, in der Fabrik und im Verkehr, auf Zeichen zu achten, in gewisser Weise selbst zum Apparat zu werden, der auf Signale reagiert. Wer immer auf Zeichen blickt, dem wird am Ende alles zum Zeichen, die Sprache und das Denken selbst. Er wird dazu getrieben, alles zum Ding zu machen. Das ist der inneren Freiheit nicht günstig. Trotz der Steigerung der Herrschaft über die Natur, der vermehrten Kenntnis und des Scharfsinns, der sich nichts vormachen läßt und doch alles mitmacht, hat sich die Fähigkeit zur eigenen Erfahrung und zum Glück nicht ausgebreitet. Der Glaube, daß der Lebensstandard und die Vollbeschäftigung auf die Dauer alles kompensieren werden, kann trügen. Die Erfahrung darin ist kurz, ihre rasche Generalisierung kein starres, aber doch ein — Vorurteil.

Empirische Forschung stellt Tatsachen und ihre Zusammenhänge fest. Mit ihrer Hilfe kann Philosophie auf das hinweisen, was anders werden soll. Was sie im letzten Grunde dabei leitet, abschlußhaft darzustellen, vermag sie nicht. Vorurteil im destruktiven Sinn, wie es an den großen Eroberungen und Katastrophen der Geschichte beteiligt war und in der Gegenwart selbst bei blühender Wirtschaft keineswegs geschwunden ist, gehört zu jenem zu Verändernden. Es macht das verdinglichte Bewußtsein zum Gericht, bei dem das Verdikt schon vorher feststeht, was der Angeklagte immer vorbringen mag. Rede und Gegenrede, Anklage und Verteidigung, das ganze Verfahren ist Schein. Die Beziehung zwischen Menschen wird leer, wie sehr sie auch funktioniert. Allein mit Technik läßt der Himmel sich nicht erobern. Einmal versuchten sie es mit der Konstruktion zu Babel, und es entstand die Sprachverwirrung. Jetzt soll die Raumfahrt es schaffen, und die Sprache verstummt. Wenn die Wahrheit das Ziel ist, dem das Denken, wie einst Kant es meinte, in unendlichem Prozeß sich nähern soll, hat sie im verhärteten Urteil ihr schwerstes Hindernis.

M. H.

Die revidierte Psychoanalyse

Seit etwa fünfundzwanzig Jahren macht in der Psychoanalyse die Tendenz sich bemerkbar, auf Kosten der verborgenen Mechanismen des Unbewußten jenen Motivationen sozialer oder kultureller Art, die dem Bewußtsein ohne Umstände zugänglich sind, eine maßgeblichere Rolle als bisher zuzubilligen. Angestrebt wird etwas wie eine Soziologisierung der Psychoanalyse. Man wirft Freud vor, er habe gesellschaftliche und ökonomische Strukturen als bloße Wirkung psychologischer Impulse angesehen, die selber einer mehr oder minder geschichtslosen trieblichen Konstitution des Menschen entsprängen. Daß Charakterzüge wie Narzißmus, Masochismus oder das anale Syndrom nicht weniger Produkte von Gesellschaft und Milieu sind, als sie diese bedingen, wird solchen Erklärungsversuchen vorgehalten wie dem der Kriege aus destruktiven Impulsen oder dem des kapitalistischen Systems aus dem analerotischen Sammeltrieb. Aus der übrigens unbestreitbaren Insuffizienz jener Ableitungen wird gefolgert, daß echte Wissenschaft unverwandt auf die Wechselwirkung sozialer und psychologischer Faktoren zu blicken habe, daß also nicht die atomistisch isolierte Triebdynamik innerhalb des Individuums Gegenstand der Analyse sein solle sondern vielmehr der Lebensprozeß in seiner Totalität.

In der Tat kann Psychologie, als ein Sektor der arbeitsteiligen Wissenschaft, die gesellschaftliche und ökonomische Problematik nicht insgesamt bewältigen. Um jeden Preis solche Borniertheiten zu verteidigen wie die von Laforgue, der in seinem Buch über Baudelaire den Dichter als einen Neurotiker behandelt, dessen Leben ganz anders und glücklicher sich hätte wenden können, wenn er nur seine Mutterbindung gelöst hätte, kann die Psychoanalyse selber kaum ein Interesse haben. Vielmehr muß ihr daran liegen, daß das methodologische Problem ihrer Beziehung zur Theorie der Gesellschaft grundsätzlich aufgerollt wird. Darauf hingewiesen zu haben, ist das Verdienst der neofreudschen oder revisionistischen Schule [1]).

---

[1]) Die folgenden Erörterungen beziehen sich nur auf diejenigen revisionistischen Schriftsteller, mit deren Publikationen der Autor sich näher auseinandersetzte. Es handelt sich vor allem um Karen Horney, Neue Wege in der Psychoanalyse, in deutscher Übersetzung von Heinz Neumann. Beträchtliche theoretische Differenzen, die zwischen den revisionistischen Autoren bestehen, mußten vernachlässigt werden. Allen gemeinsam ist jedoch die Tendenz, die Psychoanalyse in jene »realistische« Richtung zu drängen, von der im Text die Rede sein wird.

Ob aber ihr Versuch, die Psychoanalyse geradeswegs zu soziologisieren, tatsächlich auch zu den kritischen Einsichten ins Wesen der Gesellschaft führt, welche die Psychoanalyse beistellen könnte, soll erörtert werden. Dabei wird auf die eigentlich soziologischen Aspekte der soziologisierten Psychoanalyse die Kritik angewandt, welche die Analytiker, die am Grundsätzlichen der Freudschen Theorie festhalten, bereits im psychologischen Bereich an ihr geübt haben: daß sie in Adlers Oberflächlichkeiten zurückfällt, indem sie Freuds dynamische, aufs Lustprinzip gegründete Theorie ersetzt durch bloße Ichpsychologie.

Der erste Teil diskutiert einige der Motive und Argumentationszusammenhänge, die den revisionistischen Ansatz maßgeblich charakterisieren. Der zweite beschäftigt sich mit der revisionistischen Theorie der Beziehungen zwischen Kultur und Individuum und ihren Implikationen und zeigt einige Konsequenzen für die Lehre von der Gesellschaft auf. Im dritten wird eine kurze soziologische Beurteilung der Neofreudianer und ihres Verhältnisses zu Freud selbst versucht.

I

Den Kern der neofreudschen Abweichung von Freud spricht Horney aus, wenn sie sagt, »daß die Psychoanalyse über die Grenzen hinauswachsen sollte, die ihr dadurch gesetzt sind, daß sie eine Psychologie der Triebe und eine genetische Psychologie ist«[2]. Als Anathema fungiert der Begriff der Triebpsychologie, der mehrdeutig einmal eine Psychologie bezeichnet, welche die Seele, wie es in einigen Schulen des späten neunzehnten Jahrhunderts geschehen ist, mehr oder minder mechanisch in eine Anzahl von Trieben aufteilt, zum anderen ein psychologisches Verfahren, das sich nicht damit zufrieden gibt, Vernunft und gesellschaftlich bestimmte Verhaltensweisen unaufgelöst stehenzulassen, sondern selbst differenzierte seelische Verhaltensweisen noch aus dem Streben nach Selbsterhaltung und Lust abzuleiten versucht. Daß eine starre Unterteilung der Psyche in irreduzible Triebe unmöglich sei und daß die konkrete Erscheinung der Triebe in weitestem Maß Variationen und dynamische Abwandlungen erfahren könne, wird durch den zweiten Ansatz in keiner Weise ausgeschlossen, und nur in diesem Sinn wäre Freuds Libidotheorie triebpsychologisch zu nennen.

---

[2] Karen Horney, Neue Wege in der Psychoanalyse, Stuttgart 1951, S. 9.

Nichts nun charakterisiert die Position der Revisionisten schärfer, als daß sie selber, während sie Freud wegen seiner angeblichen Befangenheit in mechanistischen, dem neunzehnten Jahrhundert entstammenden Denkgewohnheiten attackieren, der Theorie Kategorien zugrunde legen, die nichts sind als bloße Resultate psychologischer Dynamik, die man hypostasiert und als absolute sich vorgegeben hat. Was Freud mit den Trieben getan haben soll, tut die neofreudsche Schule mit Charakterzügen. Daß sie auf ihren historischen Sinn pocht und Freud vorwirft, er habe naiv an naturwissenschaftlichen Methoden festgehalten, ist wohl Projektion: sie sieht bei Freud ein rationalistisches Schema, das die Seele in ein Arrangement fest vorgegebener Triebe zerlegt, und verfährt selber rationalistisch, indem sie das Ich von seiner genetischen Beziehung zum Es abtrennt und dem Inbegriff der »rationalen« Seelenvermögen, als ob er vom Himmel gefallen sei, ein Sein an sich zuschreibt.

Anstelle von Libido will Horney »emotionelle Antriebe, Impulse, Bedürfnisse oder Leidenschaften einsetzen«[3]). Wenn diese Kategorien, die unanalysiert passieren, etwas anderes sein sollen als einfach andere Wörter für Libido oder dogmatisch postulierte Entitäten, dann könnte ihr Ursprung, da sie angeblich auch nicht abgeleitet auf libidinöse Energie zurückgehen, nur in einem Ich liegen, das nicht auf Libido genetisch bezogen wäre, sondern als gleichgeordnete Instanz neben ihr stünde. Aber nur weil in der entwickelten Zivilisation das Ich in der Tat zu einer selbständigen Instanz geworden ist, scheinen die psychologischen Kategorien der Revisionisten der geschichtlichen Dimension der Psychologie eher gerecht zu werden als die Freuds. Dafür ist zu zahlen: ihre unmittelbare Orientierung am Bild der gegenwärtigen Situation geht auf Kosten einer Analyse dessen, was man ihre innere Historizität nennen könnte. Die Ablehnung der Triebpsychologie Freuds läuft konkret auf die Leugnung dessen hinaus, »daß die Kultur, indem sie den libidinösen und besonders den Zerstörungstrieben Einschränkungen aufzwingt, dazu beiträgt, Verdrängungen, Schuldgefühle und Bedürfnisse nach Selbstbestrafung entstehen zu lassen. Daher seine (Freuds) allgemeine Überzeugung, daß wir die kulturellen Segnungen mit Unbefriedigt- und Unglücklichsein bezahlen müssen.«[4]) Als ob nicht Freuds Einsicht in die Unentrinnbarkeit kultureller Konflikte, in die Dialektik des Fortschritts also, mehr vom Wesen der Geschichte zutage gefördert hätte als die eilfertige Berufung auf Milieu-

---

[3]) a.a.O., S. 21.
[4]) a.a.O., S. 173.

faktoren, die den Revisionisten zufolge die Entstehung der neurotischen Konflikte erklären sollen.

Als schwerstwiegende Konsequenz aus der Polemik gegen Freuds Triebpsychologie wird die zentrale Rolle der Kindheitserinnerungen, die zum Kern der psychoanalytischen Theorie gehört, bestritten. Insbesondere Freuds Annahme, »daß Erlebnisse im späteren Lebensalter zum großen Teil eine Wiederholung von Kindheitserlebnissen sind«[5]), erregt Anstoß. Während Freud, orientiert am Modell des Traumas, neurotische und andere Charakterzüge so weit wie möglich auf einzelne Vorgänge im Leben des Kindes, Erlebnisse, zurückzudatieren sucht, nimmt Horney an, »daß bestimmte Triebe und Reaktionen bei einem Menschen wiederholt die gleichen Erlebnisse mit sich bringen müssen. So kann z. B. ein Hang zur Heldenverehrung von folgenden widerstreitenden Trieben bestimmt sein: grenzenloser Ehrgeiz von so destruktiver Art, daß sich der Betreffende fürchtet, ihm nachzugeben, oder die Neigung, erfolgreiche Menschen zu vergöttern, sie zu lieben und an ihrem Erfolg teilzunehmen, ohne selbst etwas zustande bringen zu müssen, gleichzeitig aber ein äußerst destruktiver und versteckter Neid auf sie.«[6]) Benennungen, die einzig das Problem stellen, wie »grenzenloser Ehrgeiz« oder »Vergötterung erfolgreicher Menschen«, werden so ausgesprochen, als ob sie die Erklärung wären. Zugleich wird ein entscheidendes Moment der Freudschen Theorie unterschlagen. Was Freud eigentlich dazu veranlaßt, einzelnen Vorgängen in der Kindheit besonderes Gewicht beizumessen, ist, obzwar unausdrücklich, der Begriff der Beschädigung. Eine Totalität des Charakters, wie sie die Revisionisten als gegeben voraussetzen, ist ein Ideal, das erst in einer nicht traumatischen Gesellschaft zu verwirklichen wäre. Wer, wie die meisten Revisionisten, die gegenwärtige Gesellschaft kritisiert, darf sich nicht dem verschließen, daß sie in Schocks erfahren wird, in jähen, abrupten Stößen, die durch eben die Entfremdung des Individuums von der Gesellschaft bedingt sind, die von einigen Revisionisten, wenn sie soziologisch reden, zu Recht hervorgehoben wird. Der Charakter, den sie hypostasieren, ist in weit höherem Maße die Wirkung solcher Schocks als von kontinuierlicher Erfahrung. Seine Totalität ist fiktiv: man könnte ihn beinahe ein System von Narben nennen, die nur unter Leiden, und nie ganz, integriert werden. Die Zufügung dieser Narben ist eigentlich die Form, in der die Gesellschaft sich im Individuum durchsetzt, nicht jene illusorische Kontinuität, zu deren

---

[5]) a.a.O., S. 31.
[6]) a.a.O., S. 138.

Gunsten die Revisionisten von der schockhaften Struktur der einzelnen Erfahrung absehen. Mehr als ihr behender Seitenblick auf soziale Umstände hat Freud vom Wesen der Vergesellschaftung gewahrt, indem er gerade bei der atomistischen Existenz des Individuums beharrlich verweilte.

Im Licht solcher Einsicht offenbaren scheinbar recht plausible Feststellungen einen fraglos ungewollten Zusatz von selbstzufriedenem Optimismus und Konformismus: »Es gibt nicht so etwas wie eine isolierte Wiederholung isolierter Erlebnisse, sondern die Gesamtheit der infantilen Erlebnisse trägt zur Formung einer bestimmten charakterlichen Struktur bei, und aus eben dieser Struktur erwachsen spätere Schwierigkeiten.«[7]) Daß es psychologische Züge und Impulse gibt, die nicht unmittelbar Wiederholung von Kindheitserlebnissen sind, sondern durch die verfestigte Charakterstruktur vermittelt, schließt nicht aus, daß diese Struktur selber auf isolierte Ereignisse im Leben des Kindes zurückgehe. Hinzu kommt, daß die eigentlich kritischen Erscheinungen der Psychologie, die Symptome im weitesten Sinn, stets dem Schema des Wiederholungszwangs gehorchen, das durch die Überwertung der Charakterologie apologetisch in ein Positives umgefälscht wird. Die Insistenz auf der Totalität, als dem Gegensatz zum einmaligen, bruchstückhaften Impuls, impliziert einen harmonistischen Glauben an die Einheit der Person, die in der bestehenden Gesellschaft unmöglich, vielleicht überhaupt nicht einmal zu ersehen ist. Daß Freud den Mythos von der organischen Struktur der Psyche zerstört hat, zählt zu seinen größten Verdiensten. Er hat dadurch vom Wesen der gesellschaftlichen Verstümmelung mehr erkannt, als irgendein direkter Parallelismus von Charakter und sozialen Einflüssen es könnte. Die sedimentierte Totalität des Charakters, welche die Revisionisten in den Vordergrund schieben, ist in Wahrheit das Resultat einer Verdinglichung realer Erfahrungen. Setzt man sie absolut, so mag leicht genug daraus ein ideologischer Schlupfwinkel für den psychologischen status quo des Individuums werden. Sobald von der Theorie das verhärtete Resultat des psychologischen Kräftespiels als ursprüngliche Kraft inthronisiert ist, werden die primären traumatischen Erfahrungen, deren bloßes Derivat der keineswegs »natürliche« Charakter bildet, ins Bereich des Irrelevanten und Harmlosen verwiesen: »Der entscheidende Faktor bei Entstehung von Neurosen ist dann weder der Ödipus-Komplex noch irgendeine Art kindlichen Lust-Strebens, sondern entscheidend sind alle jene widrigen Einflüsse, die einem Kind das

---

[7]) a.a.O., S. 9.

Gefühl der Hilflosigkeit und Wehrlosigkeit geben und es die Welt als potentiell bedrohlich empfinden lassen.«[8]) Mehr oder minder vag vorgestellte »widrige Einflüsse«, unter denen besonders hoch Mangel an elterlicher Liebe rangiert, werden für schreckhafte und unmißverständliche Phänomene wie die Kastrationsdrohung untergeschoben. Indem aber die neofreudsche Schule diese aus der Psychoanalyse austreibt, kastriert sie die Psychoanalyse selber. Ihr Begriff vom Charakter ist eine bequeme Abstraktion, die gerade von dem absieht, was den Stachel der psychologischen Erkenntnis ausmacht. Die Allgemeinbegriffe, die dann die Oberhand bekommen, verdecken wenn nicht die Wunden selber, durch welche die Charakterzüge entstehen, so doch ihren schmerzhaften Ernst. Das zeigt vor allem Horneys Erörterung der Analität: »Mit anderen Worten: sollte nicht die beim Essen oder Trinken gezeigte Gier eher eine der vielen Äußerungen einer allgemeinen Gier sein als deren Ursache? Sollte nicht eine funktionelle Verstopfung eine der vielen Äußerungen einer allgemeinen Tendenz zum Besitzen- und Herrschen-Wollen sein?«[9]) So werden eben die Phänomene, die wegen ihrer Irrationalität der psychologischen Erklärung am dringendsten bedürfen, als Prinzipien der Erklärung wieder eingeführt und in Selbstverständlichkeiten verflacht. Das gleiche Schema liegt übrigens Horneys Angriff auf die Libidotheorie zugrunde. Sie setzt dem Lustprinzip Freuds »zwei leitende Prinzipien: Sicherheit und Befriedigung«[10]) entgegen, ohne sich um dessen Einsicht, daß Sicherheit nichts anderes ist als eine Objektivierung des Luststrebens in der Zeit, weiter zu kümmern.

II

Anstelle der Triebdynamik, deren Resultat der Charakter ist, wird von den Revisionisten das Milieu eingeführt: »Das ganze Schwergewicht liegt auf den charakterbildenden Lebensbedingungen, und wir müssen erneut die für die Entstehung neurotischer Konflikte verantwortlichen Faktoren der Umgebung erforschen.«[11]) Das läuft darauf hinaus, daß »Störungen im Bereiche der Beziehungen zum Mitmenschen zum Hauptfaktor bei der Entstehung von Neurosen«[12]) werden. So fragwürdig wie

[8]) a.a.O., S. 10.
[9]) a.a.O., S. 59.
[10]) a.a.O., S. 72.
[11]) a.a.O., S. 9.
[12]) a.a.O.

der psychologische Aspekt dieser Konstruktion, die notwendig das Ich als ein wenigstens in gewissem Grade Vorgegebenes in Ansatz bringen muß, auf dem die Außenwelt ihre Spuren abdrückt, ist auch der soziologische, und zwar insbesondere die unkritische Vorstellung vom »Einfluß«. Voraussetzung der Milieutheorie, die durch Taine berühmt wurde, ist ein naiver Individualismus. Sie nimmt, den Denkgewohnheiten des neunzehnten Jahrhunderts folgend, das Individuum als unabhängige, autonome und subsistente Monade an, die von angeblich äußeren Kräften affiziert werde. Ganz ähnlich fassen die Revisionisten die Trennung von Individuum und Gesellschaft, die zu ihren Hauptthemen gehört, unkritisch nach der Art einer primitiv realistischen Erkenntnistheorie. Während sie unablässig über den Einfluß der Gesellschaft aufs Individuum reden, vergessen sie, daß nicht nur das Individuum, sondern schon die Kategorie der Individualität ein Produkt der Gesellschaft ist. Anstatt erst das Individuum aus den gesellschaftlichen Prozessen herauszuschneiden, um dann deren formenden Einfluß zu beschreiben, hätte eine analytische Sozialpsychologie in den innersten Mechanismen des Einzelnen bestimmende gesellschaftliche Kräfte aufzudecken. Überhaupt von gesellschaftlichen Einflüssen zu reden, ist fragwürdig: bloße Wiederholung der ideologischen Vorstellung der individualistischen Gesellschaft von sich selber. Meist werden durch äußere Beeinflussung nur Tendenzen, die im Individuum bereits präformiert sind, verstärkt und zum Vorschein gebracht. Je tiefer Psychologie die kritischen Zonen innerhalb des Individuums sondiert, desto adäquater kann sie der sozialen Mechanismen innewerden, die die Individualität produziert haben. Und um so scheinhafter dagegen wird die Anwendung gesellschaftstheoretischer Erwägungen auf Psychologie, je unbedenklicher die Wechselwirkung von innerer und äußerer Welt auf die Oberfläche verlagert wird. Es ist Horneys Grundüberzeugung, daß der Charakter nicht so sehr von sexuellen Konflikten determiniert sei wie vom Druck der Kultur. Aber was sie als die Vereinigung der Determinanten von Kultur und Individualpsychologie ausgibt, perpetuiert ihre Trennung, während die radikale Psychoanalyse, indem sie sich auf Libido als ein Vorgesellschaftliches richtet, phylogenetisch wie ontogenetisch jene Punkte erreicht, wo das gesellschaftliche Prinzip der Herrschaft mit dem psychologischen der Triebunterdrückung koinzidiert. Die neofreudsche Schule jedoch bringt beide Prinzipien erst zusammen, nachdem sie sie zuvor verharmlost hat: Herrschaft erscheint als Familiendisziplin, Mangel an Liebe und andere Epiphänomene, Triebunterdrückung als eine Ängstlichkeit, die in den äußeren Schichten des Narzißmus ihren Ort hat, und in Konflikten, die sich mehr im Vorbewußten als im Unbewußten zutragen. Je mehr die Psychoanalyse soziologisiert wird, um so stumpfer wird ihr Organ für die Erkenntnis der sozial verursachten Konflikte. Die gleiche Tendenz zeigt sich auch im Ausschluß aller eigentlich somatischen Vorstellungen. So wird die Psychoanalyse in eine Art höherer Sozialfürsorge verwandelt. Statt die Sublimierung zu analysieren, sublimieren die Revisionisten die Analyse selber. Das macht sie allgemein akzeptabel.

Mehr als alles andere zeigt das ihre Haltung zur Sexualität. Sie prätendiert nach alter Sitte den unbefangenen Blick des vorurteilsfreien, objektiven Wissenschaftlers, der vielfach in Phänomenen, die Freud zufolge sexuell sind, nichts Sexuelles konstatieren könne. Sie ist grundsätzlich theoriefeindlich. Sie paktiert mit dem gesunden Menschenverstand gegen die Unterscheidung der Erscheinung vom Wesen, ohne welche die Psychoanalyse ihrer kritischen Impulse beraubt ist. Als im Namen der Soziologie unternommene Desexualisierung bestätigt sie gesellschaftliche Vorurteile: »Es ist nicht erwiesen, daß eine Zuneigung nicht aus verschiedenen nichtlibidinösen Quellen erwachsen kann, daß es z. B. nicht ein Ausdruck mütterlichen Sorgens und Behütens sein kann.«[13]) Solche Feststellungen sind kaum noch zu unterscheiden von der rechtschaffenen Entrüstung dessen, der durch die Rede von der Existenz edlerer Triebe nicht nur den Sexus verunglimpft, sondern zugleich auch die Familie in ihrer bestehenden Form glorifiziert. Vom gleichen Schlag ist Horneys Behauptung, daß »ein sadistisches Machtbegehren aus Schwäche, Angst und Racheimpulsen erwächst«[14]).

Als diese Theorie des Sadismus, die ihn zu einer rein gesellschaftlichen Verhaltensweise verdünnt, von Horney aufgestellt wurde, führte die faschistische Ausrottungspolitik den grausamen Beweis für die Identität des angeblich nur gesellschaftlichen Machtstrebens mit sexuellen Impulsen, und gerade die Vernebelung dieser Identität trug nicht wenig zur Entfesselung der Barbarei bei. Es mag mit der theoretischen Unterschätzung der Rolle von Sexualität zusammenhängen, wenn sich in den späteren Publikationen der Revisionisten, die sich ursprünglich gegen die puritanischen Elemente der Freudschen Konzeption gewehrt hatten, eine Tendenz zur abschätzigen Behandlung der Sexualität einschleicht. Bei den Perversionen findet sie den Punkt des geringsten Widerstandes: »Solche Betätigungen sind nicht nur auf sexuell Perverse beschränkt, man findet Anzeichen davon

---

[13]) a.a.O., S. 57.
[14]) a.a.O.

auch bei sonst gesunden Personen.«[15]) Es ist eine charakteristische Fehlleistung, wenn Horney, die sonst durchaus die Problematik kennt, mit der der Begriff der Normalität belastet ist, von der sexuell normalen Person so unvermittelt spricht, als wäre sie ein selbstverständliches Ideal. An einer anderen Stelle wird dem Leser ostentativ beigebracht, daß mit der Rede von Glück im Liebesleben nicht sexuelle Beziehungen gemeint seien[16]). In solchen Äußerungen verrät sich als wesentliches Moment der neofreudschen Konzeption gesellschaftlicher Konformismus. Er erklärt vor allem die Einteilung der psychoanalytischen Begriffe in konstruktive und nichtkonstruktive. Virtuell eliminiert ist alles, worüber ein ordentlicher Mensch sich nicht den Kopf zerbricht, und belassen nur, was zur sozialen Anpassung ermutigt.

Das gilt wie für die Atmosphäre des Revisionismus so auch für seine maßgebenden soziologischen Begriffe. Dazu gehört, mit der Bewertung des Geschlechts eng zusammenhängend, die Einschätzung der Moral. In früheren Stadien hatten einige Revisionisten, unter ihnen Fromm, an der Theorie Freuds den Widerspruch bezeichnet, daß einerseits die Moral genetisch abgeleitet wird, andererseits aber die offiziellen moralischen Standards, die Vorstellung gesellschaftlicher Nützlichkeit und Produktivität etwa, unangetastet stehenbleiben. Diese Kritik enthält Wahrheit insofern, als Freud an die bestehende Arbeitsteilung zwischen den Wissenschaften nicht gerührt hat und sich von den kritischen Einsichten, zu denen er als Spezialist vorgedrungen war, kaum stören ließ, wo nicht unmittelbar seine spezifischen psychologischen Theorien angegriffen waren. Die Revisionisten versuchen über den Widerspruch durch einfache Umkehrung hinwegzukommen. Während Freud die moralischen Normen so bedenkenlos hingenommen hatte, wie jeder Physiker des neunzehnten Jahrhunderts es auch getan hätte, erzeugen jene die vorgegebenen moralischen Normen nochmals, als dogmatische Postulate, aus scheinbar freier Reflexion. Vom moralischen Vorurteil haben sie sich freigemacht, zugleich aber auch von der Analyse, die es aufgelöst hatte. Mit ihr haben sie einen der maßgebenden Impulse des psychologischen Fortschritts abgestoßen und proklamieren nun die Notwendigkeit moralischer Normen im Namen der Wohlfahrt von Individuum und Gesellschaft, ohne sich noch darum zu kümmern, ob sie an sich wahr sind oder nicht. Blindlings unterschreiben sie die konventionelle Moral von heute: »Moralische Probleme gewinnen andererseits an Bedeutung. Jene Moralprobleme, mit denen der Patient

---

[15]) a.a.O., S. 47.
[16]) a.a.O., S. 116.

sich angeblich herumschlägt (›Über-Ich‹, neurotische Schuldgefühle) wichtig zu nehmen, scheint in eine Sackgasse zu führen. Das sind pseudo-moralische Probleme und sie müssen als solche aufgedeckt werden. Aber man wird auch dem Patienten helfen müssen, den echten moralischen Problemen, die in jeder Neurose stecken, ehrlich ins Gesicht zu sehen und zu ihnen Stellung zu nehmen.«[17]) Die Unterscheidung pseudo-moralischer Probleme von echten erfolgt autoritativ und abstrakt, ohne daß ein objektives Kriterium oder eine sinnvolle Methode der Unterscheidung benannt würde. Daß es fehlt, ist Horney nicht vorzuwerfen; wohl aber, daß sie dem Denken Einhalt tut, indem sie eine Distinktion absolut setzt, die zum Gegenstand der Analyse werden müßte, nicht als Lösung ausgegeben werden dürfte. Ihr einziger Versuch, das moralische Ideal inhaltlich zu bestimmen, schlägt fehl: »ein Zustand innerer Freiheit, in dem alle Fähigkeiten voll nutzbar sind«. Das ist nicht nur verschwommen sondern auch dubios. Volle Nutzbarkeit hat mehr mit dem industriellen Begriff der Vollbeschäftigung zu tun als mit der Reflexion auf die Zwecke, für welche die Fähigkeiten da sind. Unbestreitbar ist der Aspekt der Dialektik des Fortschritts, daß Individuum und Gesellschaft um so mehr von totaler Regression bedroht sind, je mehr Ideen durch die Enthüllung ihres mythischen Charakters aufgelöst werden. Diese Antinomie aber, an der die Psychoanalyse als ein Stück Aufklärung teilhat, muß begriffen werden: zur Entfaltung philosophischen Denkens heute gehört vor allem die Explikation der beiden antagonistischen Momente. Intellektueller Defaitismus wäre es, die Sackgasse zu lassen, wie sie ist, und eine Art doppelter Moral zu verkünden: auf der einen Seite psychologisch-genetische Auflösung der moralischen Vorstellungen, durch Reduktion auf den Ursprung des Über-Ichs und der neurotischen Schuldgefühle, auf der anderen abstrakte, von den psychologischen Einsichten unberührte Proklamation moralischer Werte. Die neofreudsche Konzeption führt ihrem eigenen objektiven Sinn nach auf eine solche Bestätigung des konventionellen Kodex mit schlechtem Gewissen, die doppelte Moral der Moral. Sie dürfte sich wechselnden Umständen fügsam anpassen.

Ebenso problematisch ist soziologisch die revisionistische Theorie von den Ursachen jener Konflikte, die Horney unter dem fragwürdigen Titel »Die neurotische Persönlichkeit unserer Zeit«[18]) auf den Markt brachte. Als den Hauptgrund für die Verbiegungen des Charakters in der gegen-

---
[17]) a.a.O., S. 10 f.
[18]) Karen Horney: The Neurotic Personality of Our Time, New York 1937; deutsch: Der neurotische Mensch unserer Zeit, Stuttgart 1951.

wärtigen Gesellschaft betrachtet sie die Konkurrenz. Unter den Faktoren der westlichen Zivilisation, die potentielle Feindseligkeit erzeugen, rangiere wahrscheinlich zuoberst der Umstand, daß unsere Kultur auf individueller Konkurrenz errichtet ist [19]). Das hört sich um so befremdlicher an, als zumindest Fromms »Escape from Freedom« [20]) die Einbuße an Autonomie und Spontaneität, die das Individuum heute erleidet, hervorgehoben hatte — Fakten also, die offenbar etwas zu tun haben mit der zunehmenden Minderung der freien Konkurrenz durch Mammutkonzerne. Die Hypothese eines psychologischen »cultural lag«: daß das Individuum am Geist der Konkurrenz noch festhalte, während in der gesellschaftlichen Realität die Konkurrenz im Schwinden ist, wäre nur schwer zu halten. Die Ideologien mögen sich langsamer umwälzen als die tragenden wirtschaftlichen Strukturen: nicht aber die seelischen Reaktionsformen. Eher müht sich der frühere Konkurrenzgeist der Mittelschicht verzweifelt um Zulassung in die neue technologische Hierarchie. Gerade die Ich-Psychologie, auf welche die Revisionisten sich versteifen, hätte daraus Konsequenzen zu ziehen. Aber diese jüngste Verschiebung dürfte nicht einmal entscheidend sein. Auch in der hochliberalen Gesellschaft war nicht Konkurrenz das Gesetz, nach dem sie funktionierte. Diese war stets ein Fassadenphänomen. Die Gesellschaft wird zusammengehalten durch die wenn auch vielfach mittelbare Drohung körperlicher Gewalt, und auf diese geht die »potentielle Feindseligkeit« zurück, die sich in Neurosen und Charakterstörungen auswirkt. Anders als Freud selbst, der bei jedem Schritt der Theorie dessen eingedenk blieb, daß es Gewalt ist, was vom Individuum verinnerlicht wird, hat die revisionistische Schule anstelle der unsublimierten Drohungen, welche von der Gesellschaft heute nicht weniger als von der archaischen ausgehen, den zahmen Begriff der Konkurrenz substituiert. Freud, der nicht von soziologischen Kategorien ausging, begriff den Druck der Gesellschaft aufs Individuum in seinen konkreten Formen mindestens ebensogut wie seine soziologisierenden Nachfolger. Für die soziale Realität ist in der Epoche der Konzentrationslager Kastration charakteristischer als Konkurrenz. Kein Moment der revisionistischen Konzeption trägt so unverkennbar den Stempel der Harmlosigkeit wie ihr Pluralismus, der unbefangen Oberflächenphänomene und essentielle Bestimmungen der Gesellschaft nebeneinander herzählt: »Bekanntlich beherrscht der Konkurrenzkampf nicht nur unsere

---

[19]) Vgl. a.a.O., S. 284.
[20]) Erich Fromm, Escape from Freedom, New York — Toronto 1941; deutsch: Die Furcht vor der Freiheit, Zürich 1945.

beruflichen Beziehungen, sondern durchsetzt auch unsere gesellschaftlichen Verhältnisse, unsere Freundschaften, unsere sexuellen Beziehungen sowie die Beziehungen innerhalb der Familie und trägt so die Keime destruktiver Rivalität, der Herabsetzung, des Argwohns, der Mißgunst und des Neides in jede menschliche Beziehung. Die starke Ungleichheit, nicht nur im Besitz, sondern in den Möglichkeiten, die dem Einzelnen für die Erziehung, die Erholung, für die Erhaltung und Wiedererlangung der Gesundheit gegeben sind, trägt weiterhin zur Bildung potentieller Feindseligkeit bei. Schließlich liegt noch ein weiterer Faktor in der Möglichkeit gegenseitiger Ausbeutung, sei es einer Gruppe oder eines Einzelnen.«[21]) Während die klassische ökonomische Theorie stets noch sich angestrengt hatte, den ökonomischen Prozeß als immanent-gesetzmäßige Totalität zu begreifen, erscheinen bei Horney »Herabsetzung und Argwohn« auf der gleichen Ebene wie ökonomische Gruppenbeziehungen. Das Schema ähnelt dem, das die kritischen Phänomene der Sexualpsychologie neutralisiert.

Nicht wenige neofreudsche Formulierungen liegen tatsächlich auf dem Niveau jener Zeitungsbriefkästen und Populärschriften, in denen Psychologie als Mittel zum Erfolg und zur sozialen Anpassung gehandhabt wird: »Wenn man den Narzißmus nicht genetisch, sondern im Hinblick auf seinen eigentlichen Sinn betrachtet, so sollte er, nach meiner Meinung, im wesentlichen als Ich-Überschätzung oder Selbstverherrlichung beschrieben werden. Also als eine Art seelischer Inflation, die, wie die wirtschaftliche Inflation, größere Werte vortäuscht als in Wirklichkeit vorhanden sind.«[22]) Trotz aller Klagen über die Hemmung der individuellen Entwicklung durch die Gesellschaft halten es solche Äußerungen mit der Gesellschaft gegen das Individuum; jene habe recht gegen dieses, wenn es sich den geltenden Werten nicht beugt. Die Einsicht, daß der Narzißmus in seiner heutigen Form nichts anderes ist als eine verzweifelte Anstrengung des Individuums, wenigstens zum Teil das Unrecht zu kompensieren, daß in der Gesellschaft des universalen Tauschs keiner je auf seine Kosten kommt, wird durch Horneys biologisch-soziologisch-ökonomischen Pluralismus verbaut. Sie verkennt die soziologische Wurzel des Narzißmus: daß das Individuum durch die fast unüberwindlichen Schwierigkeiten, die sich jeglicher spontanen und direkten Beziehung zwischen Menschen heute in den Weg legen, dazu gezwungen wird, seine ungenutzten Triebenergien auf sich selbst zu lenken. Die Gesundheit, die ihr vorschwebt, ist vom Schlag der gleichen Gesellschaft, die sie für die Entstehung der Neurosen verant-

---

[21]) Karen Horney, Neue Wege in der Psychoanalyse, a.a.O., S. 175 f.
[22]) a.a.O., S. 87.

wortlich macht: »Ein gesundes und sicheres Selbstvertrauen ruht auf einer breiten Grundlage menschlicher Qualitäten, wie Entschlußkraft, Mut, Unabhängigkeit, Begabung, erotischer Wert und auf der Fähigkeit, Situationen zu meistern.«[23])

Mit der Sympathie für Anpassung hängt eng Horneys Abneigung zusammen, sich allzusehr mit der Vergangenheit einzulassen. Sie ist dem herrschenden Geist verschworen, der alles verbannen möchte, was nicht positives, hier und jetzt greifbares Faktum ist. Ihr Widerstand gegen Freuds insistente Betonung der Notwendigkeit, daß das Bewußtsein von der eigenen Kindheit wiedergefunden werden müßte, gleicht dem Pragmatismus, der die Vergangenheit abblendet, soweit sie nicht zur Kontrolle der Zukunft taugt: »Es erscheint mir nutzbringender, solche Bemühungen (um die Rekonstruktion der Kindheit) aufzugeben und das Interesse auf die Kräfte zu richten, die einen Menschen wirklich treiben und hemmen; diese nach und nach zu erkennen, ist doch wohl möglich, selbst ohne Einblick in die Kindheit... Man betrachtet jedoch die Vergangenheit nicht als den lange gesuchten Schatz, sondern sieht darin nur eine willkommene Hilfe für das Verständnis der Entwicklung des Patienten.«[24]) La recherche du temps perdu est du temps perdu. Horneys frisch-fröhlicher Vorschlag annulliert eben die Individualität, der er angeblich dienen soll. Wollte man ihm folgen, so müßte man am Ende alles eliminieren, was über unmittelbare Präsenz hinausgeht und damit alles, was das Ich konstituiert. Das Kurierte wäre nichts mehr als ein Brennpunkt von bedingten Reflexen.

III

Auflehnung gegen gewisse despotische Züge des Freudschen Denkens war ursprünglich das gesellschaftstheoretische Motiv, aus dem die neofreudsche Bewegung von der Orthodoxie sich abspaltete. Die Existenz solcher Züge oder ihr Bedenkliches ist nicht einfach zu leugnen. Ein Moment der Wahrheit jedoch tritt an ihnen hervor, sobald man sie ins Licht der Entwicklung rückt, die die Revision genommen hat. Deren Ausgangsidee, die Psychoanalyse aus ihrer Verstrickung ins Autoritäre zu lösen, hat zum genau entgegengesetzten Ergebnis geführt und die Psychoanalyse mit Repression enger verquickt als es bei Freud, der die Gesellschaft nicht ausdrücklich herausforderte, der Fall war. Dieser Funktionswechsel ge-

---

[23]) a.a.O., S. 116.
[24]) a.a.O.

schah nicht zufällig. Die eifrige Verteidigung von Zärtlichkeit und menschlicher Zuneigung gegen den Verdacht, sie könnten in Sexualität wurzeln, bezeugt, daß die Tabus über die Revisionisten größere Macht haben als über Freud. Wenn sie im Namen der Liebe gegen seine Sexualtheorie protestierten, so haben sie von allem Anfang an zugleich die konventionelle Unterscheidung von sexueller und sublimer Liebe gegen ihn aufgegriffen und nicht so sehr der Unterdrückung der sexuellen sich erwehren wollen wie der Attacke auf die erlogene Unvermischtheit der sublimen. Überhaupt war die Inkonsistenz in Freuds Denken, über die sie sich aufregen, daß nämlich Freud einerseits Sexualität zum Zentrum macht, andererseits aber an den Sexualtabus festhält, keineswegs ein bloßer Denkfehler. Sie entspricht dem objektiven Tatbestand, daß Lust und Verbot nicht mechanisch auseinandergenommen werden können, sondern sich gegenseitig bedingen. Sie müssen in ihrer Wechselwirkung begriffen werden: Lust ohne Verbot ist ebenso schwer vorzustellen wie Verbot ohne Lust. Wenn Psychoanalyse diese Verschränkung leugnet, reduziert sie sich auf eine Art sozialer Therapie zur gesunden Lösung der Ichkonflikte und terminiert in der Bestätigung eben der patriarchalischen Gesellschaft, von der die Sezession sich abwenden wollte.

Freud hatte recht, wo er unrecht hatte. Die Gewalt seiner Theorie zehrt von seiner Verblendung gegenüber der Trennung von Soziologie und Psychologie, die allerdings das Resultat jener gesellschaftlichen Prozesse ist, die manche Revisionisten, in der Sprache der deutschen philosophischen Tradition, die Selbstentfremdung des Menschen nennen. Haben diese sich gerade durch kritische Einsicht in die destruktiven Seiten der Trennung dazu verführen lassen, so zu tun, als ob durch Psychotherapie der Antagonismus zwischen privatem und gesellschaftlichem Sein des Individuums zu heilen sei, so hat Freud eben durch seine psychologische Atomistik einer Realität, in der die Menschen tatsächlich atomisiert und durch eine unüberbrückbare Kluft voneinander getrennt sind, adäquat Ausdruck verliehen. Das ist die sachliche Rechtfertigung seiner Methode, in die archaischen Tiefen des Individuums einzudringen und es als ein Absolutes zu nehmen, das nur durch Leiden, Lebensnot an die Totalität gebunden ist. Zwar hatte er die monadologische Struktur der Gesellschaft naiv akzeptiert, während die neofreudsche Schule sich das kritische Bewußtsein von ihr zu eigen machte. Anstatt aber konsequent darin zu verbleiben, will sie das Negative überwinden, indem sie die unmenschlichen Beziehungen so behandelt, als wären sie schon menschliche. In der bestehenden Verfassung des Daseins gehen die Beziehungen zwischen den Menschen weder aus ihrem freien Willen noch aus ihren Trieben hervor, sondern aus sozialen und ökonomischen Gesetzen, die sich über ihren Köpfen durchsetzen. Wenn in ihr die Psychologie sich menschlich oder gesellschaftsfähig macht, indem sie so tut, als wäre die Gesellschaft die der Menschen und von ihrem innersten Selbst bestimmt, so leiht sie einer inhumanen Realität den Glanz des Humanen. Jene finsteren Denker, die sich auf die Schlechtigkeit und Unverbesserlichkeit der Menschennatur versteifen und pessimistisch die Notwendigkeit der Autorität verkünden – Freud steht darin neben Hobbes, Mandeville und Sade –, lassen sich nicht als Reaktionäre bequem abfertigen. Ihrer eigenen Schicht waren sie nie willkommen. Daß man von der lichten und nicht von der finsteren Seite von Individuum und Gesellschaft reden solle, ist genau die offiziell genehme und respektable Ideologie. Ihr verfallen die Neofreudianer, die über den Reaktionär Freud indigniert sind, während sein unversöhnlicher Pessimismus die Wahrheit bezeugt über die Verhältnisse, von denen er nicht spricht.

Dieser Aspekt der Kontroverse tritt zutage besonders dort, wo die Revisionisten den Begriff des Neuen diskutieren. Horney zufolge ist Freuds Denken »evolutionistisch, aber in einer mechanistischen Form. Schematisch gesehen besagt seine Auffassung, daß in unserer Entwicklung nach dem fünften Lebensjahre nichts ausgesprochen Neues mehr eintritt und daß Reaktionen oder Erfahrungen der späteren Jahre nur die des frühen Lebensalters wiederholen.«[25]) »Der allgemeinste Ausdruck des mechanistisch-evolutionistischen Denkens von Freud findet sich in seiner Theorie vom Wiederholungszwang.«[26]) In der Tat gibt es für Freud nach den ersten Entwicklungsphasen nichts eigentlich Neues mehr. Die identische Wiederholung psychologischer Reaktionen kennzeichnet ein geschichtliches Stadium, in dem die archaischen Züge der Zivilisation wieder hervortreten. Das übersieht Horney. Wenn sie Freud vorwirft, daß ihm der Glaube ans Neue mangle, scheint sie zu glauben, daß das Neue zu jeder Zeit möglich sei, gleichsam auf Bestellung gemacht werden könne. Ihr Begriff vom Neuen ist der der Massenproduktion, die von jedem standardisierten gadget verkündet, es sei noch nie dagewesen: »Das Vergangene ist stets in irgendeiner Form im Gegenwärtigen enthalten... ich würde sagen, daß es dabei nicht um die Frage ›Gegenwärtiges contra Vergangenes‹, sondern um das Prinzip der Entwicklung gegenüber dem der Wiederholung

---

[25]) a.a.O., S. 42.
[26]) a.a.O., S. 43.

geht.«[27]) Aber nur wenn die Theorie Wiederholung beim Namen nennt und auf dem negativen Immergleichen im scheinbar Neuen besteht, kann sie vielleicht dem Immergleichen das Versprechen des Neuen abzwingen. Das aber wird von Horney als neurotisch oder mechanistisch verfemt. Wo sie versichert, daß die Dinge doch nicht so schlimm seien, ist der Optimismus pseudoradikal, der Glaube an die unbegrenzten Möglichkeiten des Menschen ein Lippenbekenntnis. Fragte man die Revisionisten geradezu, was sie denn im Grunde gegen ihren Lehrer hätten, so würden sie vermutlich sagen, ihm fehle die Liebe. Man hat einmal der Großherzigkeit Groddecks und der mitfühlenden Zartheit Ferenczis Freuds Kälte und Distanziertheit kontrastiert. Kein avancierter Denker oder Künstler entgeht diesem Vorwurf. Weil er die Utopie und ihre Verwirklichung bitter ernst nimmt, ist er kein Utopist, sondern faßt die Realität ins Auge, wie sie ist, um sich nicht von ihr verdummen zu lassen. Er will die Elemente des Besseren, die in ihr beschlossen sind, aus ihrer Gefangenschaft befreien. Er macht sich so hart wie die versteinerten Verhältnisse, um sie zu brechen. Die Möglichkeit einer Wendung wird nicht befördert durch die Lüge, daß wir doch alle Brüder sind, sondern einzig indem die bestehenden Antagonismen ausgetragen werden. Freuds Kälte, die jede fingierte Unmittelbarkeit zwischen Arzt und Patient von sich weist und das beruflich vermittelte Wesen der Therapie offen bekennt, tut der Idee von Menschlichkeit, indem sie deren Schein unerbittlich ausschließt, mehr Ehre an als tröstlicher Zuspruch und Wärme auf Kommando. In einer Welt, wo Liebe zu einem psychotechnischen Instrument unter anderen geworden ist, wird der Liebe die Treue gehalten durch ein Denken, das darauf besteht, daß der Arzt den Patienten heilen müsse, ohne »menschliches Interesse« zu heucheln. Die Gesellschaft hat zu einem Extrem sich entfaltet, wo Liebe vielleicht nur als Resistenz gegen das Bestehende noch Liebe sein kann: »Wenn ich das Böse nicht hasse, kann ich das Gute nicht lieben!«[28]), heißt es in Strindbergs »Schwarzen Fahnen«. Ein Blick auf die konkrete Anwendung des revisionistischen Liebespostulats ist lehrreich. Persönliche Sympathie für den Patienten wird als Mittel zur Herstellung einer guten Übertragung verordnet, und die asexuelle Natur der Liebe wird gepriesen. Sobald aber Liebe nicht mehr praktisch ist, das heißt, sobald sie nicht mehr zu einer glücklichen, realen Objektbeziehung führt, wird sie geschmäht. In ihrem Buch über »Selfanalysis«[29]) hat Horney den Begriff der krank-

---

[27]) a.a.O., S. 154.
[28]) August Strindberg, Schwarze Fahnen, München und Berlin 1917, S. 254.
[29]) Karen Horney, Selfanalysis, New York 1942.

haften Abhängigkeit eingeführt. Das Phänomen, das sie damit bezeichnet, erotische Bindung an einen Menschen über die Befriedigung hinaus, hält sie für ganz und gar neurotisch. Eine solche Bindung gilt ihr als Erkrankung, die sich »hinter solchen prätentiösen Begriffen wie ›Liebe‹ und ›Treue‹ versteckt«. Gesund und wohlangepaßt ist nach ihrem Schema der, der nie mehr Gefühl hergibt, als er einstreicht. Liebe soll auch psychologisch werden, was sie gesellschaftlich ohnehin wird, ein Äquivalententausch. Es bleibt die Frage, ob nicht Liebe, die den Zirkel der herrschenden Tauschverhältnisse transzendiert, notwendig jenen Zusatz von Hoffnungslosigkeit enthält, den die Revisionisten austreiben wollen. Vielleicht ist Freuds Menschenfeindlichkeit nichts anderes als solche hoffnungslose Liebe und der einzige Ausdruck von Hoffnung, der noch bleibt.

Das komplexe Denken Freuds enthält einen Aspekt, welcher der Gesamtintention der neofreudschen Bewegung verwandter ist, als es zunächst scheint. Ihn brauchte sie nur einseitig zu urgieren, um zu Konsequenzen zu gelangen, die mit dem Kern der Freudschen Theorie unvereinbar sind. In seinen »technischen« Schriften hat Freud für die Therapie Postulate der Schmiegsamkeit, dauernden Modifikation und praktischen Einstellung formuliert, die von den Revisionisten zur Rechtfertigung ihres Ansatzes bequem zitiert werden könnten. Wenn Horney unglückliche Liebe in die Kategorie des Neurotischen verbannt, dann versündigt sie sich gegen den Geist Freuds mehr durch den Tenor ihrer unkritischen Anpreisung seelischer Gesundheit als durch den Inhalt des Gedankens. So ging Freud in seinen »Bemerkungen über die Übertragungsliebe« so weit zu sagen, daß jede Verliebtheit »aus Neuauflagen alter Züge besteht und infantile Reaktionen wiederholt... Es gibt keine, die nicht infantile Vorbilder wiederholt. Gerade das, was ihren zwangshaften, ans Pathologische mahnenden Charakter ausmacht, rührt von ihrer infantilen Bedingtheit her.«[30]) Nennt Freud Verliebtheit infantil, ohne ihre primär libidinösen Züge von den durch Unterdrückung erzeugten zu unterscheiden, dann können die Revisionisten auch Liebe, die mit dem Realitätsprinzip unvereinbar ist, pathogen schimpfen.

Die Aporie weist auf die Psychoanalyse als solche zurück. Einerseits gilt ihr Libido als die eigentliche psychische Realität; Befriedigung als positiv, Versagung, weil sie zur Erkrankung führt, als negativ. Andererseits aber nimmt sie die Zivilisation, welche die Versagung erzwingt, wenn nicht geradezu unkritisch, so doch resigniert hin. Im Namen des Realitäts-

---

[30]) Sigm. Freud, Gesammelte Werke, London 1946, X, S. 317.

prinzips rechtfertigt sie die seelischen Opfer des Individuums, ohne das Realitätsprinzip selber einer rationalen Prüfung auszusetzen. Eine Zwieschlächtigkeit in der Einschätzung der Libido wird notwendig hervorgetrieben von dieser Zwieschlächtigkeit, die an die Problematik der Erziehung mahnt. Als Methode medizinischer Behandlung innerhalb gegebener sozialer Verhältnisse muß sie die gesellschaftliche Anpassung des Patienten befördern, ihn zur Arbeit und Freude innerhalb dieser Verhältnisse animieren. Dabei aber kann sie es nicht umgehen, gewisse Verhaltensweisen und Befriedigungsformen hinzunehmen oder sogar zu verstärken, die, gemessen am Kern der psychoanalytischen Lehre, der Libidotheorie, zweifelhafte Substitute sind. Freud selbst wurde oft zu Formulierungen getrieben, die diesen Zwiespalt prägnant hervortreten lassen. In einem Passus der »Bemerkungen über die Übertragungsliebe« warnt er die Analytiker davor, den erotischen Wünschen ihrer weiblichen Patienten nachzugeben, und fährt dann fort: »So hoch er die Liebe schätzen mag, er muß es höher stellen, daß er die Gelegenheit hat, seine Patientin über eine entscheidende Stufe ihres Lebens zu heben. Sie hat von ihm die Überwindung des Lustprinzips zu lernen, den Verzicht auf eine naheliegende, aber sozial nicht eingeordnete Befriedigung zugunsten einer entfernteren, vielleicht überhaupt unsicheren, aber psychologisch wie sozial untadeligen.«[31] Was »untadelig« sei, wird nicht analysiert. Daß die verlangte Form der Befriedigung die unsichere ist, weckt Zweifel an dem Prinzip, in dessen Namen sie gefordert wird.

Die Größe Freuds besteht wie die aller radikalen bürgerlichen Denker darin, daß er solche Widersprüche unaufgelöst stehen läßt und es verschmäht, systematische Harmonie zu prätendieren, wo die Sache selber in sich zerrissen ist. Er macht den antagonistischen Charakter der gesellschaftlichen Realität offenbar, soweit innerhalb der vorgezeichneten Arbeitsteilung seine Theorie und Praxis reicht. Die Unsicherheit des eigentlichen Zwecks der Anpassung, die Unvernunft vernünftigen Handelns also, die die Psychoanalyse aufdeckt, spiegelt etwas von objektiver Unvernunft wider. Sie wird zur Anklage der Zivilisation. Die Revisionisten brauchen nur die praktisch-realistische Seite der Freudschen Konzeption zu isolieren und die psychoanalytische Methode ohne jeden Vorbehalt in den Dienst der Anpassung zu stellen, um zugleich sich als die Vollstrecker der Freudschen Intentionen zu fühlen und ihnen das Rückgrat zu brechen. Es handelt sich bei ihnen nicht so sehr um häretische Abweichungen von Freuds Lehren

---

[31] a.a.O., S. 319.

als um eine bequeme Glättung ihrer Widersprüche. Unter ihren Händen wird die Freudsche Theorie zu einem weiteren Mittel, die seelischen Regungen dem gesellschaftlichen status quo zu integrieren. Aus der Analyse des Unbewußten machen sie einen Teil der industrialisierten Massenkultur, aus einem Instrument der Aufklärung ein Instrument des Scheins, daß Gesellschaft und Individuum, Anpassung an die allmächtige Realität und Glück sich deckten. Dieser Schein wird immer mehr zur allgegenwärtigen Ideologie einer Welt, die das Individuum ohne Rest in lückenlose Organisation einfängt, dabei jedoch nicht minder zwangshaft und irrational bleibt, als die psychologischen Schäden des Individuums je es waren.

T. W. A.
(deutsch von Rainer Koehne)

Schopenhauer und die Gesellschaft

Der Begriff der bürgerlichen Gesellschaft wurde zu den Zeiten Schopenhauers in der Wissenschaft erst heimisch. Er hat eine lange Vorgeschichte. Mit dem Zerfall der hierarchischen Ordnung in der Renaissance war auch die Gewißheit einer naturgemäßen Gliederung der Menschheit dahingeschwunden, und die Form der gesellschaftlichen Beziehungen bedurfte der Rechtfertigung. Aber das Interesse, das im Zug der aufkommenden Nationalstaaten sich philosophisch meldete, enthielt zugleich die Verneinung der spezifischen Sphäre, die wir Gesellschaft nennen. Im Gegensatz zur großen Scholastik stellte die neuere Philosophie den Staat unmittelbar dem Einzelnen gegenüber. Wenngleich Macchiavelli mit bewundernswerter Anschaulichkeit die gesellschaftlichen Kämpfe in Florenz darstellte, so scheint in seinen theoretischen Äußerungen die republikanische Regierung oder der Monarch es immer nur mit der Menge Einzelner zu tun zu haben; die Geschichte wird nicht so sehr durch die dynamische Struktur wirtschaftlich und gesellschaftlich bedingter Gruppierungen, als unmittelbar durch die Triebe und Leidenschaften der Individuen sowohl seitens der Regierung als auch des Volkes bestimmt. Ähnlich denkt der Schopenhauer so verwandte Hobbes. Bei aller Einsicht in gesellschaftliche Zusammenhänge und trotz des tiefen Verständnisses für gesellschaftliche Phänomene und Epiphänomene, wie etwa das der Ideologie, trotz seines Vergleichs des Staates mit dem Organismus, versteht Hobbes darunter vornehmlich die mit Macht ausgestatteten Individuen, deren Aufgabe in der Herrschaft über die anderen Individuen besteht. Es ist nicht etwa so, daß der Staat zugleich »in« den Einzelnen wäre, die, nach der Theorie des Staatsvertrags, zum Zweck der Sicherheit sich zusammengeschlossen und einer Regierung unterworfen haben; er ist bloß außer und über ihnen. Ist der Staat republikanisch, so besteht die Regierung aus mehreren, ist er monarchisch — bei Hobbes wie bei Macchiavelli kommt es mehr auf die Stärke als auf die Form der Regierung an —, so fällt er mit der Monarchie zusammen. Der Ludwig XIV. zugeschriebene Ausspruch »L'Etat c'est moi«, ist gleichsam das Fazit der Hobbes'schen Staatsphilosophie.

Der Gedanke an das gesellschaftliche Wesen als ein eigenes wurde in der neueren Zeit erst in der Aufklärung gefaßt. Er beherrscht den Gegensatz zwischen den Philosophes de la lumière und Rosseau. Wenn Helvétius, ganz im Anschluß an die rationalistische Tradition, erklärt: »Das Vaterland sind nur die Bürger; aus ihm ein wirkliches Wesen machen, heißt viele falsche Gedanken hervorrufen«, so begründet Rousseau den Mythos der Nation. Das Vaterland soll ein eigenes, die Einzelnen durchdringendes, aus dem allgemeinen Willen konstituiertes und aus ihm sich ewig erneuerndes Wesen sein. Das Ganze des organisierten Volks wirkt als lebendige Macht, als zweite Natur auf den Einzelnen mächtig zurück, nicht weniger erhaben und wohltätig als die unverstümmelte erste. Zu ihr müssen die Menschen auf höherer Stufe zurückfinden, nachdem in der verlogenen Zivilisation, im »Zeitalter der vollendeten Sündhaftigkeit«, um mit Fichte zu reden, die Reinheit der Gesinnung verschwunden war. Die krasse Ungleichheit, die Herrschaft der Wenigen über die Vielen, hatte die naive Tugend des Naturstands vernichtet, sie ersteht wieder als soziale Tugend, als Liebe zum allgemeinen Wesen, zum Vaterland, das man mit Recht als eigenes erkennen kann. Gesellschaft ist der Kern der Rousseauschen Philosophie. Rousseau bezieht sich — nicht ganz mit Recht — auf Montesquieu. In seiner vergleichenden Untersuchung der Abhängigkeit nationaler Institutionen von kulturellen und natürlichen Bedingungen hatte dieser — in konservativem und statischem Sinn — die These der Mittlerrolle von Geistlichkeit, Aristokratie und Corporationen zwischen König und Volk vertreten, er hatte Gesellschaft zum Objekt der Analyse gemacht. Manche deutsche Romantiker, auch Hegel, sind Rousseau in seiner Bewunderung Montesquieus gefolgt, und gewöhnlich führt man den Begriff des Volksgeistes auf seinen esprit général zurück. Der erste der Neueren aber, bei dem Philosophie nicht auf Gesellschaft angewandt, sondern im Gegenteil Philosophie aus dem Gedanken der Gesellschaft entfaltet wird, ist Rousseau und nach ihm Kant, dessen praktischen und geschichtsphilosophischen Schriften die Idee der richtigen Gesellschaft überall zugrunde liegt. Als eigenes Gebiet der Forschung haben schließlich, unabhängig voneinander, St. Simon und Hegel Gesellschaft vom Staate abgegrenzt. Bei ihnen gilt sie als eine Staat und Individuen, sowie die Individuen untereinander vermittelnde Sphäre eigener Struktur und Energie; jeder Einzelne wird durch sie nicht weniger bestimmt als durch Natur und Staat. Während bei den Jung-Hegelianern, vor allem bei Marx, die Theorie der Gesellschaft mit der Philosophie noch eine Einheit bildet, tritt sie bei Comte (um 1840) als Einzelwissenschaft nach den übrigen Grunddisziplinen als letzte und höchste aus der Philosophie heraus und läßt ein Vakuum zurück. Die positivistische Periode der Soziologie, wie des Denkens überhaupt, ist angebrochen.

Wenn Schopenhauer gesellschaftliches Leben sagt, meint er öfter das gesellige Zusammensein (la compagnie, le monde) als die bürgerliche Gesellschaft im ganzen. Steht sie aber in Rede, so zeigt sich die Verwandtschaft mit den Aufklärern im eigentlichen Sinn, weit mehr als mit Rousseau oder den Romantikern, von Hegel ganz zu schweigen. Wie die Partikel der Materie durch mechanische Gesetze beherrscht sind, so die Beziehung der Individuen durch psychologische. Die Gesellschaft ist zusammengehalten durch den psychologischen Mechanismus von Angst und Aggression, denen die Vorsicht zuweilen zuhilfe kommt. Da die Erziehung nach Schopenhauer — und hier steht er zu Helvétius und den anderen im Gegensatz — nur den Intellekt und nicht den Charakter betrifft, so ist es klar, daß dieses Wesen der Gesellschaft sich nicht ändern kann. Mit allen Denkern, die die Nachtseiten der menschlichen Psyche nicht im Zusammenhang des gesellschaftlichen Ganzen zu verstehen trachten, sondern sie unmittelbar als ewige Wesenszüge, als Naturstand, hypostasieren, glaubt auch Schopenhauer an die unendliche Fortdauer und Natürlichkeit einer essentiell repressiven Gesellschaft.

Wie sehr die bisherige Geschichte Schopenhauers Skepsis zu bestätigen scheint, wie grausam sich vor allem die Versuche zur Änderung auswirkten, die Apologie der Repression gehört zur Welt, die Repression notwendig macht. Hatte der soziale Pessimismus des Hobbes noch eine aufklärende, fortschrittliche Bedeutung — ging es doch darum, den Religions- und Bürgerkriegen durch einen starken Staat ein Ende zu machen —, so wirkt er seit der Biedermeierzeit als reine Reaktion. Voltaires Verachtung der populace bezieht sich auf mißbrauchte Massen, die wider ihre eigenen Interessen das Bessere vereiteln. Schopenhauer dagegen sieht die canaille nicht in dem plebejischen und aristokratischen Mob, der an den Martern des Grève-Platzes Vergnügen findet und jeder Schandtat Beifall klatscht, sondern in den Aufständischen von 1848. Derselbe Gedanke, dieselbe Theorie in einem anderen geschichtlichen Augenblick ist ein anderer Gedanke, eine andere Theorie. Im neunzehnten Jahrhundert dient die Verherrlichung der starken Staatsmacht gegenüber den unersättlichen Wünschen der Masse nicht mehr der rationaleren Einrichtung des Staatsgebiets, der Entfesselung wirtschaftlicher Kräfte, sondern in steigendem Maß der Bekämpfung aller auf Reformen hinzielenden Tendenzen. Sie macht den Versagenden ein gutes Gewissen. Das gilt in der zweiten Hälfte noch mehr als in der ersten. Am steigenden Ruhm Schopenhauers ist die Geschichte der Wirtschaft nicht unbeteiligt. Die Triumphe der Technik und die Entfaltung der Industrie, die mit ihr in »Wechselwirkung« stand — Schopenhauer haßte die Kategorie —, brachte den Menschen nicht die erwartete glücklichere Existenz. So wenig die gesellschaftlichen Unterschiede zwischen 1850 und 1914 etwa sich vergrößert haben, so sehr hat ihre Bedeutung subjektiv und objektiv zugenommen. Die Verhältnisse werden gespannt, der Aufschwung führt in betriebsame Unsicherheit. Das erfährt vor allem Deutschland seit der Reichsgründung. Es ist nicht, wie andere, saturiert. Daß es die Einheit dem militärischen Sieg verdankt, begründet seinen politischen Stil. Da die Landwirtschaft wegen der äußeren Konkurrenz Schutzzölle braucht, die Industrie im Außenhandel eine Macht hinter sich spüren wollte und im Innern gegenüber den sozialistischen Forderungen einer festen Hand bedurfte, sahen schließlich selbst Nationalliberale die Hoffnung im raschen Ausbau von Heer und Marine, im starken Staat. Die internationale Konkurrenz hatte zu den großen Bündnissen, dem Wettrüsten, den Machtblocks geführt. Das Kolonialsystem, der Platz an der Sonne, die inneren und äußeren Krisen erzeugten im Unbewußten der Völker die Enttäuschung und Resignation, das überkompensierte Schuldgefühl, das für die Wilhelminische Epoche kennzeichnend ist.

Die pessimistische Philosophie wurde zur Rationalisierung des beunruhigenden Zustands in der Wirklichkeit. Sie half dazu, das Ausbleiben der vom technischen Fortschritt erwarteten Erleichterungen aufs Wesen der Welt zu schieben, anstatt das heraufziehende Unheil aus einer Verfassung der Gesellschaft herzuleiten, in der die Technik den Menschen über den Kopf gewachsen ist. Philosophischer Quietismus und fin de siècle-Stimmung paßten gut zueinander. Im Gegensatz zum Vertrauen auf Vernunft und Perfektibilität des Menschen bei den Aufklärern, mit denen Schopenhauer das atomistische Bild der Gesellschaft teilt, beharrt er auf der Sinnlosigkeit geschichtlicher Anstrengung, sei sie Theorie oder Praxis, Wort oder Tat. Und ebenso wie in seiner Ablehnung der Geschichtsphilosophie der freilich wohlbegründete Verdacht gegen historische Bewegungen, besonders der ruhmreichen, enthalten ist, so andererseits in der Verkündung der Sinnlosigkeit das Bekenntnis zum Bestehenden. In Abwesenheit einer zulänglichen Theorie der Gesellschaft jedoch, und vor allem bei Voraussetzung der praktischen Bedeutungslosigkeit aller Ergebnisse jener schöpferischen Muße, um deretwillen Schopenhauer die Ruhe und Ordnung reklamiert, ist schwer einzusehen, warum das Interesse eines unabhängigen Philosophen an der Aufrechterhaltung der Verhältnisse philosophisch gewichtiger sein soll, als das Interesse eines abhängigen Hilfsarbeiters an deren Veränderung. Philosophischer Pessimismus verträgt sich streng logisch nicht besser mit der rationalen Argumentation für den status quo als mit der Propaganda für den Umsturz. Die Aufrechterhaltung, das Fortbestehen einer Ordnung, läßt sie ohnehin nicht unverändert. Dieselbe Gesellschaft, die Schopenhauer vor Änderung bewahrt sehen wollte, ist nach ihren immanenten Gesetzen, nach ihrem eigenen Begriff schließlich zu einer anderen geworden. Ihre wirksame Verteidigung selbst hat dazu beigetragen, die Ruhe abzuschaffen und die großen Zeiten in Europa wieder heraufzuführen, vor denen Philosophie seit je sich auf der Flucht befand.

In Schopenhauers intransigentem Nominalismus gegenüber der Gesellschaft liegt jedoch zugleich die Wurzel seiner Größe. Wie in der Natur die genera bloße Abstraktionen sind, sagt er, »so sind im Menschengeschlecht nur die Individuen und ihr Lebenslauf real, die Völker und ihr Leben bloße Abstraktionen«[1]). Dem Rousseauschen Mythos hat er keine Begeisterung gezollt. Er verneint die Existenz des Kollektivs und verharrt bei den lebendigen Einzelwesen, bei Mensch und Tier mit ihren Bedürfnissen und Leidenschaften, ihrem Streben nach Dasein und Wohlsein, und ihrem Elend. In der Darstellung seiner Lehre pflegt wohl bemerkt zu werden, daß er den Willen zum Glück als blind und unerfüllbar beschrieben, weniger aber, daß er an diesem Glück das Weltall nicht bloß, sondern selbst noch die intelligible Ordnung gemessen hat. Auch Kant sieht mit Rousseau, daß im Gang der Zivilisation das Wohl der Einzelnen sich nicht stetig verbessert hat, es erscheint nicht als Ziel der Geschichte. Er aber und die Nachfolger, von der Universitätsphilosophie ganz zu schweigen, haben Geschichte trotzdem gerechtfertigt, ja die Rechtfertigung zur Aufgabe umfassender Konstruktionen gemacht. Schopenhauers Philosophie dagegen — und zwar nicht bloß in ihrem praktischen, sondern gerade dem theoretischen Teil — habe der Realität den Tribut vorenthalten, sie in einen Goldgrund der Ewigkeit einzubetten. Seine Ablehnung des Umsturzes wird weder durch den kategorischen Imperativ, noch den objektiven Geist, noch durch einen verborgenen Sinn philosophisch motiviert, sondern eben ganz offen durch die Freiheit, der er durch sein Vermögen und seine Rente teilhaftig ist. Die Furcht davor, der gesellschaftlichen Realität ohne Vermögen ausgesetzt zu sein, nicht weniger als seine Dankbarkeit gegen die Verteidiger der von ihm gefürchteten Ordnung fällt über diese kein freundliches Urteil. Der Sinn des Kaufmanns, den er von seinem Vater überkommen hat, die Unbefangenheit, die sich der Gabe verdankt, auch in anderen Ländern und Sprachen zuhause zu sein, die gebildete Nüchternheit sind bei Schopenhauer philosophisch geworden. Hinter dem Pessimismus, der sich im Wilhelminischen Zeitalter ideologisch verwerten ließ, hinter der Verachtung des zeitgemäßen Betriebs in allen Sparten, steht das unbeirr-

---
[1]) Arthur Schopenhauer, Sämtl. Werke, hrsg. v. A. Hübner, 2. A., Wiesbaden 1949, Die Welt als Wille und Vorstellung, Bd. 3, II, 3. Buch, Kap. 38, S. 505 f.

bare Interesse am dies- und jenseitigen Schicksal des Einzelnen. Die Philosophie hat Rechnung abzulegen, und weil die Bilanz negativ ist, behält der Heilige am Ende recht. Wer auf die Welt setzt, ist betrogen. Durch Schopenhauers Mißtrauen gegen Reform und Revolution wird das Bestehende nicht glorifiziert.

Die Bedächtigkeit des Kaufmanns organisiert noch die innersten Stücke der Lehre. Die transcendentale Ästhetik gewinnt in der Welt als Wille und Vorstellung so große Bedeutung, weil sie die Subjektivität des Prinzips der Individuation dartut. Da Raum und Zeit den Dingen an sich nicht zukommen, erweist sich die Vielheit aller Menschen und Dinge als Schein und die Bemühung ums eigene Wohlsein auf Kosten des Anderen als Fehlinvestition. Der Erfolgreiche in dieser Welt rechnet sich an Illusionen reich. Die Lehre von der Idealität der reinen Anschauung korrigiert eine verkehrte Kalkulation. Daß einer um Reichtum und Macht willen die Menschheit verletzt, stempelt ihn nicht so sehr zum Sünder als zum Geprellten, denn was er erhält, ist eigentlich Nichts. Philosophie ist dazu da, daß man sich nicht dumm machen läßt. Von diesem Instinkt ist Schopenhauers Werk durchherrscht, und er ist, unter allen Nachfolgern, ungeschwächt auf Nietzsche übergegangen.

Die Züge des aufgeklärten Bürgers aus dem achtzehnten Jahrhundert treten im überlegenen, durchgebildeten Stil und vielen Einzelheiten noch stärker hervor als in der Konzeption des Ganzen. Keine tieftuende Sprachgestik, um die Sinnlosigkeit, den Tod, unter der Hand zum Sinn zu machen, keine Theologie des Nichts, kein Ersatz der Geschichtsphilosophie durch eine Vergeschichtlichung des Seins, in der die Opfer nicht vorkommen und die Henker sich verstecken, vertrüge sich mit dem hellen Ton des Schopenhauerschen Werks. Wie sehr als Hauptthese er die Unabänderlichkeit des Leidens und der Gemeinheit durchhält und die Nutzlosigkeit des Protests betont, so bildet sein Stil einen einzigen Protest dagegen, daß es so ist. Das Grauen wird nicht vergötzt, und dessen Auslegung ins Positive gilt ihm als ruchlos. Wenn die Unversöhnlichkeit mit dem ewigen Kreislauf des Unheils als sublimierte Rache verstanden wird, so war Schopenhauer ein rachsüchtiger Philosoph. Gewiß nimmt er das Negative durchs Medium des geschichtlichen Untergangs seiner eigenen gesellschaftlichen Existenzform wahr. Bürger seiner Art verschwinden. Wenn aber in der emanzipatorischen Literatur einer besonderen gesellschaftlichen Schicht, in ihrem Optimismus, zugleich das allgemeine Interesse am Fortgang zum Besseren sich anmelden kann, so in der Philosophie ihres Untergangs, in ihrem Pessimismus, das Interesse an dem, was im sogenannten Fortschritt zu bewahren ist. Das Schwarzweiß-Schema von Auf- und Abstieg reicht zur gesellschaftlichen Einschätzung kultureller Phänomene lange nicht hin.

Wo Schopenhauer über Geschichtliches berichtet, Krieg, Kreuzzüge, Inquisition, scheint Voltaire zu sprechen, für den er, wie Goethe und Nietzsche, die größte Verehrung hegt. Mit Voltaire hat er nicht nur den Nachdruck gemein, mit dem er den freien Willen und die Theodizee ablehnt, sondern vor allem die Verteidigung der Religion aus pragmatischen Gründen und als Volksethik. Freilich ist Schopenhauer, wo es darum geht, die Wahrheit des Gottesglaubens auszumachen, ungleich radikaler, als der entschiedene französische Theist, dessen Kritik gar nicht der Religion, sondern dem Fanatismus galt. Beide halten sich an Philosophie anstatt an Offenbarung, aber Schopenhauer sucht Auskunft über das Wesen der Welt, über Diesseits und Jenseits und will sich keinesfalls verrechnet haben. Für ihn, den Privatmann, ist die Frage nach dem Schicksal der Seele, nach Tod und Urschuld erheblicher, als für den militanten Literaten, dem eine gerechtere Ordnung im Diesseits am Herzen liegt. Daß Schopenhauer aber gerade in der Metaphysik denselben durchdringenden Verstand ins Spiel brachte wie die Aufklärer in der irdischen Kritik, daß er sowohl mit durchsichtigen, logischen Methoden — man denke nur an den Analogieschluß, durch den er die Wahrnehmung des innern Sinns zur Grundlage des Systems erweiterte — als mit einer kultivierten, von der Furcht des Angestellten freien, den großen Romanciers ebenbürtigen psychologischen Erfahrung die letzten Dinge ins Auge faßte und ganz sich ihnen widmete, die Vereinigung von Tiefe und kaufmännischer Unbefangenheit hat sein Werk zum Ausdruck einer nie wiederkehrenden Konstellation und zu einem Schlüssel der Geschichte der Philosophie gemacht.

So wie in der dunklen Ansicht der Welt bei Schopenhauer wider Willen das Andere sich abzeichnet, weist das Verharren bei der schlechten Gesellschaft auf die bessere [2]). An manchen Stellen freilich strebt die Leidenschaft des Denkens über das Verdikt des sozialen Pessimismus hinaus. Schon im ersten Band der Welt als Wille und Vorstellung taucht der Gedanke ans »Schlaraffenland« [3]) auf, das in einem aufgeklärten Staat mit wahrhaft harmonischer Ordnung verwirklicht werden könnte. Er häuft zwar die Gründe, warum es dann doch nicht geht: das Faktum, daß man noch weit von diesem Ziel entfernt geblieben sei, die unnütze Muße, die Langeweile, die entstehen müßte, die privaten kleinen Händel und schließlich Krieg

---

[2]) Vgl. Heinz Maus, Kritik am Justemilieu. Eine sozialphilosophische Studie über Schopenhauer. Bottrop i. W., 1940.

[3]) Arthur Schopenhauer, a.a.O., Bd. I., § 62, S. 413.

und Übervölkerung. Entschiedener wird der Gedanke ans gesellschaftliche Gute im zweiten Band der Parerga formuliert: »Wenn das Maschinenwesen seine Fortschritte in dem selben Maaße noch eine Zeit hindurch weiter führt; so kann es dahin kommen, daß die Anstrengung der Menschenkräfte beinahe ganz erspart wird; wie die eines großen Theils der Pferdekräfte schon jetzt. Dann freilich ließe sich an eine gewisse Allgemeinheit der Geisteskultur des Menschengeschlechts denken, welche hingegen solange unmöglich ist, als ein großer Theil desselben schwerer körperlicher Arbeit obliegen muß; da Irritabilität und Sensibilität stets und überall im Allgemeinen wie im Einzelnen im Antagonismus stehn; eben weil die eine und selbe Lebenskraft beiden zum Grunde liegt. Weil ferner artes molliunt mores; so werden alsdann die Kriege im Großen und die Raufereien oder Duelle im Kleinen vielleicht ganz aus der Welt kommen; wie beide schon jetzt viel seltener geworden sind. Doch ist hier nicht mein Zweck, eine Utopie zu schreiben.«[4]) Was nicht Absicht war, erfüllen die negativen Diagnosen noch gründlicher als die Abweichungen ins Positive. Die Weise, in der jene bitteren und humanen Erkenntnisse in der jüngsten Geschichte bestätigt worden sind, übertrifft noch die Ahnung von den Übeln, die, wie es im zitierten § 62 der Welt als Wille und Vorstellung heißt, »sich jetzt nur eine kühne Einbildungskraft zu vergegenwärtigen vermag«[5]). Dabei braucht man nicht nur daran zu denken, daß der Fanatismus, die endlosen Verfolgungen, die grausamen Vertreibungen und Ausrottung ganzer nationaler und religiöser Gruppen, die Philalethes im Dialog über die Religion[6]) beschreibt, im Jahrhundert Hitlers und Stalins ihre gigantische Fortsetzung fanden, es genügt, an den gesellschaftlichen Alltag in den Ländern zu erinnern, in denen der Kampf gegen die Armut am erfolgreichsten geführt wird. Unendlich viel ist erreicht worden, nicht bloß die ökonomischen Krisen, sondern auch die der freiheitlichen Institutionen wurden wieder und wieder gebannt. Schopenhauers utopischer Ausblick ist nahezu verwirklicht, der Druck jedoch nicht gewichen. Trotz der unvorstellbaren Steigerung der produktiven Kräfte ist das Leben bei fortschreitender Erleichterung nicht leichter geworden. Das zurückgegangene Elend, das freilich auch inmitten der Zivilisation fortexistiert (in Regionen wie Süditalien tritt es nur am krassesten hervor), liegt nicht bloß als Drohung, drinnen

---

[4]) Arthur Schopenhauer, a.a.O., Bd. VI, Parerga und Paralipomena, § 125, S. 263.
[5]) Arthur Schopenhauer, Die Welt als Wille und Vorstellung, a.a.O., Bd. I, § 62, S. 414.
[6]) Arthur Schopenhauer, Parerga und Paralipomena, a.a.O., II, § 174, S. 343 ff.

und draußen, im Hinterhalt, sondern die Besserung hat neue, ideale und reale Lasten geschaffen.

Es wäre leicht, in Schopenhauers Sinn die Gegenwart zum Sprechen zu bringen. Die Menschen vervielfachen sich rasch, die ans Technische gebundenen Bedürfnisse noch rascher. Wenn in einem Land die Einwohnerzahl seit 1900 sich verdoppelt hat, so haben sich einzelne Arten der neuen Apparate, die der Mann auf der Straße, teils wegen seines Berufs, teils wegen des unerläßlichen Prestiges erwerben muß, in derselben Zeit vertausendfacht[7]). Unverkennbar ist der zivilisatorische Effekt solcher Ausstattung: die fortschreitende Abschaffung des häuslichen Frondienstes der Frau, die Angleichung des Daseins von Arbeiter und Unternehmer, die Demokratisierung der Existenz. Und die Zivilisation ist nicht etwa der Gegensatz von Kultur, wie es die Agenten des Dritten Reiches haben wollten, sondern deren Voraussetzung. Unverkennbar freilich ist auch die zwangsmäßig sich durchsetzende Verlagerung der ökonomischen Energien aufs Instrument. Der Erwerb von Kraftfahrzeug und Empfangsgerät wird unerläßlich und erschwinglich, die Anlage einer ernsthaften privaten Bibliothek zum seltenen und überdies stets weniger lohnenden Luxus; Zusammenfassung und Ergebnis der Bücher erfährt man in Rundfunk und Presse und die Nuance zählt nur beim Fachmann. Ohnehin bewirkt dieselbe Verlagerung, daß die Wohltat der Verringerung der Arbeitszeit nur in bescheidenem Ausmaß in Muße sich verwandeln läßt. Ehe in der Freizeit, die um den Weg zu und von der Arbeitsstätte sich verkürzt, die verschiedenen Instrumente der Massenvergnügung die Langeweile bekämpfen dürfen, wartet die Instandhaltung der Wohnung und der Apparate selbst, die infolge der steigenden Preise für Handarbeit auch der Gutbezahlte selbst besorgen muß. Die Frau ist berufstätig. Teilzahlungen auf die komfortabler werdenden Apparate halten an, bis sie vielleicht veraltet und durch noch komfortablere zu ersetzen sind. Es geht darum, mit den Verpflichtungen, die die Erleichterung jedem auferlegt, Schritt zu halten. Die

---

[7]) In Amerika, wo es um 1900 8 000 registrierte Autos gab und die Jahresproduktion 4 200 Stück betrug, wurden 1953 46,3 Millionen gezählt, und die Produktion war im gleichen Jahr auf 6,1 Millionen gestiegen. Gegenüber den 110 Millionen Rundfunkapparaten in den Vereinigten Staaten wirken 11 Millionen in der Bundesrepublik noch bescheiden; aber angesichts des allgemeinen Aufschwungs steht zu erwarten, daß auch hier die angemessene Relation zur Bevölkerung sich herstellt, nicht weniger als bei den Dutzenden von Millionen Staubsaugern und Eisschränken und den 34 Millionen Fernsehapparaten, die Amerika heute besitzt, und die in der durchschnittlichen Familie des Besitzers täglich fünf Stunden laufen.

psychische Energie aber, die dem Einzelnen für persönliche Interessen zur Verfügung steht, ist von Natur aus begrenzt, und der große innere Aufwand, den das ohne äußeren Zwang sich reproduzierende Leben des Ganzen heute vom Einzelnen fordert, die gespannte Aufmerksamkeit im Betrieb wie beim mechanisch übermittelten Vergnügen braucht viel von ihr auf. Vielleicht hat Helvétius nicht unrecht, wenn er die Langeweile, die Schopenhauer nur als Übel ansieht, und höchstens für Superstitionen verantwortlich macht[8]), als Grund der Phantasie mit richtiger Kultur in Verbindung bringt. Die Grenze zwischen Muße und Langeweile ist unscharf; die Menschen kommen zu beiden nicht. In der technischen Zivilisation werden sie so gründlich von ihrer Schwerfälligkeit kuriert, daß sie Widerstand verlernen. Widerstand aber ist die Seele der Schopenhauerschen Philosophie.

Ihre Idee der Kompensation des Fortschritts durch neues Leiden, in deren Durchführung die Vorstellung des Besseren sich aufdrängt, fände in der Gegenwart reiches Anschauungsmaterial, selbst wenn man nur auf die freien westlichen Länder blickt und vor Not und Terror im Osten die Augen schließt. Ingrimmig könnte Schopenhauer, der höhnisch vom Rauchen sprach und von den kindlichen Spielen der Leute, die keine Geistesanstrengung erfordern, auf die Massenkultur heute hinweisen und ihre Reklame, die bei ihm den gebührenden Platz gefunden hätte. Aber bei der — negativen — Kritik des gegenwärtigen Zustands, in dem das Strukturelle so sehr an Macht zugenommen hat, müßte er zur Erkenntnis fortschreiten, daß Kraft und Absicht des Einzelnen, die ins Ganze eingehen, nicht weniger durch es bestimmt sind als es durch sie. Das Ganze der gesellschaftlichen Beziehungen konstituiert sich jeweils als Realität mit eigener Gesetzlichkeit. Die aus gesellschaftlich verbundenen Individuen sich erzeugende und verändernde Gesellschaft, nicht das von Gesellschaft isoliert gedachte Individuum gewährt Versorgung und Schutz in ihrer bestimmten Verteilung und Abstufung. Die nach ihrem Ort in der Gesellschaft je verschieden wirkenden, ihre aus dem Kräftespiel des Ganzen sich ergebende Funktion erfüllenden Individuen und Gruppen, nicht unabhängige Affekte und Vorstellungen liegen den Institutionen zugrunde, die für Recht und Unrecht entscheidend sind. Das Ganze, in dem freilich auch das der Gesellschaft gegenüber Freie und Selbständige sich meldet und abarbeitet, erzeugt Kultur und Massenkultur, von seinem Zustand hängt der Zustand der Sprache, ja aller geistigen Bereiche ab, wie die Entfaltung der Organe,

---

[8]) Arthur Schopenhauer, Die Welt als Wille und Vorstellung, a.a.O., I, § 58, S. 380.

sie zu erfahren und weiterzubringen, es bewirkt die Steigerung der Technik und die höhere Lebenserwartung, die notwendige Produktion von Maschinen und Konsumgut, wie deren irrationale Gewalt. Das übermenschliche soziale Wesen wird von den Menschen erzeugt; ohne ihre Aktivität und gegen ihren Willen vermöchte es nichts, es ist nur stark durch ihre Kraft und wirkt doch auf alle Einzelnen zurück.

Wie wenig die psychologischen Gesetze aus dem Gesellschaftlichen abzuleiten sind — solche Versuche pflegen in Flachheit zu verlaufen —, so wenig folgen die gesellschaftlichen aus dem Psychologischen. Das Ineinanderspiel der beiden, wie das von Individuum und Gesellschaft, ist in jeder Epoche, ja in jedem geschichtlichen Augenblick verschieden. Wenn auch die psychischen Mechanismen in allen Individuen, isoliert genommen, dieselben sind, so wirken sie anders im je verschiedenen Ganzen. Jede Generallösung bleibt abstrakt, auch die pessimistische, nicht zuletzt deshalb, weil nicht bloß die Praxis von der Wahrheit abhängt, sondern auch die Wahrheit vom Handeln der Menschen. Das meint die Lehre vom Primat der praktischen Vernunft bei Kant. Vor seinem Erbe, das in Schopenhauers Philosophie überall bewahrt ist, hält der Psychologismus so wenig stand wie der soziale Universalismus jeder Art.

M. H.

Die Aktualität Schopenhauers

Arthur Schopenhauer hat den Ruhm nicht weniger distanziert betrachtet als die Mehrzahl der Denker, denen er schließlich zuteil geworden ist. Öffentliche Anerkennung flößte ihm so wenig Achtung ein, daß er den Wert der ihm so lang versagten vor sich selbst und anderen nicht einmal verkleinern mußte. Er konnte die Anzeichen künftiger Verehrung genießen, ja sich verführen lassen, dem optimistischen Urteil Senecas beizustimmen, nach dem der Ruhm unfehlbar dem Verdienst folgt. Welche Achtung vor dem Weltlauf! Nur an wenigen Stellen hat der Philosoph soviel Vertrauen in das Urteil einer Menschheit gesetzt, deren kulturellen Niedergang er doch prophetisch für plausibler als ihren Fortschritt hielt. Als ob es Gewißheit geben könnte, daß unter den Vergessenen keine der Größten wären. Hat doch kaum eine Zeit wie die gegenwärtige die Universalität des Vergessens dargetan. Trotz der unendlich verfeinerten Instrumente der Wahrnehmung und ihrer Übermittlung, ja wegen ihr, sind von den Namen derer, die allein in diesem Land dem Unheil mit ihrem Leben Einhalt zu gebieten suchten, nur ganz Wenige im Gedächtnis bewahrt, von den aufgezeichneten Gedanken ganz zu schweigen. Sie sind nicht kleiner als ihre Vorgänger, an deren Namen Ruhm sich heftete. Sie sind hinunter. Für Schopenhauer aber war die Gerechtigkeit der Nachwelt durch die sonst verhaßte Geschichte gleichsam garantiert. Sie ist sein Heimweh, seine Utopie. Nietzsche, sein Nachfolger, hat sich nicht beirren lassen. »Ich will keine Gläubigen«, heißt es im »Ecce Homo«: »ich habe eine erschreckliche Angst davor, daß man mich eines Tages heilig spricht: man wird erraten, weshalb ich dieses Buch vorher herausgebe, es soll verhüten, daß man Unfug mit mir treibt.«[1]) Er hat die Führer in die herrliche Zukunft, die Marktschreier der Herrenrasse vorausgeahnt. Verhüten jedoch konnte er gar nichts. Ihm ist nur offenbar geworden, daß der Ruhm so schmachvoll ist, wie die öffentliche Meinung, die ihn zuerkennt. Im Hinblick auf die Mitlebenden, die Zeitgemäßheit in der eigenen Gegenwart, stimmt Schopenhauer mit dem Autor der »Unzeitgemäßen« überein. Daß man seine Zeitgenossen, nebst ihren Meinungen, Ansichten und daraus entspringendem Tadel und Lob, für gar nichts achtet, ist eine Haupt-

---

[1]) Friedrich Nietzsche, Gesammelte Werke (Musarion-Ausgabe), München 1928, Bd. XXI, S. 276.

bedingung von Größe, heißt es in den Parerga[2]). Zeitgemäß in diesem Sinne ist, was auf Grund des Zusammenspiels der materiellen, der relativ ursprünglichen und der manipulierten, der verborgenen und eingestandenen Interessen gerade Geltung besitzt. Die Wahrheit selber dagegen steckt, nach Demokrit, tief drunten im Brunnen, und nach Schopenhauer schlägt man ihr auf die Finger, sobald sie heraus will. Jedenfalls hat sie, der Allegorie Voltaires zufolge, je nach dem Stand der Dinge, sich immer wieder dort verbergen müssen. Das zeitgemäße Schrifttum, sei es aus Instinkt oder Routine im Hinblick auf den Markt konzipiert, dient dem Betrieb. Selbst der Gedanke, der das Andere meint, wird angeeignet, mit hineingenommen, entgiftet. Der gelenkte Verbrauch von Konsum- und Kulturgütern in der Hochkonjunktur ist allem gewachsen. Die späte Phase der Gesellschaft, darin der untergehenden Antike ähnlich, ist in allem Kulturellen zugleich raffiniert und anspruchslos, bescheiden und unersättlich. Noch die Kritik, die negative Kunst, den Widerstand, vermag sie als ihr Ornament sich anzueignen. Je weniger Aussicht die historische Situation gewährt, daß aus den großen Werken ein Funke ins menschliche Handeln überspringt, desto unbehinderter können sie erscheinen; je mehr der Fleiß der Gelehrten an ihnen sich zu schaffen macht, desto weniger üben sie eine adäquate Wirkung aus.

Solcher Zeitgemäßheit, gegen die es nicht gefeit ist, hat Schopenhauers Werk trotz allem besser sich entziehen können als das anderer großer Philosophen, wahrscheinlich weil es so wenig zur Ertüchtigung, selbst der akademischen, sich eignet. Es mißachtet allzu viele Lieblingsideen der Bildungsangestellten, fordert weder die Entscheidung, noch den Einsatz, noch den Mut zum Sein. Der niedere Preis, den die Gesellschaft für die Hüter des Geistes ausgibt, wird bei ihm durch kein Bewußtsein eines Amtes wettgemacht, das die anderen Gewerbe angeblich überragen soll. In seinem Werk wird nichts versprochen. Weder im Himmel noch auf Erden, weder für entwickelte noch für unterentwickelte Völker hält es jene völkische Größe bereit, der die Führer jeder politischen und jeder Hautfärbung ihre Gläubigen entgegenführen wollen. Der scheinbar trostreiche Titel »Von der Unzerstörbarkeit unseres wahren Wesens durch den Tod« kündigt ein Kapitel an, das Verzweiflung eher denn Beruhigung bringt. Sein Gedanke eignet sich kaum dazu, unter den Lehrmeistern der öffentlichen Meinung Freunde zu gewinnen, es sei denn durch das Moment der Versagung, das

---

[2]) Arthur Schopenhauer, Sämtliche Werke, herausgegeben von E. Grisebach, Leipzig o. J., Bd. V, § 57, S. 94.

in der Darstellung der notwendigen Härte des Bestehenden ihm selber anzuhaften scheint. Das Negative ist jedoch bei ihm so wenig in den Schein des Sinnes eingekleidet, daß es zur Resignation und Einordnung nur schwer zu führen vermag. Dabei war Schopenhauers Blick zu hell, als daß er Besserung von der Geschichte ausgeschlossen hätte. Ersetzung des weitaus größten Teils der Handarbeit, der schweren körperlichen Arbeit zumal, hat er wohl vorausgesehen, präziser als die meisten Nationalökonomen seiner Zeit. Nur ahnte er, was aus solcher Änderung sich ergeben werde. Wenn er die technische, wirtschaftliche, soziale Besserung bedachte, so hat er ihre Konsequenzen, die blinde Hingabe ans Fortkommen, den Rückschlag auf den friedlichen Gang der Dinge, ich möchte sagen, die Dialektik solchen Fortschritts, seit Anfang erkannt. Einem Teil der linken Hegelianer, die ihrem Lehrer darin widersprachen, nicht unähnlich, hat er den Gedanken der Göttlichkeit des Staates entschieden abgelehnt. Nach Schopenhauer ist der gute Staat nichts anderes als der Inbegriff des wohlverstandenen Egoismus, der durch Sanktionen die Individuen voreinander und seine Bürger vor anderen Staaten schützt. Der Staat ist keine moralische Anstalt, er beruht auf der Gewalt. »Die Menschheit auf der höchsten Stufe«, so meint Schopenhauer, der mit den Begründern des Sozialismus hier zusammenstimmt, »bedürfte keines Staates.«[3] Aber daß es dahin kommt, hat er nicht in Aussicht gestellt. Er hat nichts vergottet, weder den Staat noch die Technik. Die Entfaltung des Intellekts beruht auf der des Bedürfnisses. Die größten Förderer der Wissenschaften waren Hunger, Machttrieb und der Krieg. Die idealistische Fabel von der List der Vernunft, durch die das Grauen der Vergangenheit mittels des guten Endes beschönigt wird, plaudert die Wahrheit aus, daß an den Triumphen der Gesellschaft Blut und Elend haftet. Der Rest ist Ideologie.

In den hundert Jahren seit Schopenhauers Tod hat die Geschichte eingestanden, daß er ihr ins Herz gesehen hat. Existierte bei aller Ungerechtigkeit im Innern der Staaten um die Mitte des letzten Jahrhunderts noch so etwas wie europäische Solidarität, eine Art urbanen Umgangs zwischen den Nationen, Behutsamkeit, ja selbst Respekt der großen vor den kleinen Staaten, so hat seit seinem Tod die neue Phase eingesetzt. Es war der Fortschritt vom Gleichgewicht der Mächte, der balance of power, zur rücksichtslosen Konkurrenz der Völker. Nach der kriegerischen Einigung der jüngsten europäischen Nationalstaaten durch die Kunst Cavours und Bismarcks entstand aus dem Konzert der Nationen das trügerische Gleich-

---

[3] Schopenhauer, Handschriftlicher Nachlaß, a.a.O., Bd. III, S. 32 f.

gewicht der beiden Blöcke, des Dreibunds und der Entente Cordiale. Die jungen Mächte wollten, ja sie mußten es den alten nachtun und womöglich alle überflügeln. In der verschärften Konkurrenz wurde die Technik vorangetrieben und das Wettrüsten aufgenommen. Herrscher und Minister trugen Uniform. Das notwendige Ergebnis der Anarchie der Völker und des Rüstens war die Ära der Weltkriege und am Ende das durch sie hervorgerufene Rasen aller Völkerstämme in der Welt nach eigener Macht. Das hat Schopenhauer diagnostiziert. Das Ringen zwischen Individuen und zwischen gesellschaftlichen Gruppen, Konkurrenz und Konzentration im Innern werden durch Konkurrenz und Konzentration im Äußeren ergänzt und übertönt. Um was es geht, ist in Schopenhauers Lehre dargestellt. Materielles Interesse, Streben nach Dasein, Wohlsein und Macht bilden den Motor, Geschichte das Resultat. Schopenhauer hat die Erfahrung des Entsetzens, des Unrechts, selbst in den Ländern, die am menschlichsten verwaltet sind, nicht philosophisch rationalisiert. Er hat vor der Geschichte Angt gehabt. Gewaltsame politische Veränderung, die in der neueren Zeit mit Hilfe nationalistischer Begeisterung sich zu vollziehen pflegt, war ihm zuwider. Da er den kranken Absolutismus nicht in seiner akuten Phase mit Tortur und Ketzerverfolgung, Scheiterhaufen und anderen Arten qualifizierter Hinrichtung erlebte, war er an einer Änderung des Systems nicht interessiert. Lieber wollte er, wie es im West-Östlichen Diwan heißt, »mit Gescheiten, mit Tyrannen« konservieren, als mit Demagogen und fanatisierten Massen zur Diktatur der Volksgemeinschaft aufbrechen. Er haßte die »Paulskirchen-Kerle«, wie er die Patrioten nannte, und sein Haß ist bis ans Lebensende nicht verraucht. Unmittelbar entspringt er seiner durch den Aufstand scheinbar bedrohten wirtschaftlichen Unabhängigkeit, mittelbar und theoretisch gilt er dem Nationalismus, dem anbrechenden nationalistischen Zeitalter überhaupt. Der Einheitsfanatismus wie die Gewalt, die in ihm sich meldete, haben ihn abgestoßen. Er litt am Goetheschen Mangel an Begeisterung bei den Befreiungskriegen, wie an der Hegelschen Angst vor der Französischen Revolution von 1830. Offenherzig berichtet eine englische Hegel-Biographie: »The Revolution of 1830 was a great blow to him, and the prospect of democratic advances almost made him ill.«[4] Die großen Aufklärer waren behutsam, wenn es um die Volksgemeinschaft als den höchsten Wert zu tun war. Lessing hat einmal geraten, man solle lernen, wo der Patriotismus aufhört, eine Tugend zu sein.

---

[4] William Wallace, in: Encyclopedia Britannia 1911, Bd. XIII, S. 203.

Die Nation war die Parole, mit der die neuen, dem Absolutismus feindlichen Kräfte das Volk in Bewegung setzten. Schopenhauer hat es den Deutschen, die es freilich später eifrig nachholten, zum Verdienst angerechnet, daß sie im allgemeinen nicht wie die Engländer von damals dem Nationalstolz huldigten, der eine Kritik an »der stupiden und degradierenden Bigotterie« seiner Nation nur ein einziges Mal in fünfzig Fällen anzunehmen gewillt sei [5]), und er erschrak, als er mit jener Demagogie, jenem »Spiel hinterlistiger Gauner« [6]), in Deutschland zusammentraf. Seit Jahrhunderten hatten die Denker die Massensuggestion und das mit ihr identische Gegenteil, die Unansprechbarkeit verführter Massen, die Grausamkeit der zu kurz Gekommenen als Resultat der Herrschaft denunziert. Der Nationalstolz wie der des Einzelnen ist leicht verletzt, auch wenn die Wunde lange Zeit nicht sichtbar wird. Die Rache, die dann folgt, ist blind und verheerend. Einmal war Fanatismus verzerrte, falsch verstandene Religion. Seit St. Just und Robespierre hat er die Form des übersteigerten Nationalismus angenommen. Als Rationalisierung trüber Instinkte ist es bequem, ihn zu aktualisieren, wann immer es nicht gut geht und eine starke Macht es will. Wenn in einem bedrohten historischen Moment die Herrschenden verschiedenster Observanz der Unzufriedenheit nichts anderes mehr bieten können, lassen sie gerne die Einpeitscher nationalistischer Gemeinschaft, des Trugbilds der Utopie, gewähren und speisen ihre Völker mit dem Zuckerbrot der Grausamkeit. Da Historiker nicht mit Unrecht der Verallgemeinerung mißtrauen und mehr die Differenz als, wie Schopenhauer, die Ähnlichkeit der Herrschaftssysteme und sozialpsychologischen Mechanismen bedenken, ist die Schreckensherrschaft, die in Europa mitten im zwanzigsten Jahrhundert ausbrach, wie ein Zufall, eine Katastrophe ohne Vorgeschichte erschienen. Wer zu Schopenhauers Zeit, ja um die Jahrhundertwende, es gewagt hätte, die Geschichte bis zum gegenwärtigen Augenblick vorauszusagen, wäre gewiß als blinder Pessimist verschrien worden. Schopenhauer war ein — hellsichtiger Pessimist.

Daß er vor der Begeisterung des beginnenden Nationalismus sich gefürchtet hat, ist ein Zeichen seiner Zeitgemäßheit: durch den Zeitgeist unbestechlich zu sein. Er hat die Weltgeschichte mißtrauisch angesehen und sie als »das Unveränderliche und immerdar Bleibende« [7]), eigentlich das Nichtgeschichtliche denunziert. Dabei hat er die Variationen des sozialen Unrechts nicht übersehen, das den verschiedenen Epochen eigen war und die

---

[5]) Schopenhauer, Sämtliche Werke, a.a.O., Bd. IV, S. 404.
[6]) Schopenhauer, a.a.O., Bd. V, § 126, S. 256.
[7]) Schopenhauer, a.a.O., Bd. II, S. 520.

Mehrzahl der Bevölkerung zu proletarii oder zu servi gestempelt hat. Zwischen beiden, der Armut und der Sklaverei, heißt es in den Parerga, »ist der Fundamentalunterschied, daß Sklaven ihren Ursprung der Gewalt, Arme der List zuzuschreiben haben«[8]). Der verkehrte Zustand der Gesellschaft, heißt es dort weiter, »der allgemeine Kampf, um dem Elend zu entgehen, die so viel Leben kostende Seefahrt, das verwickelte Handelsinteresse und endlich die Kriege, zu welchen das Alles Anlaß gibt«, hat die Gier nach jenem Überfluß zum Grund, der noch nicht einmal glücklich macht, und umgekehrt läßt sich solche Barbarei nicht abstellen, denn sie ist die andere Seite der Verfeinerung, ein Moment der Zivilisation. Hinter der soziologischen Erkenntnis seiner Zeit ist er nicht zurückgeblieben, er war der Aufklärung treu[9]).

Schopenhauers Urteil über die geschichtliche Situation gründet in seiner theoretischen Philosophie. Unter den europäischen Philosophen hat er Platon und Kant als seine Vorgänger bezeichnet. Was sie im Hinblick auf ihn gemeinsam haben, ist die Kluft zwischen dem Wesen der Dinge, dem, was an sich ist, und der Welt, in der die Menschen sich bewegen. Was sie wahrnehmen, was ihnen auffällt, wie sie alles sehen, hängt von ihrem intellektuellen Apparat und ihren Sinnen ab, diese von den Bedingungen ihrer biologischen und gesellschaftlichen Existenz. Wenn schon eine Landschaft dem Bauern, der die Fruchtbarkeit beurteilt, dem Jäger, der nach Wild sucht, dem Flüchtigen, der sich verbergen muß, dem Piloten, der zur Notlandung gezwungen ist, dem Wanderer, dem Maler, dem Strategen sich verschieden darstellt, und erst recht den Angehörigen verschiedener Kulturen überhaupt, so wird dem Tier, dem zahmen und dem wilden, dem Vogel, der Mücke sich das Ganze verschieden strukturieren, nicht bloß der Farbe, dem Ton und dem Geruch sondern der räumlichen Gestalt und den Zusammenhängen nach. Wie die Dinge in Raum und Zeit durchs wahrnehmende Subjekt bedingt sind, so Raum und Zeit selber, sie sind gleichsam die Brille, die jeder trägt, der sehen, hören und fühlen kann. Wenn — wie einmal Pascal sagt — dem Wesen in einer unendlich kleinen, von uns gar nicht wahrnehmbaren mikroskopischen Welt, in einer unserer Sekunden Jahrtausende verfließen mögen, so könnte einem überirdischen Wesen ein menschliches Jahrtausend wie ein Augenblick erscheinen. Erfahrungsmäßige wissenschaftliche Erkenntnis, wie sie fürs Fortkommen entscheidend ist, die technischen Wunderwerke, die aus Beobachtung entspringen und das Leben zu verlängern oder abzukürzen vermögen, sind daher

---
[8]) Schopenhauer, a.a.O., Bd. V, § 125, S. 253.
[9]) Vgl. Schopenhauer und die Gesellschaft, S. 114 f.

nicht die Wahrheit, sondern erst ihr Schein. Platon und Kant haben das Verhältnis beider Sphären, des Wesens und der Erscheinung, verschieden dargestellt. Jenem galt die Wahrheit als ein Reich gegliederter Begriffe, und die Dinge waren ihr nichtiges Abbild. Kant lehrte, daß vom Ding an sich, das heißt dem Sein, wie es ohne menschliche oder tierische Perspektive in Ewigkeit besteht, den Subjekten der Stoff für die Erkenntnis geliefert wird, die sinnlichen Tatsachen, aus denen der Verstand mit seinen ordnenden Funktionen die einheitliche Welt hervorbringt, wie die Maschine aus dem Rohstoff das Produkt. Der Konzeption der transzendentalen Apperzeption mit ihren Vermögen und Behältern, sozusagen der Zentrale des Verstandes, hat die Leitung der Manufaktur, der Unternehmung zum Vorbild gedient. Mittels des Verstandes wird aus dem Fließen von Empfindungen ein begrifflich Festes hergestellt, wie die Ware im Betrieb. Über die Ordnungsfunktionen, die Kategorien, hinaus liegen, gleichsam als die Arbeitsziele, im menschlichen Denken die Ideen von Freiheit, Ewigkeit, Gerechtigkeit, die dem Verstand die Richtung weisen. Daß sie in der Vernunft sich finden, ja sie in gewissem Sinne ausmachen, bildet für Kant den Grund zur Hoffnung, daß Erkenntnis und mit ihr das zu erkennende Geschehen im Unendlichen die Wahrheit erreicht, und daß die Wahrheit nicht bloß Mittel, sondern die Erfüllung sei.

Die unmittelbare Vorgeschichte von Kants subtiler Rettung der Utopie bilden auf dem Kontinent die rationalistischen Systeme. Sie könnten als eine Reihe von Versuchen angesehen werden, die Vollkommenheit des ewigen Seins gegen den Ansturm der die Erscheinung durchforschenden neuen Wissenschaft zu retten, als der Kampf fast aussichtslos geworden war. Nach dem Ende der Scholastik haben sie ihn mit den Mitteln bürgerlicher Vernunft im siebzehnten Jahrhundert fortgeführt. Die eingeborenen Begriffe, aus denen sie ihr System entfalteten, halten die Mitte zwischen den Ideen Platons und den kategorialen Funktionen Kants. Sie beanspruchen Evidenz, und Evidenz soll nun die gute, in sich ruhende Wahrheit gegenüber dem Wechsel in der fruchtbaren Realität verbürgen, die seit dem sechzehnten Jahrhundert, seit den überseeischen Entdeckungen, von sozialen Umwälzungen und den durch sie bedingten Religionskriegen gezeichnet war. Das Bedürfnis nach einem Positiven, Bleibenden als dem Sinn in allem Wechsel war der Motor der Philosophie. Platon hatte, trotz Methexis, Wesen und Erscheinung unversöhnt gelassen, die Ideen waren alles, die vergänglichen Dinge nichts. Seit dem Christentum bedurfte es der Rechtfertigung der Welt, sei es durch den Glauben, sei es durch den Begriff.

Der Rationalismus wurde von der szientifischen Denkungsart unterhöhlt. Aus England importiert, wo dank der Ausbreitung des Handels und der Selbstverwaltung der Kommunen die Bürger in die Wirklichkeit in langem Prozeß hineingewachsen waren, wo politisches Bewußtsein im Einklang mit dem religiösen als eine Art Resignation sich bildete, wo Konvention zur religiösen und Religion zur bürgerlichen Sache wurde, war das Ansehen abstrakter, den Tatsachen enthobener Begriffe längst geschwunden. Der Begriffsrealismus hatte dem Nominalismus Platz gemacht, den Tatsachen wurde ihr Recht, und die Begriffe waren bloße Namen. Die Magna Charta galt in der Erkenntnistheorie. Die empiristische Philosophie und die ihr zugehörige Gesinnung hatte ohne große Reibung sich eingebürgert. Auf dem Kontinent geschah die Änderung als Bruch. Die Ordnung, die schon an der Zeit war, ist hier erst spät verwirklicht worden, und was nicht eintritt, wenn es an der Zeit ist, kommt mit Schrecken. Empirismus und der ihm verwandte Materialismus bedeuteten Kritik, nicht bloß an der herrschenden Philosophie und der von ihr verkündeten ursprünglichen Vollkommenheit der Dinge, sondern an den Zuständen der Welt, der sozialen und politischen Realität. An der Stelle des alten entstand ein neues Jenseits, die vernünftige Gesellschaft in der Welt. Wie von Augustin bis Bossuet die Geschichte einst als Fortschritt, als Heilsgeschichte begriffen wurde, mit dem messianischen Reich als notwendigem Ziel, so galt für Holbach, Condorcet, ins Säkulare übersetzt, die soziale Geschichte als der Weg zur irdischen Erfüllung. Der Dualismus war erhalten, die bessere, zukünftige Welt bildete den Sinn, an dem die Menschen sich zu orientieren hatten. Der Empirismus der kontinentalen Aufklärung hatte mit dem Rationalismus, den er ablöste, das eine gemein, daß das Bild der Zukunft durch Begriffe umrissen war, die der empirischen Bestätigung entraten konnten und gleichsam eingeboren waren: Freiheit, Gleichheit vor dem Gesetz, der Schutz des Einzelnen, das Eigentum. Die übrigen, die Tatsachen transzendierenden Gedanken, vor allem die der positiven Theologie, verfielen der empirisch-sensualistischen Kritik.

Schopenhauers umwälzende philosophische Leistung liegt vor allem darin, daß er den ursprünglichen Dualismus, wie er bis zu Kant das Grundmotiv gebildet hat, dem reinen Empirismus gegenüber festgehalten und doch die Welt an sich, das eigentliche Wesen, nicht vergottet hat. Seit dem großen Schüler Platons, Aristoteles, hat das europäische Denken an dem Grundsatz festgehalten, daß ein Wesen, je realer, je wirklicher, je fester und ewiger es sei, desto größere Güte und Vollkommenheit besäße. Ich weiß von keinem philosophischen Dogma, das so allgemeine Geltung hatte wie eben dies. Nach dem Realsten, An-sich-Seienden sollten die Menschen sich richten. Vom Ewigen leitete die Philosophie Sinn und Vorschrift für das vergängliche Leben her, und ausdrücklich oder insgeheim war damit die Befriedung alles Strebens, die Belohnung des Guten gesetzt. Mit dem Allerrealsten, Besten und Mächtigsten in Einklang zu sein, konnte nur Gutes bringen. Die Philosophen suchten die Hoffnung zeitgemäßer, nämlich in menschlicher Vernunft, zu begründen, die einst in der Autorität der Väter und der Offenbarung ihre Stütze hatte. Das ist die philosophische Überzeugung und zugleich die Funktion der Philosophie, mit der Schopenhauer gebrochen hat. Das allerhöchste, allerrealste Sein, das metaphysische Wesen, auf das die Philosophen aus der wechselnden Welt der seienden Dinge den Blick richten, ist nicht zugleich auch das Gute. Die Grade der Realität sind nicht Grade der Vollkommenheit. Der Blick aufs positiv Unendliche, aufs Unbedingte lehrt nicht, was man tun soll; es ist unmöglich, sich auf die Autorität des Seins zu berufen, wenn man zu einer anständigen Handlung hinführen will. Das wahre Wesen, das allen Dingen draußen zugrunde liegt, das Ding an sich im Gegensatz zur Erscheinung, kann jeder in sich selber entdecken, wenn er nur klar genug in sich hineinsieht, wenn er das Fazit aus den Erfahrungen mit seiner eigenen Natur zu ziehen weiß. Es ist der unstillbare, nach jeder Sättigung sich wieder regende Drang nach Wohlsein und Genuß. Darin, und nicht in den Gründen, die der Intellekt jeweils für solches Streben findet, besteht die unaustilgbare Realität des Lebendigen wie alles Daseins überhaupt. Der Intellekt, von solcher Rationalisierung, mit der die Einzelnen, die Interessengruppen und die Völker ihre Forderungen vor sich und anderen den je geltenden Moralvorschriften zu akkommodieren suchen, dient als Waffe in der Auseinandersetzung mit der Natur und den Menschen. Er ist Funktion des Lebenskampfes in den Individuen wie der Gattung, entzündet sich am Widerstand und schwindet mit ihm. Durch seine Lehre vom Bewußtsein als kleinem Teil der Psyche, der er zum Werkzeug dienen muß, hat Schopenhauer die Grundanschauung der modernen Psychoanalyse vorweggenommen, von den vielen einzelnen Beobachtungen in der normalen und pathologischen Seelenlehre ganz abgesehen. Der Grund ist die stets fließende Reizquelle, der unstillbare Wille. Nach jedem Atemzug ist die Stille schon Bedürfnis nach dem folgenden, und in jedem Augenblick, in dem es nicht befriedigt wird, wächst die Not und das Bewußtsein, bis es erlischt. Der Atem steht für das Leben. Nicht anders ist es mit Essen und Trinken bestellt; wer davon abgeschnitten ist, muß danach ringen, und je höher das Lebewesen in der Stufenreihe, desto raffinierter, desto unersättlicher wird der Kampf. Not und endloses Streben, immer neu entzündet, bilden den Inhalt der Geschichte und bestimmen das Verhältnis des Menschen zur Natur. Wäre die Luft nicht frei, sondern durch Arbeit produziert, die Menschen kämpften um sie wie um Landstrecken, und sie könnten nicht anders. Heute sieht es schon so aus, als ob sie wirklich um die Luft noch kämpfen müßten. Wenn es einen Zeitabschnitt gibt, der Schopenhauers Konzeption zu bestätigen geeignet war, so war es der seit jener Wende zum zwanzigsten Jahrhundert, an der man am gewissesten auf den Fortschritt sich verlassen hat. — Das Gute ist für Schopenhauer viel mehr das Ephemere, der Gedanke und der Schein, als das, was immer sich reproduziert.

Trotzdem hat er sich zum achtzehnten Jahrhundert bekannt. Mit Bitterkeit gegen den auch heute an Schulen und Universitäten verbreiteten Tiefsinn der »Spaßphilosophen«[10]), welche »die größten Männer des vorigen Jahrhundert, Voltaire, Rousseau, Locke, Hume ... diese Heroen, diese Zierden und Wohltäter der Menschheit« verunglimpften, hat er beklagt, daß das ehrwürdige Wort »Aufklärung ... eine Art Schimpfwort geworden ist«[11]). Zutiefst identifizierte er sich mit dem Kampf gegen Aberglauben, Intoleranz und rationalistischen Dogmatismus. Was ihm an der Aufklärung noch verdächtig, ja widersinnig erschien, war die Ineinssetzung des heute oder in Zukunft mächtigen Daseins oder gar der blutigen Geschichte mit dem, was sein soll. Noch die Anerkennung einer künftigen Menschheit, die sich nicht gegenseitig auszurotten sucht, als Inbegriff des Guten, scheint ihm kein Ausgleich. Wenn jedoch selbst die Verkünder der säkularen Heilsgeschichte auf ihn sich nicht berufen können, so erst recht nicht die Verteidiger dessen, was ist. Schopenhauer hat die Solidarität mit dem Leid, die Gemeinschaft der im Universum verlassenen Menschen, entgegen der Theologie, der Metaphysik, sowie der positiven Geschichtsphilosophie jeder Art, der philosophischen Sanktionierung beraubt, aber darum keineswegs der Härte das Wort geredet. So lange es auf der Erde Hunger und Elend gibt, hat der, der sehen kann, keine Ruhe. »Einen heroischen Lebenslauf« heißt es in den Parerga[12]), und Nietzsche hat es in den »Unzeitgemäßen« begeistert zitiert, »führt der, welcher, in irgendeiner Art und Angelegenheit, für das allen irgendwie zugute-Kommende mit übergroßen Schwierigkeiten kämpft und am Ende siegt, dabei aber

---

[10]) Schopenhauer, a.a.O., Bd. III, S. 218.
[11]) a.a.O., S. 216.
[12]) Schopenhauer, a.a.O., Bd. V, § 172 bis, S. 337.

schlecht oder gar nicht belohnt wird.«[13]) Je heller der Gedanke ist, desto mehr treibt er zur Abschaffung des Elends, und doch ist die Versicherung, das sei der letzte Sinn des Daseins, das Ende der Vorgeschichte, der Beginn der Vernunft nichts als eine liebenswerte Illusion. Das heroische, schließlich das heilige Leben, ohne Ideologie, ist die Konsequenz des Mitleids, der Mitfreude, des Lebens in den Anderen; die Einsichtigen können es nicht lassen, gegen den Schrecken zu kämpfen, bis sie hinübergehen. Der berühmte Gedanke, nach welchem die Selbstpreisgabe zur Aufhebung des egoistischen Willens in den moralisch großen Individuen zum Heraustreten aus dem Kreis der Wiedergeburten führt, hat nichts mit positiver Seligkeit zu tun. Noch das Glück ist negativ. Noch das letzte utopische Asyl, das der größte deutsche Aufklärer, sein Lehrer Kant, gewähren wollte, der geschichtliche Endzweck, den die Menschengeschichte erfüllen soll, oder gar die Eudämonie im Begriff des »höchsten Guts« gilt Schopenhauer angesichts des Grauens dieser Erde als rationalistische Täuschung. Der aufklärerische Gedanke bedarf seiner nicht.

Auch der klassische Idealismus der Nachfolger Kants — darin sind sie Schopenhauer verwandt — hat die Utopie im Grunde preisgegeben. Der Gegensatz der Welt und dessen, was sie sein soll, gilt ihnen als überwunden, wenn er im Gedanken aufgehoben ist. Nur in der verdünnten Form des vergöttlichten Subjekts überlebt die Utopie. Die erscheinende Welt ist nicht mehr die von Menschen produzierte, konstituierte wie bei Kant, sondern, bei Fichte, Resultat der freischwebenden Tathandlung oder, bei Schelling, des sich selbst bestätigenden Urseins. Das Ding an sich wird mit dem Subjekt ineinsgesetzt, doch nicht als Negativum, sondern als das positive Unbedingte. Hegel hat es als den lebendigen Begriff gesehen, die unendliche Bewegung, in welcher der Gegensatz von Sache und Gedanke sich als bedingt erweist. Aber der Schopenhauer so verhaßte Hegel ist ihm nicht so fern. Das Leben des Begriffs, des Hegelschen Absoluten, ist der Widerspruch, das Negative und der Schmerz. Was bei Hegel Begriff heißt, das System der auseinander sich ergebenden geistigen Bestimmungen, die in ewiger Bewegung sind, ist nichts anderes als das Entstehen und Vergehen dessen, was es begreift. Die große Leistung von Hegels Philosophie besteht gerade darin, daß der Begriff nicht außerhalb und unabhängig von dem Verschwindenden existiert, das in ihm festgehalten wird. Der Trost, den sein »ruchloser Optimismus« zu spenden vermag, bleibt letzten Endes die Einsicht in die notwendige Verflechtung der Begriffe zum Gan-

---

[13]) Nietzsche, a.a.O., 1922, Bd. VII, S. 76 f.

zen, jener brüchigen Einheit, die System heißt. Das Wiedererkennen der logischen Strukturen in Natur und Menschenwelt, auf das es bei Hegel in der Lehre von Natur und objektivem Geist ankommt, ist der ästhetischen und philosophischen Kontemplation bei Schopenhauer keineswegs so fern, wie es ihm selbst geschienen hat. Hegel spricht von der substantiellen Bestimmung, vom absoluten Endzweck der Weltgeschichte; sie läuft letzten Endes auf den absoluten Geist, das philosophische System hinaus, die bloße Einsicht in das Ganze. Vom realen Gang der Geschichte jedoch heißt es: »Wenn wir dieses Schauspiel der Leidenschaften betrachten und die Folgen ihrer Gewalttätigkeit, des Unverstandes erblicken, der sich nicht nur zu ihnen, sondern selbst auch, und sogar vornehmlich zu dem, was gute Absichten, rechtliche Zwecke sind, gesellt, wenn wir daraus das Übel, das Böse, den Untergang der blühendsten Reiche, die der Menschengeist hervorgebracht hat, sehen; so können wir nur mit Trauer über diese Vergänglichkeit überhaupt erfüllt werden, und indem dieses Untergehen nicht nur ein Werk der Natur, sondern des Willens der Menschen ist, mit einer moralischen Betrübnis, mit einer Empörung des guten Geistes, wenn ein solcher in uns ist, über solches Schauspiel enden.«[14]
Das Untergehen und das Bestehen, das Sterben des Besonderen, das Sein des Allgemeinen sind Eins. Vom positiven Pathos Fichtes und gar der Anweisung zum seligen Leben, das freilich auch beim Autor der »Reden an die deutsche Nation« schon jeden eudämonistischen Reiz verloren hatte, ist Hegel fern. Die Nuance, um die Schopenhauer in der Auflösung des falschen Trostes weiter geht als Hegel, liegt in seiner Weigerung, die Konsistenz des die Welt umspannenden Systems und damit die Entwicklung der Menschheit bis zu dem Zustand, auf dem solche philosophische Einsicht möglich wird, als Grund dafür anzuerkennen, das Sein zu vergotten. Auch das gesellschaftliche Ganze, die Institutionen, in denen der Geist zu sich selber kommt, wie in der Kunst und Philosophie, müssen zugrunde gehen. Der absolute Geist haftet am objektiven und subjektiven Geist der Völker, und sie erleiden das Schicksal der Vergänglichkeit. Die Versöhnung, die Identität der Gegensätze, die der Gedanke erreicht, ist nicht die wirkliche Versöhnung, ob sie sich im gegenwärtigen oder im zukünftigen Zustand der Menschheit ereignet. Die geniale Gewalt, mit der Hegel, der letzte große Systematiker der Philosophie, die Positivität des Absoluten gerettet hat, indem er die Qual und den Tod in es hineinnahm, scheitert an

---

[14] Hegel, Sämtliche Werke, herausgegeben von H. Glockner, Stuttgart 1949, Bd. XI, Vorlesungen über die Philosophie der Geschichte, S. 48 f.

dem Umstand, daß die Einsicht trotz allem ans lebendige Subjekt gebunden ist und mit ihm untergeht.

Beim Durchdenken der Lehre Hegels wird offenbar, daß die Positivität, die ihn von Schopenhauer unterscheidet, letztlich nicht bestehen kann. Das Scheitern des logisch bündigen Systems in seiner höchsten Form bei Hegel bedeutet das logische Ende der Versuche einer philosophischen Rechtfertigung der Welt, das Ende des Anspruchs der Philosophie, es der positiven Theologie nachzutun. Alle beruhen direkt oder indirekt auf dem Gedanken, daß die Welt Werk oder Ausdruck wahren Geistes sei. Wenn sie ihrem Wesen, ihrer eigentlichen Verfassung nach, mit dem Geist dagegen *nicht* notwendig zusammenhängt, schwindet das philosophische Vertrauen in das Sein von Wahrheit überhaupt. Wahrheit ist dann nirgends mehr aufgehoben als in den vergänglichen Menschen selbst und so vergänglich wie sie. Noch das Denken über die Vergänglichkeit verliert den Glanz des Mehr-als-Vergänglichen. Es bleibt der bloße Glaube; der Versuch, ihn zu rationalisieren, war zum Scheitern verurteilt. Luther hatte recht, wenn er Melanchthon gegenüber zögernd war.

Philosophie tendiert dazu, sich aufzuheben. Wer eingedenk der europäischen Tradition, jedoch ohne sich schon vorzugeben, was herauskommen soll, zu philosophieren beginnt, ist vor der Erfahrung nicht sicher, daß seine Unternehmung widersinnig ist. Die durch die Aufklärung hindurchgegangene, bei Schopenhauer von jedem äußerlich gesetzten Dienst befreite Anstrengung zur Wahrheit treibt in seinem Werk in zwingender Logik dahin, daß sich der Begriff der Wahrheit negiert. Aus dem bösen Absoluten, dem blinden Willen als dem Wesen folgt unausweichlich die bedrohliche Antinomie, daß die Affirmation des ewigen, des wahren Seins vor der Wahrheit nicht bestehen kann. Der dem autonomen Denken immanente, es je und je sprengende Widerspruch, den Hegel wie kein anderer wußte und durch sein System zu bändigen versuchte, gehört bereits den frühen von Theologie sich ablösenden Schriften an. In der Gnosis wie der jüdischen und christlichen Mystik bildet er das geheime Motiv. Erst seit Schopenhauer ist er unverkleidet auszusprechen. Wie soll die ewige Wahrheit bestehen können, wenn der Weltgrund böse ist? Schopenhauer hat den Begriff der Wahrheit festgehalten, wenngleich sie zum Negativen ihrer selber führt, sie hat ihm den Entschluß bedeutet, bei keinem Wahn sich zu beruhigen. Ihr Name war ihm eins mit Philosophie. »Wer die Wahrheit liebt, haßt die Götter«, wie es im »Nachlaß« heißt[15]). Was aber wird ohne

---

[15]) Schopenhauer, Handschriftlicher Nachlaß, a.a.O., Bd. IV (Neue Paralipomena), § 431, S. 255.

Götter, ohne den Einen Gott aus der Wahrheit? Von jener im Herzen der Philosophie wohnenden Unstimmigkeit scheint Schopenhauers eigentliche Unruhe, der irritierte Ton des freien, im produktiven Umgang mit der großen europäischen Literatur entfalteten Stils herzurühren, mehr noch als von seinem viel zitierten Naturell, das vielmehr selbst von seiner philosophischen Erfahrung nicht zu trennen ist. Die Metaphysik des unvernünftigen Willens als des Wesens der Welt muß zum Gedanken der Problematik der Wahrheit führen. Sie bildet den Kern von Nietzsches Denken, und auf sie geht der freie Existentialismus zurück, freilich nicht der Scheinexistentialismus, der durch das harmlose Wort vom Transzendieren die positive Metaphysik gleichsam durch eine Hintertüre wieder einführt oder gar wie die Fundamentalontologie die Angst, die Sorge, das Geworfensein, kurz die Sinnlosigkeit selbst durch feierliche Sprache ins Positive verkehrt und damit der oppressiven Realität philosophische Weihe verleiht.

Das Denken Schopenhauers ist unendlich aktuell. Es ist so sehr an der Zeit, daß es der Jugend instinktiv zu eigen ist. Sie weiß vom Widerspruch der autonomen Wahrheit und ist aufs tiefste dadurch irritiert. Philosophie geht ihren Gang nicht jenseits der wirklichen Geschichte. Die jungen Menschen nehmen den Gedanken nicht mehr an, der philosophisch überholt ist. Versucht man, den Widerspruch zu verschweigen oder zu verdecken, in den der Gedanke sich verstricken muß, so werden sie an der Wahrhaftigkeit nicht bloß der Alten irre sondern an der Kultur selber, der sie angehören. Sie steht aus vielen inneren Gründen ohnehin nicht mehr so hoch im Kurs. Technik erspart Erinnerung. Die Jungen haben nur noch wenig Grund, dem Hinweis der Alten auf die ewigen Gebote zu glauben. Sie versuchen, ohne sie auszukommen. An manchen Universitäten in Amerika und selbst in östlichen Ländern hat der logische Positivismus gesiegt und die Philosophie verdrängt. Er nimmt den Gedanken selber für bloße Verrichtung, für ein Geschäft. Zwischen dem Herstellen mathematischer Formeln oder ihrer Anwendung in Technik und Industrie besteht kein grundsätzlicher Unterschied. Der Positivismus stellt den Schluß dar, den das Versagen positiver Philosophie nahelegt. Man braucht mit philosophischer Wahrheit sich nicht abzugeben, weil sie doch nicht existiert. Das ist der Kurzschluß, den Schopenhauers Werk vermeidet. Ihn treibt die Leidenschaft für Wahrheit und, ähnlich wie Spinoza, hat er ihr sein Leben gewidmet, ohne einen Job daraus zu machen. Aber seine Philosophie spricht in Vollendung aus, was die Jugend heute ahnt: daß es keine Macht gibt, bei der die Wahrheit aufgehoben wäre, ja daß sie den Charakter der Machtlosigkeit an sich trägt. Nach ihm ist der Positivismus gegen die Metaphysik im Recht, weil es kein

Unbedingtes gibt, das die Wahrheit verbürgen könnte oder aus dem sie abzuleiten wäre. Die theologische Metaphysik aber ist gegen den Positivismus im Recht, weil jeder Satz der Sprache nicht anders kann, als den unmöglichen Anspruch nicht bloß auf eine erwartete Wirkung, auf Erfolg zu erheben, wie der Positivismus meint, sondern auf Wahrheit im eigentlichen Sinn, gleichviel ob der Sprechende darauf reflektiert. Ohne Gedanken an die Wahrheit und damit an das, was sie verbürgt, ist kein Wissen um ihr Gegenteil, die Verlassenheit der Menschen, um derentwillen die wahre Philosophie kritisch und pessimistisch ist, ja nicht einmal die Trauer, ohne die es kein Glück gibt.

Nach Schopenhauer stellt Philosophie keine praktischen Ziele auf. Sie kritisiert den absoluten Anspruch der Programme, ohne selbst für eines zu werben. Die Vision der Einrichtung der Erde in Gerechtigkeit und Freiheit, die dem Kantischen Denken zugrunde lag, hat sich in die Mobilisation der Nationen, in den Aufbruch der Völker verwandelt. Mit jedem Aufstand, der der großen Revolution in Frankreich folgte, so will es scheinen, nahm die Substanz des humanistischen Inhalts ab und der Nationalismus zu. Das größte Schauspiel der Perversion des Bekenntnisses zur Menschheit in einen intransigenten Staatskult bot in diesem Jahrhundert der Sozialismus selbst. Die Revolutionäre der Internationale fielen den nationalistischen Führern zum Opfer. Eine bestimmte, als die richtige verehrte Verfassung der Menschheit ist ein Ziel, für das Menschen zu Recht sich opfern können, wie für andere Ziele. Wird es jedoch zum absoluten Zweck hypostasiert, dann gibt es eben deshalb keine Instanz, weder ein Göttliches Gebot, noch Moralität, noch — was mir nicht weniger achtungswürdig scheint — die verfemte persönliche Beziehung, die Freundschaft —, durch die es einzuschränken wäre. Der gedankliche Zusammenhang ist einfach. Alles ist gut, was der künftigen Menschheit dient. Wie leicht geschieht von hier der Übergang zum Wahn, das eigene Vaterland habe die dringlichste Mission dabei. Jedes endliche Wesen — und die Menschheit ist endlich —, das als Letztes, Höchstes, Einziges sich aufspreizt, wird zum Götzen, der Appetit nach blutigen Opfern hat und dazu noch die dämonische Fähigkeit, die Identität zu wechseln, einen andern Sinn anzunehmen; der neue Götze ist das nationale WIR. Er ist nicht der einzige. Soweit der Jugend, seien es bedingte Ziele, seien es Motive fürs Leben überhaupt, als unbedingte vorgehalten werden, begegnen sie dem Hohn der schlau Gewordenen oder der falschen Begeisterung. Begründungen fürs ehrliche Leben, die nicht, wie Schopenhauer wollte, die simple Klugheit, zuletzt das Strafgesetz ins Feld führen, werden in ihrer Konventionalität durchschaut. Die Jugend sieht die skrupellose Praxis der moralischen Erwachsenen im eigenen und fremden Land. Und eben weil sie den eigenen Erwachsenen bloß die praktische Wendigkeit und nicht das Pathos abnimmt, weil sie die Idee nur als Rationalisierungen versteht, hat sie dem Massenbetrug nichts entgegenzusetzen. Wenn es zweckmäßig ist, ihn anzunehmen, wäre es bloß dumm, ihm zu widerstehen. Dazu kommt die uneingestandene Sehnsucht, das Gefühl des Mangels und der Trotz; durch Wiederholung des Schlechten will er unbewußt das Gute provozieren, damit es sich zeigt, selbst wenn es tödlich ist. Gegen Beteiligung an der Untat ist eine skeptische Generation nicht besser gefeit als eine gläubige. Vielmehr bedingt das ernüchterte Leben, bei allem Druck zur Karriere, das umfassende Gefühl der Sinnlosigkeit, in dem der falsche Glaube wohl gedeiht. Um ihm zu widerstehen, bedürfte es der durch Kultur hindurchgegangenen und keiner der ihren verfestigten Gestalten sich verschreibenden Sehnsucht, nach dem, was anders ist.

Die Lehre Schopenhauers hat in der Gegenwart schon darum Bedeutung, weil sie unbeirrbar die Götzen denunziert und sich doch weigert, in der schlauen Vorstellung dessen, was je schon ist, den Sinn der Theorie zu sehen. Sie ist nüchtern, ohne philosophisch resigniert zu sein. Die Doktrin vom blinden Willen als dem Ewigen entzieht der Welt den trügerischen Goldgrund, den die alte Metaphysik ihr bot. Indem sie ganz im Gegensatz zum Positivismus das Negative ausspricht und im Gedanken bewahrt, wird das Motiv zur Solidarität der Menschen und der Wesen überhaupt erst freigelegt, die Verlassenheit. Keine Not wird je in einem Jenseits kompensiert. Der Drang, ihr im Diesseits abzuhelfen, entspringt der Unfähigkeit, sie mit vollem Wissen dieses Fluchs mit anzusehen und zu dulden, wenn die Möglichkeit besteht, ihr Einhalt zu tun. Für solche, der Aussichtslosigkeit sich verdankende Solidarität ist das Wissen des principii individuationis sekundär. Je sublimer, je weniger verfestigt ein Charakter ist, desto gleichgültiger ist ihm die Nähe oder Ferne zum eigenen Ich, desto weniger unterscheidet er Fernstes und Nächstes in der Arbeit an beidem, die er nicht lassen kann, auch wenn sie der des Sisyphus gleichkommt. Wider das unbarmherzige Ewige dem Zeitlichen beizustehen, heißt Moral im Schopenhauerschen Sinn. Selbst der Mythos der Seelenwanderung, daß nach dem Tod die Seele ohne Zeit und ohne Raum den Körper finde, der dem Stand ihres Läuterungsprozesses entsprechen soll, hat keinen Einfluß auf Moral, sonst bliebe sie Berechnung. Die unbarmherzige Struktur der Ewigkeit vermöchte die Gemeinschaft der Verlassenen zu erzeugen, wie das Unrecht und der Terror in der Gesellschaft die Gemeinschaft der Widerstrebenden zur Folge haben. Jene aus dem Osten geflohenen Studenten, die in den ersten Monaten nach ihrer Ankunft glücklich sind, weil Freiheit herrscht, aber schließlich traurig werden, weil es keine Freundschaft gibt, besitzen die Erfahrung davon. Mit dem Schrecken, dem zu widerstehen sie sich zusammenfanden, schwindet auch das Glück. Kenntnis der Wirklichkeit vermöchte es zu erneuern. Verfolgung und Hunger durchherrschen die Geschichte der Gesellschaft auch heute. Wenn die Jugend den Widerspruch zwischen dem Stand der menschlichen Kräfte und dem der Erde erkennt, und weder durch fanatisierende Nationalismen noch durch Theorien transzendenter Gerechtigkeit den Blick sich trüben läßt, steht zu erwarten, daß Identifikation und Solidarität in ihrem Leben entscheidend werden. Der Weg dahin führt durch die Kenntnis sowohl der Wissenschaft und Politik wie der Werke der großen Literatur.

Mitten im Kampf gegen den positiven Inhalt des Juden-Christentums, vor allem des Dogmas eines zugleich mächtigen und gerechten Gottes, hat Schopenhauer, ähnlich wie Hegel, die Beziehung seines Werkes zum theologischen Gedanken nicht genug betonen können. In einem gewissen Sinn, sagt er, könnte man seine »Lehre die eigentliche christliche Philosophie nennen«[16]). Das Christentum bekennt Demut und Liebe als sein innerstes Wesen. Er vermochte zwischen solcher Liebe und seiner eigenen Vorstellung der Abkehr von Bejahung des abgeschlossenen eigenen Ichs, von Rache und Verfolgung im Grund keinen Unterschied zu sehen, es sei denn, daß bei ihm die Arbeit für die Anderen mit keiner Hoffnung auf das eigene Heil verbunden war. Wieweit christliche Gesinnung ohne Dogma freilich in der Welt sich auszubreiten vermag, wie weit der europäische Gedanke in der Gestalt, die er bei Schopenhauer angenommen hat, noch in Zukunft eine historische Aufgabe erfüllen kann, ist höchst zweifelhaft. Lang vor den Zeiten der Wirtschaftshilfe haben die Missionare die Werbung für Europa geleistet. Hinter dem Vorwurf, sie seien die »Sendboten des Kattuns« gewesen, ist ihre Größe allzu oft vergessen worden. Seit den Versuchen in Paraguay fanden unter ihnen sich große Charaktere, die begriffen, daß die Fortgeschrittenheit der Länder, aus denen sie kamen, den sogenannten Primitiven gegenüber ihnen eine seltene Verantwortung auferlegte. Die wirtschaftliche Dynamik jedoch, die Auflösung des philosophischen Gedankens an das Absolute durch Wissenschaft und Technik, die Kompromittierung des europäischen Glaubens durch seine Verleugnung in nationalistischer Ersatzreligion, in den Machtkämpfen und Weltkriegen, haben die Möglichkeiten der Mission sehr eingeschränkt. Die ehemals von den Zivili-

---

[16]) Schopenhauer, a.a.O., Bd. V, § 163, S. 329.

sierten unterjochten Afrikaner haben als eigentlichen Gott der entwickelten Nationen, zu denen sie aufblickten, nur Macht und Gewalt erfahren und ahmen ihnen heute nach. Der Islam, den Schopenhauer deshalb haßte, weil er dem kollektiven Fanatismus, der brutalen Positivität unter allen Religionen am weitesten entgegenkam, entspricht dem Erwachen wilder Völkerstämme besser als die Religion des Kreuzes, deren Aufbrüche ihrem Wort und Geist seit je zuwider waren. Nicht die »Praxis ihrer Bekenner«, nämlich der europäischen Völker, die in der Geschichte ein dunkles Kapitel bildet, sondern die Moral ihrer Lehre ist nach Schopenhauer »viel höherer Art als die der übrigen Religionen, die jemals in Europa aufgetreten sind«[17]). Der Islam dagegen fordert wenig von seinen Bekehrten und ist für Eroberung. Die Übereinstimmung von Theorie und Praxis überzeugt die Eingeborenen. Sie wollen endlich auf der Welt Karriere machen. Vier bis fünf neue Moslems kommen heute, wenn ich recht gelesen habe, auf einen, der zum Christentum übertritt. Schopenhauer hätte sich bestätigt gefühlt. Was er von den Individuen behauptet hat, daß sie ein Ausdruck blinden Willens zu Dasein und Wohlsein seien, tritt in der Gegenwart an den Völkern hervor, und eben darum scheint mir seine Lehre die Form des philosophischen Gedankens, die der Realität gewachsen ist. Mit erleuchteter Politik teilt sie das Moment, illusionslos zu sein, mit der theologischen und philosophischen Tradition die Kraft begrifflichen Ausdrucks. Es gibt keinen Gedanken, dessen die Zeit mehr bedürfte und der, bei aller Hoffnungslosigkeit, weil er sie ausspricht, mehr von Hoffnung weiß als der seine.

M. H.

---

[17]) Schopenhauer, a.a.O., Bd. III, S. 615.

Aberglaube aus zweiter Hand

Seit geraumer Zeit werden in allen Teilen der Welt Massenbewegungen angedreht, deren Gefolgsleute offensichtlich wider ihr vernünftiges Interesse an Selbsterhaltung und Glück handeln. Man wird darin kein schlechthin Irrationales erblicken dürfen, bar jeglicher Beziehung auf die objektiv-gesellschaftlichen oder die subjektiven Zwecke des Ichs. Jene Bewegungen beruhen weniger auf der Preisgabe als auf der Übertreibung und Verzerrung solcher Zwecke: bösartige Wucherungen, in welche die Rationalität einer Lebenspraxis überging, die den gesellschaftlichen Organismus zu zerstören droht, indem sie sich in ihrer beschränkten Gestalt zu perpetuieren trachtet. Was eine Zeitlang aus den vernünftigsten Erwägungen zu geschehen scheint, arbeitet vielfach der Katastrophe vor. So bereitete die schlaue und über Jahre hin erfolgreiche Expansionspolitik des Hitler durch die eigene Logik sich selber den Untergang und dem, was vom alten Europa fortlebte. Noch wo ganze Nationen zu Nutznießern der Realpolitik werden, mögen die einleuchtenden Motive im Resultat als dubios sich enthüllen. Während Berechnungen, die dem eigenen Interesse gelten, präzis vorwärts getrieben werden, bleibt das Bewußtsein der übergreifenden Zusammenhänge, zumal der Konsequenzen der eigenen Realpolitik fürs gesellschaftliche Ganze, in das man auch selber verstrickt ist, borniert. Irrationalität wirkt nicht allein jenseits von Rationalität: sie bringt mit der rücksichtslosen Entfaltung subjektiver Vernunft selbst sich hervor.

Der gesellschaftlichen Forschung obliegt das Studium der dialektischen Wechselwirkung von rationalen und irrationalen Momenten. Mechanismen und Schemata, die weder als voll realitätsgerecht noch als neurotisch oder gar psychotisch zu fassen sind, wären Gegenstand einer psychoanalytisch erfahrenen Soziologie. Sie verweisen auf Strukturen der Subjekte, ohne doch durch Psychologie allein sich erklären zu lassen. Die fast universale Anfälligkeit für Irrationalität läßt vermuten, daß jene Mechanismen nicht allein im Umkreis der Politik wirken, die wenigstens an der Oberfläche realistisch sich gibt, sondern ebenso, wenn nicht handgreiflicher, in anderen Bereichen. Auch dort wird das Moment von Realitätsnähe, von Pseudorationalität selten fehlen – am wenigsten gerade bei Bewegungen, die mit der eigenen Irrationalität sich brüsten. Der Chemismus von Massenbewegungen wäre an ihnen wie im Reagenzglas, in kleinem Maßstab und zu einem Zeitpunkt zu analysieren, da sie noch nicht ihre drohende Gewalt angenommen haben; solange Zeit bliebe, das Erkannte auf die Praxis anzuwenden.

Als charakteristisches Modell für derlei Bewegungen taugt die Astrologie. Wohl ist ihre unmittelbare soziale Wichtigkeit nicht zu überschätzen. Aber ihr Gehalt ist mit Gesellschaftlichem fusioniert. Das eigentlich Okkulte und dessen von Freud entworfene Psychologie spielt in der Sphäre der organisierten Astrologie nur eine bescheidene Rolle. Analog zu der Unterscheidung Cooleys zwischen primären und sekundären Gruppen dürfte die gegenwärtige Astrologie als Massenphänomen sekundärer Aberglaube heißen, Aberglaube aus zweiter Hand. Okkulte Erlebnisse einzelner Personen, wie immer es mit ihrem psychologischen Sinn, ihren Wurzeln, ihrer Stichhaltigkeit bestellt sein mag, werden selten bemüht. Vielmehr ist in der konsumierten Astrologie das Okkulte zur Institution geronnen, vergegenständlicht, in weitem Maße vergesellschaftet. Wie in den »sekundären Gemeinschaften« die Menschen nicht länger in direkte Beziehung zueinander treten, sich nicht mehr von Angesicht zu Angesicht kennen, sondern durch entfremdete Vermittlungsprozesse wie den Austausch von Gütern miteinander kommunizieren, so scheinen die Menschen, die auf die astrologischen Stimuli ansprechen, jener Erkenntnisquelle entfremdet, die angeblich hinter ihren Entscheidungen steht. Sie partizipieren am vermeintlichen Geheimnis durch Magazine und Zeitschriften, in denen es zum offenen ward — die Konsultation von Berufsastrologen wäre meist zu kostspielig —, und schlucken lieber ungeprüft vorgekaute Informationen aus der Presse, als daß sie irgend noch auf eigene, wie sehr auch phantastische Offenbarungen sich beriefen. Dazu sind sie zu nüchtern. Sie halten sich an die Astrologie, weil es sie gibt, und verschwenden wenig Gedanken an ihre Legitimation vor der Vernunft, solange nur das psychologische Bedürfnis mit dem Angebot einigermaßen übereinstimmt.

Die Ferne von eigener Erfahrung, das Verschwommene und Abstrakte des kommerzialisiert Okkulten stimmt zusammen mit handfester Skepsis, mit einer Gewitztheit, welche die Irrationalität weniger durchschaut als ergänzt. Moderne okkultistische Bewegungen vom Schlag der Astrologie sind Formen eines mehr oder minder künstlich wieder erweckten Aberglaubens aus längst vergangenen Epochen. Die Empfänglichkeit dafür hielt aus gesellschaftlichen und psychologischen Gründen bis heute sich lebendig; die aufgewärmten Inhalte jedoch sind unvereinbar mit der erreichten Stufe universaler Aufklärung. Der anachronistische Aspekt des Aberglaubens aus zweiter Hand ist diesem wesentlich. Er färbt das Verhalten zur Astrologie, ohne im übrigen ihre Wirkung zu beeinträchtigen.

Man mag einwenden, die organisierte Wahrsagerei sei von jeher Aberglaube aus zweiter Hand gewesen. Arbeitsteilung, welche den Haruspices die Mysterien vorbehielt, hätte sie Jahrtausende lang von aller primären Erfahrung getrennt. Stets schon sei ihr das Moment des Schwindelhaften gesellt gewesen, auf welches das lateinische Wort vom Augurenlächeln anspielt. Wie meist Argumente, die das Interesse am spezifisch Neuen eines Phänomens diskreditieren wollen, ist auch jener Einwand richtig zugleich und falsch. Richtig, sofern tatsächlich der Aberglaube seit Menschengedenken departementalisiert ist; falsch, sofern er nun durch Massenproduktion und -reproduktion in eine neue Qualität umschlägt. Auf früheren Stufen war Aberglaube der wie immer unbeholfene Versuch, mit Fragen fertig zu werden, die damals anders und vernünftiger nicht sich hätten lösen lassen. Die Abspaltung der Chemie von der Alchimie, die der Astronomie von der Astrologie ereignete sich verhältnismäßig spät. Heute aber widerspricht der fortgeschrittene Stand der Naturwissenschaften, etwa der Astrophysik, kraß dem Glauben an Astrologie. Wer beides nebeneinander toleriert oder gar zu vereinen trachtet, hat bereits eine intellektuelle Regression vollzogen, die einst nicht vonnöten war. Daher ist anzunehmen, daß sehr starke Triebbedürfnisse die Menschen noch immer, oder wieder, dazu vermögen, der Astrologie sich zu überantworten. Auf ihren sekundären Charakter ist aber darum der Akzent zu legen, weil an ihm Pseudorationalität, die zugleich berechnende und nichtige Anpassung an reale Bedürfnisse hervortritt, die den totalitären Bewegungen innewohnt. Die Nüchternheit und übertriebene Realitätsgerechtigkeit charakteristischen astrologischen Materials, die Askese gegen die leiseste Reminiszenz ans Übernatürliche markiert seine Physiognomik. Zur Pseudorationalität fügt sich der Zug abstrakter Autorität.

Untersucht wird die astrologische Spalte einer großen amerikanischen Tageszeitung, der rechtsrepublikanischen Los Angeles Times. Das Material wurde, 1952–1953, über drei Monate hinweg vollständig gesammelt und einer »content analysis«, der inhaltlichen Deutung unterworfen, wie sie Massenkommunikationen gegenüber vor allem seit der Initiative von H. Lasswell als eigenes Verfahren sich ausgebildet hat[1]). Doch ist, im Unterschied zu Lasswells Methode, nicht quantifiziert. Es wird nicht die Häufigkeit von Motiven und Formulierungen der astrologischen Spalte ermittelt. Die quantitative Analyse ließe leicht an deutschem Material sich nachholen. Die astrologische Infektion ist international; die astrologischen

---

1) Auf die Belege, die der amerikanische Originaltext ausbreitet, ist mit wenigen Ausnahmen verzichtet.

Spalten der deutschen Zeitungen dürften die amerikanischen imitieren. Allenfalls hervortretende Differenzen könnten für die vergleichende Kultursoziologie etwas besagen. Entworfen werden soll ein Begriff der Reize, denen die präsumtiven Anhänger der Astrologie durch derlei Zeitungsspalten exponiert werden. Die Wirkungen, auf welche jene Stimuli vermutlich klug kalkuliert sind, werden herausgearbeitet. Maßgebend für die Stoffwahl war, daß die Astrologie unter den Praktiken des manipulierten Aberglaubens wahrscheinlich den größten Anhang findet. Die Pseudorationalität der Spalte läßt freilich psychotische Aspekte nicht so grell hervortreten wie manche anderen, sektiererischen Publikationen. Die tieferen, unbewußten Schichten des Neo-Okkultismus werden nicht unmittelbar angerührt. Eher betreffen die Befunde Ichpsychologie und gesellschaftliche Determinanten. Das Interesse gilt eben der Pseudorationalität, dem zwielichtigen Bereich zwischen Ich und Es, Vernunft und Wahn. Vernachlässigte die Analyse gesellschaftlicher Implikationen bewußte oder halbbewußte Schichten, so verfehlte sie die Stimuli selber, die vorweg nur auf das bereits rationalisierte Unbewußte abzielen. Häufig werden an der Oberfläche liegende Ziele mit unbewußten Ersatzbefriedigungen verschmolzen. Im Bereich der Massenkommunikationen kann, was nicht manifest gesagt wird, die verborgene Intention, der im Freudischen Sinn »latente Traumgedanke« nicht schlechterdings mit dem Unbewußten identisch gesetzt werden. Jene Kommunikationen richten sich auf eine Zwischenschicht des weder ganz Durchgelassenen noch ganz Unterdrückten, verwandt der Zone der Anspielung, des Augenzwinkerns, des »Du weißt schon, was ich meine«.

Die Wirkung der astrologischen Spalte auf die tatsächliche geistige und psychische Verfassung der Leser ist nur hypothetisch zu unterstellen. Wahrscheinlich jedoch wissen die Verfasser von dergleichen Texten, wen sie vor sich haben. Auch sie dürften nach der Maxime verfahren, man müsse nach dem Geschmack der Kunden sich richten, während doch das Produkt der Geist derer bleibt, welche es aushecken und lancieren. Die Verantwortung ist nicht von den Manipulatoren ab- und den Manipulierten zuzuschieben. Man wird sich hüten müssen, die Horoskope nur als Spiegelbild der Leser zu betrachten. Umgekehrt aber sind auch keine Schlüsse auf den subjektiven Geist, die Psychologie derer zu ziehen, die sie verfertigen. Die Horoskope sind wesentlich kalkuliert; Ausdruck allenfalls beider. Die Sprache der Spalte ist nicht die des Verfassers, sondern darauf zugeschnitten, gelesen und verstanden zu werden. — Zu interpretieren ist die Textur als ganze, nicht nur die Details, die in jene mehr oder minder mechanisch verwoben sind. Die zahllosen Hinweise auf die Familienverhältnisse einer Person etwa, die unter einem bestimmten Zeichen geboren ist, wirken, isoliert betrachtet, trivial und harmlos. Ihr Stellenwert im Gesamtzusammenhang jedoch bedeutet weit mehr.

Das Tageshoroskop der Los Angeles Times bemüht sich, wie die Zeitung insgesamt, um Respektabilität. Man ist sparsam mit Äußerungen wilden Aberglaubens. Das irrational waltende Prinzip wird im Hintergrund gehalten. Ohne Erörterung ist supponiert, daß die Vorhersagen und Ratschläge den Sternen sich verdanken. Spezifisch astrologische Details aber, ausgenommen die zwölf Tierkreiszeichen, fehlen. Vermieden ist der astrologische Fachjargon ebenso wie sinistre Reden von bevorstehenden Katastrophen und drohendem Weltuntergang. Was immer vorgebracht wird, klingt solid und gesetzt. Geflissentlich wird Astrologie als etwas behandelt, das ein für allemal feststeht, gesellschaftlich anerkannt ist, als unbestrittener Bestandteil von Kultur. Kaum je gehen die praktischen Ratschläge über das hinaus, worauf man in den ähnlich beliebten Spalten stößt, die sich den sogenannten human relations, populärer Psychologie widmen. Von ihnen unterscheidet sich einzig der Gestus stillschweigend magischer Autorität, mit dem der Schreiber seine Weisheiten vorbringt. Beziehungslos sticht er vom hausbackenen Inhalt ab. Solche Diskrepanz hat ihren Grund. Die vernünftig sich gebärdenden Ratschläge wirken, ihres apokryphen Ursprungs wegen, nur, wenn sie mit Autorität sich unterstreichen; die Spalte scheint davon überzeugt zu sein, es müßten ihre Leser zur Vernünftigkeit gezwungen werden. Das autoritäre Moment begegnet auch in der Allerweltspsychologie der Zeitungen auf Schritt und Tritt. Nur ist Autorität dort die des Experten, nicht des Magiers, während dieser, im Horoskop, als Experte zu reden bemüßigt sich fühlt. Gleichwohl läßt er auf nichts so Tangibles sich ein wie theologische Dogmen. Das waltende Prinzip ist, wenn überhaupt, als Unpersönliches, dinghaft vorgestellt. Der Horizont ist der eines naturalistischen Supranaturalismus. Das unerbittlich Anonyme, kopflos Verhängte des abstrakten Schicksalsgrundes setzt in dem untergründig Drohenden sich fort, das dem dort geschöpften Rat anhaftet. Nach dem Zusammenhang beider und der Quelle selbst wird vom astrologischen Raisonnement nicht gefragt. Er bleibt ein namenloses Vakuum. Darin reflektiert sich gesellschaftliche Irrationalität: die Undurchsichtigkeit und Zufälligkeit des Ganzen fürs Einzelindividuum. Nicht nur naive Menschen trachten vergebens, die Konsequenzen der durchorganisierten und doch ihrer selbst unbewußten Gesamtverfassung für ihre eigene Existenz zu durchschauen; die objektiven Antagonismen als solche steigern sich bis zum Unbegreiflichen, zur Drohung der losgelassenen Technik, der alle Anstrengung der ratio galt. Aus dem Mittel, das Dasein zu verbessern, schickt jene sich an, in den Selbstzweck seiner absoluten Negation umzuschlagen. Wer unter der gegenwärtigen objektiven Unvernunft des Ganzen überleben will, gerät in Versuchung, es einfach hinzunehmen, ohne über Absurditäten wie das Verdikt der subjektlosen Sterne viel zu staunen. Die Verhältnisse trotz allem rational zu durchdringen, wäre unbequem nicht bloß der intellektuellen Anstrengung wegen. Astrologie zeigt sich wahrhaft verschworen mit den Verhältnissen selbst. Je mehr den Menschen das System ihres Lebens als Fatum erscheinen muß, das blind über ihnen waltet und gegen ihren Willen sich durchsetzt, um so lieber wird es mit den Sternen in Verbindung gebracht, als ob dadurch das Dasein Würde und Rechtfertigung erlangte. Zugleich setzt die Einbildung, die Sterne böten Rat, wenn man nur in ihnen zu lesen vermöchte, die Furcht vor der Unerbittlichkeit der sozialen Prozesse herab. Diese Furcht wird von den Sternkundigen gelenkt und ausgebeutet. Der Zuspruch, den die unerbittlichen Sterne auf ihr Geheiß spenden, läuft darauf hinaus, daß nur, wer vernünftig sich verhält: sein inneres wie äußeres Leben völliger Kontrolle unterwirft, irgend die Chance hat, den irrationalen und widersprüchlichen Forderungen des Daseins gerecht zu werden. Das heißt aber: durch Anpassung. Die Diskrepanz von rationalen und irrationalen Momenten in der Konstruktion des Horoskops ist Nachhall der Spannung in der gesellschaftlichen Realität selbst. Vernünftig sein heißt in ihr nicht: irrationale Bedingungen in Frage stellen, sondern aus ihnen das Beste machen.

Ein eigentlich unbewußtes, vielleicht entscheidendes Moment freilich darf im Horoskop nicht zutage treten. Die Nachgiebigkeit gegenüber dem Anspruch der Astrologie kann sehr wohl den allzu willigen Konsumenten Ersatz für passive sexuelle Lust gewähren. Beschäftigung mit Astrologie wäre dann primär: der Stärke eines übermächtigen Wesens sich preisgeben. Kraft und Stärke, Attribute der Vaterimago, treten aber in der Astrologie streng isoliert vom Gedächtnis an Personalität auf. Der Umgang mit den Sternen als Symbol einer sexuellen Vereinigung ist das fast unkenntliche und deshalb geduldete Deckbild für die tabuierte Beziehung zur omnipotenten Vaterfigur. Er ist gestattet, weil jene Vereinigung alles Menschliche abgestreift hat. Die Phantasien über den Untergang der Welt und das Jüngste Gericht, in denen die minder vorsichtigen Astrologica schwelgen, mögen aus jenem sexuellen Moment sich erklären: in ihnen mag die letzte Spur individuellen Schuldgefühls sichtbar werden, so verdunkelt wie ihr libidinöser Ursprung. Die Sterne bedeuten Sexus ohne Drohung. Vorgestellt als allmächtig, sind sie zugleich unerreichbar fern — unerreichbarer noch als die narzißtischen Führerfiguren aus Freuds »Massenpsychologie und Ichanalyse«.

Wenden zahlreiche spezialisierte Magazine sich an Adepten, so sieht der Zeitungsastrologe, der für den Tag schreibt, einer weniger scharf umgrenzten, dafür vermutlich weit zahlreicheren Leserschaft mit den divergentesten Interessen und Sorgen sich gegenüber. Der Rat muß bereits an sich den Lesern etwas wie stellvertretende Hilfe und Tröstung gewähren; im Innersten erwarten sie kaum, daß der Schreiber des Horoskops ihnen wirklich hilft. Nicht unähnlich dem Demagogen, der jedem etwas verspricht und herauszufinden hat, was seine Zuhörer jeweils am meisten bedrückt, kennt der Zeitungsastrolog nicht die Einzelnen, für die er schreibt, nicht ihre besonderen Wünsche und Klagen. Die Autorität jedoch, aus der er redet, nötigt ihn, so zu tun, als kenne er sie alle, und als gewähre die Konstellation der Sterne hinreichende, unzweideutige Antwort. Er kann es sich einerseits nicht erlauben, seine Leser zu enttäuschen, indem er überhaupt auf nichts sich festlegt; andererseits darf er die magische Autorität, auf der sein Verkaufswert beruht, nicht durch allzu unsinnige Auskünfte kompromittieren. So steht er vor der Quadratur des Zirkels. Er muß ein Risiko eingehen und zugleich die Gefahr danebenzugreifen auf ein Minimum einschränken. Das verweist ihn auf starre Wendungen und Stereotypien. Häufig etwa werden Ausdrücke verwandt wie »Folgen Sie Ihrer Eingebung« oder »Beweisen Sie Ihren scharfen Verstand«. Sie suggerieren, daß der Schreiber, wohl durch astrologische Intuition, genau wisse, was für ein Mensch der Einzelne, der zufällig das Horoskop liest, ist oder zu einer bestimmten Zeit war. Aber solche scheinbar spezifischen Bestimmungen sind kunstvoll zugleich so allgemein gehalten, daß sie auf einen jeden in jedem Augenblick einigermaßen sich beziehen lassen. Der Schreiber entwindet sich seiner Aporie durch Pseudo-Individualisierung. Tricks wie dieser allein vermögen freilich die grundsätzlichen Schwierigkeiten des Zeitungsastrologen nicht fortzuräumen. Durchweg muß er ebenso mit typischen Konflikten in der modernen Gesellschaft vertraut sein wie mit charakterologischen Faustregeln. Er konstruiert eine Reihe von Standardsituationen, die der überwiegende Teil seiner Anhänger jederzeit durchleben mag. Vor allem muß er Probleme ausfindig machen, die der Leser aus eigener Kraft nicht bewältigen kann, so daß er nach Hilfe von außen späht. Besonders geeignet sind Fragen, die vernünftigerweise gar nicht sich lösen lassen: aporetische Situationen, in die ein jeder geraten kann. Ihrer Irrationalität entspricht die der astrologischen Quelle. Verstelltheit zeitigt die Hoffnung auf rettendes Eingreifen von oben. Stets jedoch muß der Schreiber, der darauf spekuliert, soweit verschwommen sich ausdrücken, daß selbst falsche Behauptungen zu den Lebensumständen des Lesers einigermaßen stimmen und nicht gar zu leicht desavouiert werden. Dabei verläßt sich der Astrologe auf eine eingeschliffene Verhaltensweise. Menschen, die irgend dem Okkultismus zuneigen, sind gewöhnlich bereit, die Informationen, auf die sie aus sind, in ihr eigenes Bezugssystem einzubauen, ob sie nun zutreffen oder nicht. Der Horoskopschreiber vermag solange ungestraft sich zu ergehen, wie er den tatsächlichen Bedürfnissen und Wünschen seiner Leser geschickt sich anschmiegt. Er rechnet mit so intensiven Erwartungen, daß er auch deren Konfrontation mit der Wirklichkeit nicht zu scheuen braucht, wofern sie nur im Medium des bloßen Gedankens stattfindet und dem Leser keine harten praktischen Konsequenzen zumutet. Der Schreiber teilt imaginäre Gratifikationen mit vollen Händen aus. Er muß sein, was man auf amerikanisch einen homespun philosopher nennt. Die verblüffende Ähnlichkeit zwischen dem Zeitungshoroskop und seinen popularpsychologischen Pendants erklärt sich aus der Marktkenntnis beider und der empirisch-charakterologischen. Von authentischer Psychologie unterscheidet wie die populäre so die des Horoskops sich vorab durch die Richtung, in die sie den Leser dirigiert: sie bestärkt unablässig seine Abwehrhaltung, statt an deren Auflösung zu arbeiten; sie würfelt mit dem Unbewußten und Vorbewußten herum, statt es irgend ins Bewußte zu heben.

Genährt wird insbesondere der Narzißmus. Wenn der Zeitungsastrolog die Qualitäten und die Chancen seiner Leser rühmt, sie als außerordentliche Persönlichkeiten hinstellt, riskiert er Albernheiten, von denen es schwerfällt, sich vorzustellen, daß sie vom Dümmsten für bare Münze genommen werden könnten; aber der Schreiber spekuliert auf die mächtigen libidinösen Resourcen der Eitelkeit. Ihr ist jedes Mittel der Befriedigung recht. An nächster Stelle steht die Angst, die er dem Leser mehr oder minder versteckt suggeriert. Daß jeder stets von etwas bedroht werde, muß aufrechterhalten werden: sonst verkümmert das Hilfsbedürfnis. Drohung und Beistand sind dabei so ineinander verflochten wie bei manchen Geisteskrankheiten. Das Moment der Drohung findet sich freilich bloß angedeutet: sonst empfinge der Leser einen Stoß, den er am wenigsten vom Horoskop wünscht. Die lauernde Gefahr etwa, die Stellung zu verlieren, findet im Horoskop zum lösbaren Konflikt mit Vorgesetzten oder zum kleinen Ärger im Beruf sich abgeschwächt. Kündigung oder Entlassung werden in dem analysierten Material nicht ein einziges Mal erwähnt. Beliebt dagegen sind Verkehrsunfälle. Sie beeinträchtigen den Narzißmus des Lesers nicht, sind ein ihm Äußerliches, dem er fast ohne sein Zutun verfällt, unbeseeltes Unglück. Verkehrssünder werden denn auch von der öffentlichen Meinung nur selten als Verbrecher gebrandmarkt. Zugleich fügen Verkehrsunfälle einer zentralen Intention des Horoskops sich ein: eben der, angeblich irrationale Vorgefühle in den Ratschlag zu übersetzen, man solle vernünftig sein. Die Sterne werden aufgeboten, um harmlosen, wohlgemeinten aber höchst trivialen Ermahnungen wie der, bedächtig zu fahren, Glanz und Gewicht zu verleihen. In vereinzelten, ernsthaften Drohungen wie der, daß man an einem bestimmten Tag besonders vorsichtig sich verhalten müsse, wolle man nicht in Gefahr geraten, knallt die Peitsche, aber nur wie zur erinnernden Mahnung. Der psychische Gewinn, den der Leser aus alldem ziehen soll, liegt, abgesehen von der Möglichkeit unbewußter Befriedigung des Destruktionstriebes durch die angedeutete Drohung selber, in dem Versprechen von Hilfe und Linderung durch eine übermenschliche Instanz. Der Gehorsam ihr gegenüber erspart ihm, wie ein autonomes Wesen sich zu verhalten: er kann dabei sich beruhigen, daß ihm das Schicksal alles abnimmt. Betrogen wird er um die eigene Verantwortlichkeit. Das Horoskop meint Leser, die abhängig sind oder abhängig sich fühlen. Es setzt Ichschwäche voraus und reale gesellschaftliche Ohnmacht.

Unausdrücklich bleibt weiter vorausgesetzt, daß alle Schwierigkeiten, die aus objektiven Verhältnissen erwachsen, vorab wirtschaftliche, durch private Initiative oder psychologische Einsicht ohne weiteres sich meistern ließen. Popularpsychologie wird zum sozialen Opiat. Den Menschen wird zu verstehen gegeben, daß das Übel an ihnen liege; mit der Welt selber sei es so schlimm nicht bestellt. Schlau modifiziert das Horoskop die Vorstellung universaler Abhängigkeit und Schwäche, in der es selber den Leser befestigt. Auf der einen Seite sollen die objektiven Mächte jenseits der Sphäre individuellen Verhaltens, individueller Psychologie beheimatet und aller Kritik entzogen sein, Wesen von metaphysischer Dignität. Auf der andern sei nichts von ihnen zu befürchten, wenn nur die objektiv vorgezeichneten Konstellationen befolgt, Gehorsam und Anpassung geübt werden. So wird die Gefahr aufs Individuum verlagert, Macht doch wiederum den Ohnmächtigen zugesprochen, an deren Über-Ich der Astrolog immerzu appelliert. Die fortgesetzte Aufforderung, sich selbst zu kritisieren und nicht die gegebenen Bedingungen, entspricht einem Aspekt des gesellschaftlichen Konformismus, zu dessen Sprachrohr das Horoskop insgesamt sich macht. Deuten die individuellen Nöte, die es aufgreift, wie schwächlich und verdünnt auch immer, aufs schadhafte Ganze, so suchen sogleich die

Ratschläge, wie man ihnen begegne, den Glauben ans Bestehende wieder zusammenzuflicken. Die Irrationalität des Schicksals, das alles vorschreibe, und der Sterne, die Hilfe versprächen, ist der Schleier der Gesellschaft, die den Einzelnen bedroht zugleich und erhält. Die Botschaften des Horoskops künden nichts als den status quo. Sie wiederholen die Anforderungen, welche die Gesellschaft ohnehin an den Einzelnen stellt, damit er funktioniere. Unaufhörlich beschwört es die, denen es schwerfällt, vernünftig zu sein. Das Unvernünftige, die unbewußten Bedürfnisse, wird überhaupt nur zugelassen um der Vernünftigkeit willen: damit der halbwegs befriedigte Einzelne um so besser konformiere. Das Horoskop propagiert den planen common sense, eine Haltung, die ungetrübt von Zweifel als anerkannt vorgestellte Werte akzeptiert. Ausgemacht und unabänderlich sei die Geltung des ökonomisch längst unterhöhlten Konkurrenzprinzips; Maßstab ist allein der Erfolg. Alles irgend Unverantwortliche, auch das Schrullige oder Verspielte wird verpönt. Der pejorative Ausdruck »Traumfabrik«, von den Gebietern der Filmindustrie längst selber affirmativ verwendet, sagt nur die halbe Wahrheit: er trifft allenfalls auf den »manifesten Trauminhalt« zu. Was aber der synthetische Traum dem Belieferten antun will, was der Film hieroglyphisch verschlüsselt, ist keineswegs vom Stoff zu Träumen. Auch die verwaltete Astrologie serviert ihren Anhängern nichts, woran sie nicht durch ihre tägliche Erfahrung gewöhnt wären, und was ihnen, sei's bewußt, sei's unbewußt, Tag für Tag beigebracht wird. Der Spruch »Sei, der du bist« wird zum Hohn: die gesellschaftlich manipulierten Stimuli verewigen den ungeplant schon hergestellten Geisteszustand. Aber die tautologische Mühe ist nicht verschwendet. Freud hat betont, wie unsicher die Wirkung psychologischer Abwehrmechanismen bleibe. Wird dem Trieb die Befriedigung verweigert, oder wird sie verzögert, so kann er selten verläßlich unter Kontrolle gehalten werden, sondern tendiert zum Ausbruch. Denn problematisch ist jene Rationalität selber, welche die Versagung jetzt und hier als Garantie dauernder und vollkommener Erfüllung in der Zukunft gebietet. Immer wieder betrügt ratio ums gestundete Glück: sie ist nicht so rational wie ihr Anspruch. Daher das Interesse, unermüdlich den Menschen Ideologien und Verhaltensweisen einzuhämmern, die sie ohnehin von früh an geformt haben und mit denen sie gleichwohl niemals ganz sich identifizieren können. Daher auch ihre Bereitschaft, nach irrationalen Panazeen in einer Gesamtverfassung zu greifen, die das Vertrauen in die Kraft eigener Vernunft und in die mögliche Vernunft des Ganzen zerstörte, ohne daß doch die im Bann gehaltenen Subjekte die Unvernunft zu durchschauen vermöchten.

Die Horoskopspalte, die ihre Leser zur Unmündigkeit verhält, vergißt nicht, daß sie von deren Erlebnissen immer wieder Lügen gestraft wird. Wohl begegnet sie dem mit der Konstruktion des Anzusprechenden als eines zugleich Wichtigen und Abhängigen. Das allein aber genügt nicht. Die Triebkonflikte müssen durchscheinen, wenn die Spalte nicht alles Interesse verlieren soll. Die widerstreitenden Pflichten und Bedürfnisse des Lesers werden im Gleichgewicht gehalten durch den formalen Aufbau der Spalte, und zwar in ihrem eigentlichen Medium, der Zeit. Astrologie beansprucht, aus den Sternen zu lesen, was auf der Erde geschehen wird. In der Sprache des astrologischen Konsums von heute heißt das: Auskunft darüber erteilen, was an einem bestimmten Tag, zu einer bestimmten Stunde zu tun sich empfiehlt, oder was zu vermeiden wäre. — Häufig bezieht der Astrolog einen ganzen Tag auf eine einheitliche Grundkonstellation. Damit wird der Primat von Zeit in abstracto angemeldet. Aber auch die potentiellen Konflikte werden ins Medium der Zeit übersetzt: ihr wird die Rolle des Schiedsrichters zugewiesen. Die Technik, widersprechende Postulate auf einen gemeinsamen Nenner zu bringen, ist so einfach wie ingeniös. Das Kontradiktorische wird auf verschiedene Zeiten, meist desselben Tags, verteilt. Das reale Modell dafür ist der Rhythmus von Arbeit und Muße oder von öffentlicher und privater Existenz. Ihn hypostasiert das Horoskop, als drückte er eine naturhafte Dichotomie aus. Versäumt man nur nicht den richtigen Zeitpunkt, gibt es insgeheim zu verstehen, so löse jede Schwierigkeit sich auf. Widrigenfalls hat man gegen den kosmischen Rhythmus verstoßen. Durchweg wird der Vormittag, auf den die Hauptarbeit des Tages fällt, als der Zeitraum behandelt, der astral das Realitäts- und Ichprinzip repräsentiere. Der Nachmittag und Abend dagegen, der tatsächlich im allgemeinen eine gewisse Spanne Zeit der Muße vorbehält, steht für tolerierte Gestalten des Lustprinzips. Dann soll man das genießen, was das Horoskop die einfachen Freuden des Lebens nennt — zumal jene Befriedigungen, welche die Massenmedien gewähren. So gelingen der Spalte Scheinlösungen: das Entweder/Oder von Lust und Versagung verwandelt sich in ein Erst/Dann. Lust aber wird ein anderes als Lust, nämlich bloßer Lohn der Arbeit, und umgekehrt Arbeit nur der Preis des Vergnügens.

Nach dem bürgerlichen Convenu »Work while you work, play while you play« werden Arbeit und Vergnügen in Schubfächern auseinander gehalten. Trieb und Gefühl sollen nicht von der ernsthaft vernünftigen Tätigkeit ablenken; kein Schatten von Pflicht soll die Ausspannung trüben. Die wirtschaftliche Zweiteilung nach Produktion und Konsumtion wird auf die Lebensform der Individuen projiziert. Zwangshafte Züge sind dabei offenbar: Reinlichkeit wird zum Ideal nach der Ordnung der Existenz, keine der beiden Sphären darf durch die andere befleckt werden. Das mag für die Ausnutzung der Arbeitskraft gut sein; kaum darüber hinaus. Die alles Spielerischen entäußerte Arbeit wird trist und monoton; Vergnügen, ebenso schroff vom Gehalt der Realität isoliert, sinnlos, läppisch, zur bloßen Unterhaltung. Damit aber zum nackten Mittel, die Arbeitskraft der Menschen zu reproduzieren, während substantiell zweckenthobenes Tun sich bewährt, indem es der Last des Daseins standhält und sie zu sublimieren trachtet. Res severa verum gaudium. In der extremen Trennung von Arbeit und Spiel als einem Verhaltensschema der Person gipfelt fraglos ein Desintegrationsprozeß. – Der Schreiber des Horoskops ist sich des grauen Einerlei untergeordneter Funktionen ebenso bewußt wie des inneren Widerstands gegen entfremdete Arbeit, die von jedem beliebigen anderen ebensogut getan werden könnte. Dennoch werden die Leser ohne Unterlaß ermahnt, solcher Arbeit ihre ganze Aufmerksamkeit zuzuwenden. Keineswegs bewertet das Horoskop Arbeit und Vergnügen gleich hoch. Nirgends wird am Vorrang nützlicher Arbeit gerüttelt. Axiomatisch ist, daß Lust und Vergnügen dem Fortkommen, dem praktischen Erfolg als höherem Zweck dienen müssen. Vielleicht besteht daran ein ideologisches Interesse, weil der technische Fortschritt virtuell bereits körperlich harte und monotone Arbeit überflüssig macht, während die Produktionsverhältnisse sie weiter den Widerstrebenden zumuten. Überdies kennt die Spalte die Schuldgefühle, welche unreglementiertes Vergnügen dem bürgerlichen Charakter bereitet. Sie beschwichtigt sie durch die Parole, ein vernünftiges Maß an Erholung sei erlaubt und zuträglich. Es gebe zudem wirtschaftlich unmittelbar nützliche Vergnügungen genug. Bizarr ist der Widerspruch im Begriff des Vergnügens um des praktischen Vorteils willen. Als moralische Norm wird ausposaunt, man solle glücklich sein. Während die Spalte anscheinend den Leser ermuntert zu überwinden, was in der Sphäre der Popularpsychologie »Hemmungen« heißt, subsumiert sie zugleich libidinöse Bedürfnisse, deren Sinn dem zuwiderläuft, dem Kommando rationaler Interessen. Spontaneität, Unwillkürlichkeit selber wird der Kontrolle unterworfen und verfügbar gemacht, wie zur Parodie auf das Freudische Diktum, wo Es ist, solle Ich werden. Man muß das Vergnügen sich auferlegen, zur Lust sich zwingen können, will man angepaßt sein oder wenigstens dafür gelten.

Während das Verhältnis des Einzelnen zu seiner privaten Umwelt vielfach am psychologischen Konflikt zwischen Wunsch und Gewissen leidet, läßt der Antagonismus zwischen dem Einzelnen und dem gesellschaftlichen Ganzen nicht wesentlich auf triebdynamische Strukturen sich reduzieren, sondern trägt sich in der objektiven gesellschaftlichen Dimension zu. Auch auf sie wird das biphasische Schema angewandt. Den Lesern wird einmal empfohlen, im Kampf ums Dasein wie starke, unnachgiebige Individuen sich zu verhalten; dann wieder, sich zu fügen, nicht eigensinnig zu sein. Die traditionell liberalistische Idee von der unbeschränkten Entfaltung des Individuums, seiner Freiheit und Unnachgiebigkeit ist nicht länger vereinbar mit einer Stufe der Entwicklung, die das Individuum zunehmend zwingt, den organisatorischen Forderungen der Gesellschaft widerstandslos sich zu unterwerfen. Von der nämlichen Person kann schwerlich erwartet werden, daß sie zu gleicher Zeit reibungslos angepaßt und rücksichtslos individualistisch sei. Auf dem mittlerweile zur Ideologie verblaßten Individualismus wird um so nachdrücklicher bestanden. Er wird zum Trost. Das Horoskop wiederholt psychologisch am Individuum die Verdinglichung, der es ökonomisch ohnehin unterliegt, und zerlegt es in Komponenten: solche der Anpassung und solche der Autonomie, unfreiwillig bestätigend, daß die vielberufene Integration unmöglich ist. Freilich widersprechen real die beiden Forderungen der Adaptation und der Autonomie einander nicht nur, sondern sind zugleich verflochten. Selbst heute hängt der Erfolg von individuellen Qualitäten ab, die, seien sie noch so verschieden von denen des Subjekts früherer Epochen, alles andere sind als Ichschwäche. Anpassung verlangt eine Wendigkeit, die von Individualität nicht zu trennen ist. Umgekehrt werden individuelle Qualitäten heute a priori nach dem potentiellen Erfolg, als Sein für Anderes bewertet. So gilt es in kapitalistisch fortgeschrittenen Ländern als selbstverständlich, daß eine »originelle Idee« etwas ist, was sich gut verkauft. Die Situation ist einigermaßen paradox: wer den herrschenden Lebensbedingungen sich anpassen will, muß die eigenen, partikularen Interessen — die des Individuums — rücksichtslos verfolgen, er muß sich anpassen durch Nicht-Anpassung. Andererseits erheischt die Entfaltung spontaner Individualität notwendig auch Anpassung, Identifikation mit dem Nicht-Ich. Individualität, emphatisch als solche genommen, bliebe abstrakt. Indem sie von der Objektivität sich abkapselt, verkümmert sie. Man verfehlt den Charakter einer Gesellschaft, die den Begriff der Anpassung zum Fetisch macht, sobald man die Begriffe Individualität und Anpassung voneinander isoliert und undialektisch den einen gegen den anderen ausspielt. Diese Komplexion aber gestattet dem Horoskop, eine universale Formel für seine schwer zu vereinbarenden Forderungen auszutüfteln: man soll individuell und doch, wie es euphemistisch heißt, kooperativ sein. Oft wird in der Terminologie der Popularpsychologie Extraversion auf Kosten von Introversion gepriesen. In Wahrheit erwartet das Horoskop gar nicht, daß einer die sozialen Normen ganz sich zu eigen macht, sondern begnügt sich damit, daß er den Forderungen, die von außen ergehen, soweit sich unterwerfe, wie es nun einmal nötig sei, während es ihn zu gleicher Zeit dazu ermuntert, bedenkenlos in den Zustand einer gewissen anarchischen Roheit sich zurückfallen zu lassen, sobald er keine Strafe zu fürchten hat. Starrer Gehorsam und mangelnde Introjektion von Normen treten zusammen.

An der übertrieben praktischen Gesinnung, welche die Spalte verkauft, kommen selber Irrationalismen, psychische Narben zutage: es fehlt der Sinn für Proportionen. Das Praktische wird zur überwertigen Idee. Die reale Wirkung mancher emphatisch als praktisch empfohlener Handlungen und Verhaltensweisen ist unverhältnismäßig gering; so die der Pflege des Äußeren, die im Horoskop eine Hauptrolle spielt, oder von kleinlichbetulichen Beschäftigungen, wie daß man »Besitzangelegenheiten ordnet oder finanzielle Fragen mit der Familie bespricht« — vermutlich das Haushaltungsbuch. Neben der analen Besetzung greifbaren Eigentums kommen dabei soziale Momente ins Spiel. Die Möglichkeiten, unabhängiges Eigentum zu erwerben, sind heute für die Mehrzahl weitaus begrenzter, als man während der Hochblüte des Liberalismus, zu Recht oder Unrecht, glauben mochte. Die Spalte zieht sich aus der Affäre. Sind Besitztümer einmal nicht mehr zu erwerben wie in alten Tagen, dann könne, so läßt sie durchblicken, der nämliche Erfolg erzielt werden, der wagemutigem Unternehmertum sich versagt, wenn man nur geschickt mit dem wuchert, was man hat — plant, überlegt, Berechnungen anstellt. Darauf sprechen zwanghafte Menschen ohnehin an. Kurven zeichnen, Tabellen entwerfen, kühne Unternehmungen auf dem Papier durchspielen wird zum Ersatz für expansive Spekulation. Vom Geldmachen überlebt nur die Leerform. Das Horoskop übt unrealistischen Realismus ein. Der fiktive Angesprochene, etwa ein imaginärer Prokurist, soll, da er nun einmal Chef nicht sein kann, diesen wenigstens vor sich und den Seinen mimen dürfen. Aber die alte Ideologie unbeschränkten Erwerbsstrebens läßt sich nicht reibungslos in Pseudoaktivität überführen. Deshalb nutzt der Horoskopschreiber gelegentlich die sonst versteckte abergläubische Basis der Astrologie aus. Er geizt nicht mit Hinweisen auf ansehnlichen materiellen Gewinn. Dieser soll jedoch kaum je der eigenen Arbeit des Lesers oder seinem Unternehmungsgeist sich verdanken, sondern durchweg unwahrscheinlichen Akten der Vorsehung, wie bei der Kartenschlägerin. Charakteristisch die »unerwartete Hilfe aus verborgenen Quellen«. Zuweilen greifen auch geheimnisvolle Freunde ein und überhäufen den Adepten mit Wohltaten wie im Märchen. Weder wird vom Leser erwartet, daß er glaubt, er könne je selbst Reichtümer verdienen, noch daß er damit sich abfindet, daß sie ihm nie zuteil werden. Der Schreiber ist der heftigen Wünsche seiner Leser so sicher, daß er sie momentan, infantil durch absurde Versprechungen zu befriedigen wagt. Bisweilen finden sie sich verknüpft mit Anspielungen auf die »geheimsten Wünsche« und »liebsten Hoffnungen« des Lesers; Blankoschecks, die jener je nach emotionellem Bedarf sich selber ausschreibt. Bei all dem läßt es das Horoskop nicht sein Bewenden haben. Den Sternen wird nachgeholfen. Hin und wieder, wenn auch nur vorsichtig und verschleiert, wird der Konsument ermutigt, nicht ohne weiteres auf sein Glück sich zu verlassen, sondern zu tun, was Lessings Riccaut de la Marlinière tat: corriger la fortune. Einmal etwa heißt es:

»Dies ist der Tag, die Dinge hinter den Kulissen geschickt zu manipulieren, um Ihr Glück zu fördern.«

Real steht die dämmernde Erfahrung dahinter, daß man in der Geschäftshierarchie nur noch durch persönliche Beziehungen und schlaue Diplomatie, nicht durch Leistung vorankomme. Das Bedenkliche des Rats aber, man solle intrigieren, wird nach dem biphasischen Schema revoziert durch die auf dem Fuß folgende Ermahnung, nichts Ungesetzliches zu tun, in den Grenzen des Erlaubten sich zu halten. Die Sünde wird buchstäblich und im psychoanalytischen Sinn ungeschehen gemacht.

»Strikte Befolgung von Geist und Buchstaben des Gesetzes befriedigt einen beunruhigten Vorgesetzten außerordentlich«, heißt es wörtlich sogleich. Moral wird veräußerlicht: man ist für seine Handlungen nicht sich selber, sondern anderen, den Vorgesetzten verantwortlich. Die Idee abzulegender Rechenschaft wird nicht als Pflicht vorgestellt, sondern nach dem Maß praktischen Interesses, als Drohung:

»Sehen Sie zu, daß jede Einzelheit in Ihren Angelegenheiten genau in Ordnung ist, so daß sich keine Kritik gegen Sie erhebt.«

Neben den zehn Geboten verkündet das Horoskop auch das elfte. Es weiß wohl, wie dicht Anarchie unterm Konformismus liegt; wie ambivalent beides ist, wie wenig die Integration der integralen Gesellschaft gelang. Schließlich fehlt unter den Irrationalitäten des gesunden Menschenverstands der Spalte nicht die Versicherung, die gute Familie, das Milieu des Angesprochenen weise ihm den rechten Weg und verbürge den Erfolg. Überhaupt werden individuelle Eigenschaften vom Horoskop als natürliche Monopole angesehen. Solche Topoi wollen mit dem drohenden

Verschwinden freien Wettbewerbs versöhnen, vielleicht auch bereits das Bild einer aufs neue geschlossenen Gesellschaft vorbereiten. Hinter dem traditionsbewußten Lob der guten Familie lauert der numerus clausus und das Rassevorurteil, das der Majorität zugute kommen soll.

Die Lebensweisheit des Horoskops beschränkt sich keineswegs auf Popularpsychologie, sondern schließt die Ökonomie mit ein. So in Alternativen wie der, man solle je nachdem »konservativ« oder »modern« sein. Gemeint sind technische und geschäftliche Methoden. Nach individualistischer Ideologie hat nur derjenige, der mit Neuem aufwartet, Erfolg. Aber wer mit beschränkten Mitteln Neuerungen einführt, wird von wirtschaftlich Mächtigeren ruiniert. Die imago des verhungernden Erfinders ist unvergessen. Aus der realen Sackgasse sucht das Horoskop sich und den Leser biphasisch herauszumanövrieren: zuzeiten soll er »modern«, zuzeiten »konservativ« sich verhalten. Was allein in der Produktionssphäre seinen Sinn hätte, über die der präsumtive Leser nichts vermag, wird auf die der Konsumtion übertragen, in der er eben noch die Illusion freier Wahl zwischen der aufregenden Novität und der behaglich ausgefallenen Antiquität hegen mag. Häufiger noch wird der Ausdruck konservativ in der vageren Bedeutung gebraucht, man soll »konservative Finanzpolitik« treiben, will sagen: unnötige Ausgaben vermeiden. Rät das Horoskop dagegen zur »Modernität«, dann geht es etwa darum, daß der Leser moderne Möbel erwerbe. Während die gegenwärtige Überproduktion von Gebrauchsgütern Käufer verlangt, die längst trainiert sind, nur das Neueste gelten zu lassen, beeinträchtigt gerade diese Mentalität der Käufer die Bildung von finanziellen Rücklagen. Um das Richtige zu treffen, muß das Horoskop Kauflust und Zurückhaltung gleichermaßen advozieren. — Der Ausdruck »modern« fungiert in seinem Sprachgebrauch häufig als Äquivalent für »wissenschaftlich«. Man wirtschafte sparsamer, wenn man durchdachte Neuerungen einführe. Zugleich plädiert das Horoskop in eigener Sache, indem es mit Wissenschaftlichkeit auf gutem Fuß sich zeigt. Astrologie, wie der Okkultismus insgesamt, hat das entschiedenste Interesse, inmitten hochgesteigerter Rationalisierung den Verdacht magischer Praktiken abzuwehren. Wissenschaftlichkeit ist ihr schlechtes Gewissen. Je irrationaler ihr Anspruch, desto beflissener wird betont, nichts Schwindelhaftes sei daran.

Unter den Kategorien menschlicher Beziehungen, die das Horoskop urgiert, denen der privaten und gesellschaftlichen Verhältnisse des Lesers, entscheiden die von Familie, Nachbarschaft, von Freunden und Vorgesetzten. Zur Familie verhält sich das Horoskop weitgehend gemäß dem offiziellen, konventionellen Optimismus, dem die Familie als Inbegriff der ingroup unantastbar ist; der krampfhaft leugnet, in der kleinen Gemeinschaft der angeblich einander am nächsten Stehenden könnte etwas fragwürdig sein. Spannungen seien ephemer, im Grund alles Liebe und Harmonie. Nur negativ kommt das Problematische an der Familie heraus: durch Verschweigen. Ausgespart sind die eigentlich affektiven Aspekte des Familienlebens – wie allerorten ist auch in seiner Sphäre Extraversion das Ideal der Spalte. Die Familie spendet Sukkurs in den Nöten des äußeren Lebens; allenfalls meldet sie Ansprüche und Klagen an, denen einigermaßen Rechnung zu tragen sei, wenn das Leben nicht unerträglich werden soll. Unabsichtlich resultiert ein Bild von Kälte. Alles Familienleben wird ins Bereich der Freizeit verwiesen: die biphasische Konstruktion lokalisiert sie im Zeitraum des Nachmittags, wie die Reparaturen der Leser am Auto und in der Wohnung. Vom Mann wird unterstellt, er gebe zuviel aus – etwa für Alkohol oder beim Spiel. Da schließlich die Frau mit dem vorhandenen Geld auskommen muß, soll der Leser seine finanziellen Angelegenheiten mit ihr besprechen. Von der Frau ist meist abstrakt als von »der Familie« die Rede, wohl um dem männlichen Leser die Demütigung zu ersparen, er sei ein Pantoffelheld. – Die Familie vertritt die soziale Kontrolle über die Triebbedürfnisse. Die ängstlich nüchterne Vorsicht der Frau soll den Mann davon abhalten, im Beruf aufzumucken und seine Stellung zu gefährden. All das freilich bleibt verschwommen. Der Rat, finanzielle Dinge mit der Familie zu besprechen, kann auch das Gegenteil involvieren: Kontrolle der Ausgaben einer verschwenderischen Frau. Diese wird dann als von Waren verlockte Konsumentin für unvernünftiger angesehen denn der Mann als schwer arbeitender Versorger. Beide Male wird die Familie als team mit starken gemeinsamen Interessen gedacht. Fast werden Ehepartner, nicht unrealistisch, zu Verschworenen in einer potentiell feindlichen Umwelt. Ihre Kleinstorganisation beruht allein auf dem Grundsatz von Geben und Nehmen; kaum irgendwo erscheint die Familie als Form spontanen Zusammenlebens. Der Leser soll denn auch sein Verhältnis zu ihr sorgfältig berechnen. Er hat für die Solidarität, die er erwartet, zu zahlen. Immerfort droht nörgelnde Unzufriedenheit; der Klügere gibt nach und vermeidet den Zorn des archaisch vorgestellten Clans. Darin ist registriert, daß die Aufteilung in die Sphären von Produktion und Konsumtion, von Arbeit und Muße nicht bruchlos gelingt. Von der Absurdität dessen, daß Leben selber mehr und mehr zum bloßen Anhängsel eben des Berufslebens wird, das Mittel, nicht Zweck des Lebens sein sollte, ist noch das Dasein der eifrigsten Jasager geschlagen. Bei interfamilialen Zusammenstößen verhalten Frauen im allgemeinen sich naiver, ungefaßter als Männer: darum wird an deren Vernunft appelliert. Die Zusammenstöße sind vielfach darin begründet, daß der Mann während der Arbeitszeit seine Aggressionen unterdrücken muß und sie dann auf die ihm Nahestehenden entlädt, die abhängigen Schwächeren. Die Schuld dafür schreibt das Horoskop dem Zeitelement zu, als ob, uneinsichtig warum, gerade an diesem bestimmten Nachmittag oder Abend zu Hause Unheil brüte und der Leser deshalb besonders vorsichtig sein müsse. Beschworen wird die Erfahrung dessen, was volkstümlich dicke Luft heißt. Zusätzlich wird dem Leser positiv geraten, »die Familie auszuführen« oder »ihr ein paar schöne Stunden zu bereiten«, indem er Freunde einlädt. Das rechnet unter die Versuche, institutionalisierte Freuden und erzwungene menschliche Nähe anstelle spontaner einzuschmuggeln, nach dem Rezept etwa des Mutter- oder Vatertags. Da gespürt wird, die wärmende und hegende Kraft der Familie schwinde dahin, deren Institution doch aus praktischen wie aus ideologischen Gründen festgehalten werden muß, so wird das emotionelle Element von Wärme und Zusammengehörigkeit synthetisch beigestellt. Menschen werden angehalten und gestoßen, das zu tun, was angeblich natürlich ist — einer soll seiner Frau Blumen schenken, nicht weil es ihr und ihm Freude macht, sondern weil sie sich ärgert, wenn er es vergißt.

Häufiger noch als die Familie wird von der Spalte die Kategorie der »Freunde« bemüht. Sie fordert den Versuch einer Erklärung selbst dann noch heraus, wenn man konzediert, daß der Begriff des Freundes weithin seinen Sinn eingebüßt hat und in Amerika, unbelasteter als in Deutschland, meist nur noch als Synonym für den »Bekannten« gebraucht wird. Nach einer traditionellen Grundvorstellung der Astrologie senden die freundlichen und feindlichen Konjunktionen menschliche Boten aus. Unter diesen hebt das Horoskop die Freunde hervor, kaum je die Feinde. Die starre Einteilung in Freunde und Feinde, die der biphasischen Disposition förmlich sich aufdrängen müßte und die auch dem paranoiden Denken des Abergläubischen entspricht, wird offenbar vom Zeitungshoroskop besonderer sozialer Kontrolle unterworfen. — Die Segen spendenden Freunde im Horoskop kommen unerwartet von draußen — wohl im Einklang mit dem mehr oder minder unbewußten Antagonismus der Individuen zur Familie und zum stumpf gewohnten Milieu, den der offizielle Optimismus übertäuben möchte. Jäh und grundlos überschütten die

Freunde das Glückskind mit Wohltaten, flüstern ihm zu, wie es mit Sicherheit sein Einkommen erhöht, oder vermitteln ihm ansehnliche Posten. Dahinter steht das von Fromm beschriebene Gefühl der Ohnmacht. Man soll, um die Wohltaten sich zu verdienen, den Freunden folgen; sie seien stärker als der Leser und wüßten besser Bescheid. Zugleich wird der Angst und dem Haß vorgebeugt, die aus der Abhängigkeit entstehen könnten. Das Bild derer, von denen der Angesprochene abhängt, ist makellos positiv. Deutlich wird der parasitäre Aspekt der Abhängigkeit im ständigen Hinweis auf jenen Begriff der Wohltat. Er ist vorkapitalistisch; gehört in den Horizont von Werkgerechtigkeit und toleriertem Bettel. Sozialpsychologisch rückt die Beziehung zu den Freunden in die Nähe des Phänomens der Identifikation mit dem Angreifer. Oft sind die Freunde nur schonende Masken für die Vorgesetzten. Rationale, berufliche Beziehungen werden in emotionale verwandelt; die, zu denen man im äußerlichen Verhältnis der Unterordnung steht, die man zu fürchten hat, sollen es am besten mit einem meinen, und man soll sie lieben. Der Angesprochene soll fühlen, daß, wenn er, der beliebig Ersetzbare, eine gesellschaftliche Funktion erfüllen darf, er es der unerforschlichen Gnadenwahl eines ewigliebenden Vaters zu verdanken hat. Die Vorschriften, die vom Vorgesetzten an den Untergebenen ergehen, werden ausgelegt, als wollten sie einzig diesem in seiner Schwäche beistehen.

»Prominente Persönlichkeit, erfahrener als Sie, gibt bereitwillig guten Rat. Hören Sie aufmerksam zu und folgen Sie dem besseren Plan.«

Die Vagheit der Horoskop-Kategorie des Freundes erlaubt es, in ihm die Gesellschaft schlechthin zu personifizieren. Die Härte der gesellschaftlichen Normen, die das Horoskop vermittelt, scheint gemildert, indem die Normen nicht als solche, objektiv, sondern vermenschlicht auftreten. Das mag damit zusammenhängen, daß real Autorität von den Vaterfiguren auf Kollektive, den big brother übergeht. Die Freunde erzwingen nichts, sie lassen den Angesprochenen spüren, daß er bei aller Isolierung dennoch einer der Ihren ist, und daß jene Wohltaten, die sie ihm erweisen, die sind, welche die Gesellschaft selber zu vergeben hat. Vielfach auch ist der Freund eine Projektion des Ichideals des Angesprochenen. Der innere Dialog, in dem dieser die Momente eines Konfliktes gegeneinander abwägt, wird von der Spalte entfaltet. Der Leser selbst spielt den Part des Kindes, während der Erwachsene in ihm, das Ego, diesem Kind als erfahrener Freund, beruhigend eher als drohend, zuspricht. Dennoch repräsentieren die Freunde auch wieder das Es, indem sie angeblich Wünsche erfüllen, die der Leser selbst sich nicht erfüllen darf oder kann. Daß die

Freunde fast immer in der Mehrzahl auftreten, deutet darauf, daß sie entweder für Geschwister oder eben, wahrscheinlicher, für die Gesellschaft im ganzen stehen; auch auf Mangel an Individuation und darauf, daß jeder durch jeden auszuwechseln sei. — Zuweilen wird der Fremde oder der »interessante Ausländer« aus Groschenromanen zum Substitut des Freundes. Wendet sich das Horoskop an Menschen, die mit der ingroup sich identifizieren und exogame Wünsche sich versagen müssen, so hilft der mysteriöse Fremde ihren verdrängten Bedürfnissen auf. Unterschieden wird sorgfältig zwischen »alten« und »neuen« Freunden. Überraschenderweise fällt der positive Akzent auf die neuen. Sie passen in die Gegenwart; »history is bunk«. Die alten Freunde dagegen werden gelegentlich als Last denunziert, als Leute, die das Recht prätendieren, irgendwelche Ansprüche aus einer nicht mehr aktuellen Beziehung abzuleiten. Das Horoskop macht sich zum Sprecher der universalen Tendenz zum Vergessen. Das Vergangene wird abgewiesen. Was nicht mehr da, nicht mehr Tatsache ist, greifbar vor Augen liegt, gilt schlechthin als nichtexistent. Damit sich befassen, heißt so viel, wie von den Forderungen des Tages sich ablenken lassen. Bei aller konventionellen Moral und Wohlanständigkeit kündigt das Horoskop, in Konsequenz des Tauschprinzips, die Idee der Treue: das hier und jetzt Unnütze wird liquidiert.

Gelegentlich sieht der ratsuchende Leser, anstatt an den Freund oder den Fremden, an den »Fachmann« sich verwiesen: den Inbegriff unbestechlichen, allein durch Sachkenntnis motivierten Verhaltens. Seine Idee, die scheinbar für Rationalität steht, hat selber etwas Magisches angenommen. Ihm blind zu vertrauen, kann nicht schwer fallen, da Fachkenntnis ihrerseits in rationalen Prozessen fundiert sein soll, die nur eben der Laie selbst nicht nachzuvollziehen vermag. Die Autorität des Experten verletzen, verstieße gleichermaßen gegen Rationalität *und* unbewußte Tabus. Darauf baut das Horoskop. — Gelegener noch kommt ihm der Vorgesetzte, der in eins den fähigen Berufsmenschen repräsentiert und die Vaterfigur. Ihm gelten die meisten Hinweise auf persönliche Beziehungen. Sein ambivalentes Bild paßt besser ins biphasische Schema als das des Freundes. Ständig fordern, der Spalte zufolge, die Vorgesetzten Rechenschaft. Man muß ihnen gehorchen. Sie verpflichten zu Aufgaben, die oft die Kräfte des Untergebenen übersteigen. Nicht selten werden sie als anmaßend und hochtrabend getadelt. Das wird aber fast im gleichen Atemzug zurückgenommen — das objektiv Bedrohliche durch den Hinweis auf das höhere moralische Recht oder die bessere Einsicht des Vorgesetzten; das subjektiv Bedrohliche: Launen und Unvernunft, durch die Erinnerung daran, daß auch jene ihre Probleme, Sorgen und Schwächen hätten, für die man Verständnis aufbringen sollte, als wäre der Untere der Obere. Überaus häufig wird geraten, sie zu beschwichtigen, nach dem Muster des Kindes, das seine grollenden Eltern durch liebes Wesen versöhnen möchte. Weniger geht es um die Erfüllung von Pflichten als um geschicktes, elastisches Lavieren in der Hierarchie: man müsse die Vorgesetzten mit gleichsam höfischer Schmeichelei traktieren, um ihre Gunst sich zu bewahren. Gelegentlich tritt an der Erbötigkeit, die das Horoskop empfiehlt, paradox der Aspekt von Bestechung hervor: der Schwächere soll den Stärkeren zu sich einladen, ihn ausführen. Das wird retouchiert durch den Euphemismus, es komme auf eine »zufriedenstellende menschliche Beziehung« zwischen Untergebenen und Vorgesetzten an. So sind die human relations. Allgemein fällt der euphemistische Charakter der astrologischen Gebrauchssprache auf. Er zehrt vom alten Aberglauben, nichts dürfe berufen, nichts auch bei seinem wahren und gefährlichen Namen genannt werden. Das verschafft dem Ratsuchenden zwar die Schonung, die er vom Horoskop sich erhofft, vorweg aber wird die Einsicht kastriert, um derentwillen er überhaupt, irrend, an Astrologie sich wendet. — Trotz der Emphase, die auf den menschlichen Beziehungen liegt, fehlt selten die Andeutung, Ergebenheit und Dienst am Vorgesetzten würden sich auszahlen. Dessen imago ist jenem Typ Vater nachgebildet, der zwischen tyrannischen Ausbrüchen, über sich selbst gerührt, den Kindern versichert, er sei ihr bester Freund und züchtige sie nur zu ihrem Besten. Erfolg und Position verdankt der Vorgesetzte dem Horoskop zufolge allein seinen inneren Qualitäten. Wem Gott ein Amt gibt, dem gibt er auch Verstand: hierarchische Strukturen werden glorifiziert und fetischisiert zugleich. Oft winden sich Floskeln marktgängigen Prestiges wie die »wichtige Persönlichkeit«, wie »prominent« oder »einflußreich« als Heiligenschein um die höhere Position. Das wichtigste in den menschlichen Beziehungen sei, daß man reden, gut zureden kann. Darin wird das Horoskop ebenso der passiven Nachgiebigkeit wie den aggressiven Impulsen der Angesprochenen gerecht. Das Bestreben, den Stärkeren zu erweichen, ihn freundlich zu stimmen, nährt sich vom unbewußten Wunsch, durch Offenheit gleichsam um den Kopf sich zu reden. Tatsächlich haben die Unterdrückten zuinnerst das Bedürfnis, sich freizusprechen, müssen es aber verdrängen oder durch überbrückendes Geschwätz regulieren. Die Praxis, zu welcher das Horoskop die Menschen anhält, umschifft vielfach tragende Widersprüche durch schlaue Unterwürfigkeit, vergleichbar der Taktik einer Frau, die den Mann übervorteilen möchte, von dem sie abhängt. Das

Horoskop lehrt die Menschen, auf ihr Interesse zugunsten ihrer Interessen zu verzichten.

Die astrologische Mode dürfte während der letzten Dezennien zugenommen haben: nicht allein als wirtschaftliches Neuland für Schamanen sondern auch wegen steigender Anfälligkeit der Bevölkerungen. Jene ist psychologisch und gesellschaftlich weit fataler als die Astrologie selber. Sie hat ihre Basis am Phänomen der universalen und entfremdeten Abhängigkeit, der inneren und der äußeren. Von ihr geht das Horoskop aus: es vertuscht, nährt und exploitiert sie. Dabei handelt es sich nicht einfach um die traditionelle Abhängigkeit der Mehrzahl der Menschen von der organisierten Gesellschaft, sondern um die anwachsende Vergesellschaftung des Lebens, die Erfassung des Einzelnen durch unzählige Fangarme der verwalteten Welt. Im Liberalismus des früheren Bürgertums, zumindest in seiner Ideologie, blieb für die meisten die grundsätzliche Abhängigkeit von der Gesellschaft verhüllt, etwa wie in der Theorie vom Individuum als der autonom konstituierten und frei sich erhaltenden Monade. Heute ist die Hülle gefallen. Die Prozesse der sozialen Kontrolle sind nicht länger solche eines anonymen Marktes, von dessen Gesetzlichkeit der Einzelne nichts weiß. Die vermittelnden Instanzen zwischen der Direktion der Gesellschaft und den Dirigierten schwinden zusehends, die Einzelnen sehen wieder unmittelbar den Verfügungen sich gegenüber, die von der Spitze ergehen. Die dergestalt sich offenbarende Abhängigkeit macht die Menschen anfällig für totalitäre Ideologie. Als Vortrab dient ihr auch die Astrologie. Aber die Einsicht in die steigende Abhängigkeit wird ungemildert nur schwer ertragen. Gäben die Menschen sie offen zu, so könnten sie einen Zustand kaum länger aushalten, den zu ändern sie doch weder die objektive Möglichkeit sehen noch die psychische Kraft in sich fühlen. Darum projizieren sie die Abhängigkeit auf etwas, das von Verantwortung dispensiert: seien es die Sterne, sei's die Verschwörung der internationalen Bankiers. Man könnte darauf verfallen, zur Einübung im Unvermeidlichen *spielten* die Bekenner der Astrologie ihre Abhängigkeit, übertrieben sie vor sich selbst, wie denn viele von ihnen die eigene Überzeugung nicht ganz ernst nehmen, sie mit leiser Selbstverachtung ironisieren. Astrologie ist nicht nur einfacher Ausdruck der Abhängigkeit sondern auch deren Ideologie für die Abhängigen. Die unentrinnbaren Verhältnisse ähneln objektiv so offenkundig dem Wahnsystem sich an, daß sie zwangshaftes, selbst paranoides geistiges Verhalten herausfordern. Nicht allein Geschlossenheit verbindet Wahnsystem und System der Gesellschaft miteinander, sondern auch, daß die meisten insgeheim das Systematische ihres Tuns, ihre Arbeit, als irrational und unvernünftig erfahren. Sie begreifen nicht länger den Zweck des Mechanismus, von dem sie selber einen Teil bilden. Sie argwöhnen, daß der Koloß weniger um ihrer Bedürfnisse als um des eigenen Fortbestands willen existiert und funktioniert. Der lückenlosen Organisation wird das Mittel fetischistisch zum Zweck, ein jeder spürt die Selbstentfremdung des Ganzen auf der eigenen Haut. Selbst solche, die für normal gelten, und vielleicht sie besonders, akzeptieren Wahnsysteme: weil diese immer weniger von dem ihnen ebenso undurchsichtigen der Gesellschaft zu unterscheiden, aber einfacher sind.

Zum Gefühl, erfaßt zu sein und nichts über das eigene Schicksal zu vermögen, tritt das hinzu, das System treibe ungeachtet seiner funktionalen Rationalität der Zerstörung durch sich selbst entgegen. Seit dem ersten Weltkrieg ist das Bewußtsein der permanenten Krise nicht geschwunden. Weder die Reproduktion der Gesamtgesellschaft noch die des Einzelnen gelingt mehr durch die nach traditioneller Theorie normalen ökonomischen Prozesse sondern durch die versteckte und widerrufliche Zuwendung, wenn nicht durch allseitige Aufrüstung. Die Aussicht ist um so verzweifelter, je weniger am Horizont eine höhere Form der Gesellschaft sich abzeichnet. Darauf spricht Astrologie an. Ihre Leistung ist es, das wachsende Grauen in pseudorationale Formen zu kanalisieren, die flutende Angst in festen Mustern zu binden, sie sozusagen selbst noch zu institutionalisieren. Das sinnlos Unausweichliche wird zum leer grandiosen Sinn überhöht, dessen Leere die Trostlosigkeit ausdrückt, Parodie von Transzendenz. Die Substanz von Astrologie erschöpft sich in der Spiegelung der empirischen Welt, deren Undurchsichtigkeit sie trifft, wo sie Transzendenz vorgaukelt. Zugeschnitten ist sie gerade auf Typen, die sich in illusionsloser Skepsis gefallen. Den religiösen Kult erniedrigt sie zu einem der Tatsachen, ganz wie die schicksalsträchtigen Entitäten der Astrologie, die Sterne selber, in ihrer Tatsächlichkeit berufen werden: als Dinge, die mathematisch-mechanischen Gesetzen unterstehen. Astrologie fällt nicht einfach auf ältere Stufen der Metaphysik zurück. Vielmehr verklärt sie die aller metaphysischen Qualitäten entkleideten Dinge zu quasi-metaphysischen Wesenheiten wie die science fiction. Nie wird der Boden der entzauberten Welt unter den Füßen verloren. Die hypostasierte Wissenschaft behält das letzte Wort. Comtes Postulat, der Positivismus solle sich selbst zur Religion werden, hat hämisch sich erfüllt. Spiegelbild der undurchsichtigen, verdinglichten Objektivität, bildet Astrologie zugleich die sie transzendierenden Bedürfnisse der Subjekte zurechtgestutzt, perspektivisch ab. Die Menschen, längst unfähig, irgend zu denken oder zu begreifen, was der Wirklichkeit, wie sie ist, nicht gliche, streben zugleich verzweifelt von dieser weg. Statt der leidvollen Anstrengung, bewußt zu durchdringen, was sie so trübselig macht, suchen sie im Kurzschluß der dumpfen Ahnung Herr zu werden, verstehend halb und halb flüchtend in vorgeblich höhere Bereiche. Darin ist Astrologie eines Sinnes mit Massenmedien wie dem Film: sie drapiert als Bedeutung und leuchtend Einmaliges, spontan das Leben Wiederherstellendes die gleichen verdinglichten Beziehungen, über die sie täuscht. Denn die Bewegung der Sterne, aus der angeblich alles erklärt werden könne, erklärt selber gar nichts. Die Sterne lügen nicht, aber sie sagen auch nicht die Wahrheit. Dafür lügen die Menschen. Bis heute blieb Astrologie schuldig zu sagen, warum und wie die Sterne ins Leben der Einzelnen eingreifen. Der Fragende wird abgespeist mit wissenschaftlichem Brimborium, unbeweisbare oder unsinnige Behauptungen werden geschickt mit Elementen von Faktizität und astronomischer Gesetzlichkeit gespickt. Das Konglomerat aus Rationalem und Irrationalem, das den Namen Astrologie trägt, reflektiert in solchem Zugleichsein des Unvereinbaren den kardinalen gesellschaftlichen Antagonismus. Hier geht es so rational zu wie dort – bei den Sternen nach der Mathematik, im empirischen Dasein nach dem Tauschprinzip. Irrational ist die Unverbundenheit. Soweit die Feststellungen der Astrologen stellare Vorgänge betreffen, sind sie sichtlich bemüht um Übereinstimmung mit den astronomisch kontrollierbaren Sternbewegungen. Vom gegenwärtigen gesellschaftlichen Dasein wissen sie genug: ihrer Einschätzung der Opfer ist keine Spur wahnhafter Vorstellungen beigemischt. Geheimnis und Trick der Astrologie ist lediglich die Art, wie sie die unter sich beziehungslosen, isoliert rational behandelten Sphären der Sozialpsychologie und der Astronomie vereint.

In Astrologie spiegelt sich, zu welchem Maß arbeitsteilig wissenschaftliches Denken zwangsläufig die Totalität der Erfahrung in Unverstandenes und Inkommensurables zerspaltet. Scheinhaft, wie mit einem Schlag fügt sie das Getrennte wieder zusammen, verzerrte Stimme der Hoffnung, das Auseinandergerissene sei doch zu versöhnen. Gerade die Unverbundenheit aber von Psychologie und Astronomie, des Menschenlebens und der Sterne gewährt ihr die Chance, im Niemandsland dazwischen sich anzusiedeln und usurpatorische Ansprüche nach beiden Seiten anzumelden. Ihr Reich ist die Beziehung des Beziehungslosen als Mysterium. In ihrer Irrationalität klingt jene nach, die am Ende der Arbeitsteilung steht als Frucht derselben Rationalität, die um vernünftigerer Reproduktion des

Lebens willen Arbeitsteilung verlangte. Leicht ließe die Finte, willkürlich Unverbundenes zu verbinden, wissenschaftlich sich dingfest machen, wäre nicht wissenschaftliche Erkenntnis selbst so esoterisch geworden, daß nur wenigen solche Konsequenzen einsichtig würden; das kommt dem Erfolg der als esoterisch sich stilisierenden Massenastrologie zugute. Er bezeugt die allerorten sich ausbreitende Halbbildung. Der zur Ersatzmetaphysik hypostasierten Tatsachengläubigkeit gesellt sich die Tendenz, informatorische Kenntnisse anstelle von Erkenntnis, von intellektueller Durchdringung und Erklärung zu setzen. Was der großen Philosophie Synthesis hieß, schrumpft. Ihr Erbe ist ihre Parodie, der Beziehungswahn. Während naive Menschen ihre Erfahrungen eher als selbstverständlich hinnehmen, unbehelligt von den Fragen, die zu beantworten Astrologie fingiert; während ernsthaft Gebildete, Urteilsfähige dem Schwindel standhielten und ihn durchschauten, fängt er jene ein, die, von der Fassade unbefriedigt, nach dem Wesen tasten, ohne doch kritisch sich anstrengen zu wollen oder zu können. Astrologie versorgt zugleich und provoziert einen Typus, der zu skeptisch sich dünkt, um der Kraft des gesellschaftlich ungedeckten Gedankens zur Wahrheit sich anzuvertrauen, und doch nicht skeptisch genug ist, um gegen eine Irrationalität sich zu sträuben, welche die sozialen Antinomien, an denen ein jeder leidet, in ein Positives verzaubert. Die astrologische Mode nutzt kommerziell den Geist von Regression aus und fördert ihn darum. Seine Bekräftigung integriert sich der umfassenden gesellschaftlichen Ideologie, der Affirmation des Bestehenden als eines naturhaft Gegebenen. Gelähmt wird der Wille, etwas an der objektiven Fatalität zu ändern. Alles Leiden wird ins Private relegiert; Allheilmittel ist die Fügsamkeit; wie Kulturindustrie insgesamt, verdoppelt Astrologie, was ohnehin ist, im Bewußtsein der Menschen. Das Element des Sektenhaften, dessen sie auf dem Markt nicht entraten kann, fügt in ihren exoterischen, populären Aspekt konfliktlos sich ein. Ihr Anspruch, im trüb Besonderen eines willkürlichen Credos ihre umfassende, ausschließende Bedeutung zu hüten, deutet auf den Übergang liberaler in totalitäre Ideologie. Die paradoxe Idee — und Realität — eines Einparteienstaates, die dem Begriff Partei ins Gesicht schlägt und ohne Federlesen partem zum totum erhebt, vollendet eine Tendenz, von der schon Eigensinn und Unansprechbarkeit des astrologischen Adepten künden. Die psychologische Dimension des Phänomens ist von der historisch-sozialen nicht bündig zu scheiden. Spezifische gesellschaftliche Konstellationen begünstigen selektiv die Bildung ihnen gemäßer psychologischer Syndrome oder bringen sie wenigstens ins Licht. In Zeiten drohender Katastrophe werden paranoide Züge mobilisiert. Das Psychotische an Hitler war Ferment seiner Wirkung auf die deutschen Massen. Der Bodensatz des Verrückten, der aggressive Wahn, ist das Ansteckende und zugleich Lähmende der zeitgemäßen Volksbewegungen, auch wo sie mit öffentlicher Beichte und exhibitionistischer Keuschheit der Demokratie sich empfehlen. Wer aber ihnen fanatisch, willentlich sich überläßt, muß den ungeglaubten Glauben forcieren, durch Verfolgung des Andern vom eigenen Zweifel ablenken. Auf solche Politik macht Astrologie die apolitische Probe.

T.W.A.

(Deutsche Fassung nach einer Übersetzung von Hermann Schweppenhäuser)

Theorie der Halbbildung

Was heute als Bildungskrise offenbar wird, ist weder bloß Gegenstand der pädagogischen Fachdisziplin, die unmittelbar damit sich zu befassen hat, noch von einer Bindestrichsoziologie — eben der der Bildung — zu bewältigen. Die allerorten bemerkbaren Symptome des Verfalls von Bildung, auch in der Schicht der Gebildeten selber, erschöpfen sich nicht in den nun bereits seit Generationen bemängelten Unzulänglichkeiten des Erziehungssystems und der Erziehungsmethoden. Isolierte pädagogische Reformen allein, wie unumgänglich auch immer, helfen nicht. Zuweilen mögen sie, im Nachlassen des geistigen Anspruchs an die zu Erziehenden, auch in argloser Unbekümmertheit gegenüber der Macht der außerpädagogischen Realität über jene, eher die Krise verstärken. Ebensowenig reichen isolierte Reflexionen und Untersuchungen über soziale Faktoren, welche die Bildung beeinflussen und beeinträchtigen, über deren gegenwärtige Funktion, über die ungezählten Aspekte ihres Verhältnisses zur Gesellschaft, an die Gewalt dessen heran, was sich vollzieht. Ihnen bleibt die Kategorie der Bildung selbst, ebenso wie jeweils wirksame, systemimmanente Teilmomente innerhalb des gesellschaftlichen Ganzen, vorgegeben; sie bewegen sich im Rahmen von Zusammenhängen, die selber erst zu durchdringen wären. Was aus Bildung wurde und nun als eine Art negativen objektiven Geistes, keineswegs bloß in Deutschland, sich sedimentiert, wäre selber aus gesellschaftlichen Bewegungsgesetzen, ja aus dem Begriff von Bildung abzuleiten. Sie ist zu sozialisierter Halbbildung geworden, der Allgegenwart des entfremdeten Geistes. Nach Genesis und Sinn geht sie nicht der Bildung voran, sondern folgt auf sie. Alles ist darin von den Maschen der Vergesellschaftung eingefangen, nichts mehr ungeformte Natur; deren Roheit aber, das alte Unwahre, erhält zäh sich am Leben und reproduziert sich erweitert. Inbegriff eines der Selbstbestimmung entäußerten Bewußtseins, klammert sie sich unabdingbar an approbierte Kulturelemente. Aber unter ihrem Bann gravitieren sie, als Verwesende, zum Barbarischen. Das ist nicht erst aus jüngsten Entwicklungen, ganz gewiß nicht mit dem Schlagwort Massengesellschaft zu erklären, das überhaupt nichts erklärt, sondern lediglich einen blinden Fleck anzeigt, an dem die Arbeit der Erkenntnis anheben müßte. Daß Halbbildung, aller Aufklärung und verbreiteten Information zum Trotz und mit ihrer Hilfe, zur herrschenden Form des gegenwärtigen Bewußtseins wird — eben das erheischt weiter ausgreifende Theorie.

Ihr darf die Idee der Kultur nicht, nach den Gepflogenheiten der Halbbildung selber, sakrosankt sein. Denn Bildung ist nichts anderes als Kultur nach der Seite ihrer subjektiven Zueignung. Kultur aber hat Doppelcharakter. Er weist auf die Gesellschaft zurück und vermittelt zwischen dieser und der Halbbildung. Nach deutschem Sprachgebrauch gilt für Kultur, in immer schrofferem Gegensatz zur Praxis, einzig Geisteskultur. Darin spiegelt sich, daß die volle Emanzipation des Bürgertums nicht gelang oder erst zu einem Zeitpunkt, da die bürgerliche Gesellschaft nicht länger der Menschheit sich gleichsetzen konnte. Das Scheitern der revolutionären Bewegungen, die in den westlichen Ländern den Kulturbegriff als Freiheit verwirklichen wollten, hat die Ideen jener Bewegungen gleichsam auf sich selbst zurückgeworfen und den Zusammenhang zwischen ihnen und ihrer Verwirklichung nicht nur verdunkelt, sondern mit einem Tabu belegt. Kultur wurde selbstgenügsam, schließlich in der Sprache der ausgelaugten Philosophie zum »Wert«. Wohl sind ihrer Autarkie die große spekulative Metaphysik und die mit ihr bis ins Innerste verwachsene große Musik zu danken. Zugleich aber ist in solcher Vergeistigung von Kultur deren Ohnmacht virtuell bereits bestätigt, das reale Leben der Menschen blind bestehenden, blind sich bewegenden Verhältnissen überantwortet. Dagegen ist Kultur nicht indifferent. Wenn Max Frisch bemerkte, daß Menschen, die zuweilen mit Passion und Verständnis an den sogenannten Kulturgütern partizipierten, unangefochten der Mordpraxis des Nationalsozialismus sich verschreiben konnten, so ist das nicht nur ein Index fortschreitend gespaltenen Bewußtseins, sondern straft objektiv den Gehalt jener Kulturgüter, Humanität und alles, was ihr innewohnt, Lügen, wofern sie nichts sind als Kulturgüter. Ihr eigener Sinn kann nicht getrennt werden von der Einrichtung der menschlichen Dinge. Bildung, welche davon absieht, sich selbst setzt und verabsolutiert, ist schon Halbbildung geworden. Zu belegen wäre das an den Schriften Wilhelm Diltheys, der mehr wohl als jeder andere den Begriff von Geisteskultur als Selbstzweck dem gehobenen deutschen Mittelstand schmackhaft gemacht und den Lehrern überantwortet hat. Sätze aus seinem berühmtesten Buch, wie der über Hölderlin: »Wo ist ein anderes Dichterleben aus so zartem Stoff gewebt, wie aus Mondenstrahlen! Und wie sein Leben, so war seine Dichtung«,[1]) sind bei aller Gelehrsamkeit des Autors von kulturindustriellen Erzeugnissen im Stil Emil Ludwigs bereits nicht mehr zu unterscheiden.

Umgekehrt hat Kultur, wo sie als Gestaltung des realen Lebens sich

---

[1]) Wilhelm Dilthey, Das Erlebnis und die Dichtung, Leipzig und Berlin 1919, S. 441.

verstand, einseitig das Moment der Anpassung hervorgehoben, die Menschen dazu verhalten, sich aneinander abzuschleifen. Dessen bedurfte es, um den fortdauernd prekären Zusammenhang der Vergesellschaftung zu stärken und jene Ausbrüche ins Chaotische einzudämmen, die offenbar gerade dort periodisch sich ereignen, wo eine Tradition autonomer Geisteskultur etabliert ist. Die philosophische Bildungsidee auf ihrer Höhe wollte natürliches Dasein bewahrend formen. Sie hatte beides gemeint, Bändigung der animalischen Menschen durch ihre Anpassung aneinander und Rettung des Natürlichen im Widerstand gegen den Druck der hinfälligen, von Menschen gemachten Ordnung. Die Philosophie Schillers, des Kantianers und Kantkritikers, war der prägnanteste Ausdruck der Spannung beider Momente, während in Hegels Bildungslehre, unterm Namen Entäußerung, ebenso wie beim späten Goethe das Desiderat der Anpassung inmitten des Humanismus selber triumphiert. Ist jene Spannung einmal zergangen, so wird Anpassung allherrschend, ihr Maß das je Vorfindliche. Sie verbietet, aus individueller Bestimmung übers Vorfindliche, Positive sich zu erheben. Vermöge des Drucks, den sie auf die Menschen ausübt, perpetuiert sie in diesen das Ungestalte, das sie geformt zu haben wähnt, die Aggression. Das ist, nach Freuds Einsicht, der Grund des Unbehagens in der Kultur. Die ganz angepaßte Gesellschaft ist, woran ihr Begriff geistesgeschichtlich mahnt: bloße darwinistische Naturgeschichte. Sie prämiiert das survival of the fittest. — Erstarrt das Kraftfeld, das Bildung hieß, zu fixierten Kategorien, sei es Geist oder Natur, Souveränität oder Anpassung, so gerät jede einzelne dieser isolierten Kategorien in Widerspruch zu dem von ihr Gemeinten und gibt sich her zur Ideologie, befördert die Rückbildung.

Der Doppelcharakter der Kultur, dessen Balance gleichsam nur augenblicksweise glückte, entspringt im unversöhnten gesellschaftlichen Antagonismus, den Kultur heilen möchte und als bloße Kultur nicht heilen kann. In der Hypostasis des Geistes durch Kultur verklärt Reflexion die gesellschaftlich anbefohlene Trennung von körperlicher und geistiger Arbeit. Das alte Unrecht wird gerechtfertigt als objektive Superiorität des herrschenden Prinzips, während es freilich wiederum nur durch die Trennung von den Beherrschten die Möglichkeit zeitigt, der stureren Wiederholung von Herrschaftsverhältnissen ein Ende zu bereiten. Anpassung aber ist unmittelbar das Schema fortschreitender Herrschaft. Nur durch ein der Natur sich Gleichmachen, durch Selbsteinschränkung dem Daseienden gegenüber wurde das Subjekt dazu befähigt, das Daseiende zu kontrollieren. Diese Kontrolle setzt gesellschaftlich sich fort als eine über den menschlichen Trieb, schließlich über den Lebensprozeß der Gesellschaft insgesamt. Zum Preis dafür aber triumphiert Natur gerade vermöge ihrer Bändigung stets wieder über den Bändiger, der nicht umsonst ihr, einst durch Magie, schließlich durch strenge szientifische Objektivität, sich anähnelt. In dem Prozeß solcher Anähnelung, der Eliminierung des Subjekts um seiner Selbsterhaltung willen, behauptet sich das Gegenteil dessen, als was er sich weiß, das bloße unmenschliche Naturverhältnis. Schuldhaft verflochten, setzen seine Momente einander notwendig sich entgegen. Geist veraltet angesichts der fortschreitenden Naturbeherrschung und wird vom Makel der Magie ereilt, den er einmal dem Naturglauben aufprägte: er unterschiebe subjektive Illusion anstelle der Gewalt der Tatsachen. Sein eigenes Wesen, die Objektivität von Wahrheit, geht in Unwahrheit über. Anpassung aber kommt, in der nun einmal existenten, blind fortwesenden Gesellschaft, über diese nicht hinaus. Die Gestaltung der Verhältnisse stößt auf die Grenze von Macht; noch im Willen, sie menschenwürdig einzurichten, überlebt Macht als das Prinzip, welches die Versöhnung verwehrt. Dadurch wird Anpassung zurückgestaut: sie wird ebenso zum Fetisch wie der Geist: zum Vorrang der universal organisierten Mittel über jeden vernünftigen Zweck, zur Glätte begriffsloser Pseudorationalität; sie errichtet ein Glashaus, das sich als Freiheit verkennt, und solches falsche Bewußtsein amalgamiert sich dem ebenso falschen, aufgeblähten des Geistes von sich selber.

Diese Dynamik ist eins mit der der Bildung. Sie ist keine Invariante; nicht nur ihrem Inhalt und ihren Institutionen nach in verschiedenen Epochen verschieden, sondern selbst als Idee nicht beliebig transponierbar. Ihre Idee emanzipierte sich mit dem Bürgertum. Sozialcharaktere des Feudalismus wie der gentilhomme und der gentleman, vor allem aber die alte theologische Erudition lösten von ihrem traditionalen Dasein und ihren spezifischen Bestimmungen sich ab, verselbständigten sich gegenüber den Lebenszusammenhängen, in die sie zuvor eingebettet waren. Sie wurden reflektiert, ihrer selbst bewußt und auf den Menschen schlechthin übertragen. Ihre Verwirklichung sollte der einer bürgerlichen Gesellschaft von Freien und Gleichen entsprechen. Zugleich aber sagte sie von den Zwecken, von ihrer realen Funktion sich los, so wie es radikal etwa in Kants Ästhetik der Zweckmäßigkeit ohne Zweck gefordert ist. Bildung sollte sein, was dem freien, im eigenen Bewußtsein gründenden, aber in der Gesellschaft fortwirkenden und seine Triebe sublimierenden Individuum rein als dessen eigener Geist zukäme. Sie galt stillschweigend als Bedingung einer autonomen Gesellschaft: je heller die Einzelnen, desto erhellter das Ganze. Ihre Beziehung auf eine ihr jenseitige Praxis jedoch erschien, widerspruchsvoll, als Herabwürdigung zu einem Heteronomen, zum Mittel der Wahrnehmung von Vorteilen inmitten des ungeschlichteten bellum omnium contra omnes. Fraglos ist in der Idee der Bildung notwendig die eines Zustands der Menschheit ohne Status und Übervorteilung postuliert, und sobald sie davon etwas sich abmarkten läßt und sich in die Praxis der als gesellschaftlich nützliche Arbeit honorierten partikularen Zwecke verstrickt, frevelt sie an sich selbst. Aber sie wird nicht minder schuldig durch ihre Reinheit; diese zur Ideologie. Soweit in der Bildungsidee zweckhafte Momente mitklingen, sollten sie ihr zufolge allenfalls die Einzelnen dazu befähigen, in einer vernünftigen Gesellschaft als vernünftige, in einer freien Gesellschaft als freie sich zu bewähren, und eben das soll, nach liberalistischem Modell, dann am besten gelingen, wenn jeder für sich selber gebildet ist. Je weniger die gesellschaftlichen Verhältnisse, zumal die ökonomischen Differenzen dies Versprechen einlösen, um so strenger wird der Gedanke an die Zweckbeziehung von Bildung verpönt. Nicht darf an die Wunde gerührt werden, daß Bildung allein die vernünftige Gesellschaft nicht garantiert. Man verbeißt sich in die von Anbeginn trügende Hoffnung, jene könne von sich aus den Menschen geben, was die Realität ihnen versagt. Der Traum der Bildung, Freiheit vom Diktat der Mittel, der sturen und kargen Nützlichkeit, wird verfälscht zur Apologie der Welt, die nach jenem Diktat eingerichtet ist. Im Bildungsideal, das die Kultur absolut setzt, schlägt die Fragwürdigkeit von Kultur durch.

Der Fortschritt von Bildung, den das junge Bürgertum gegenüber dem Feudalismus sich zuschrieb, verlief denn auch keineswegs so geradlinig, wie jene Hoffnung suggerierte. Als das Bürgertum im England des siebzehnten und im Frankreich des achtzehnten Jahrhunderts politisch die Macht ergriff, war es ökonomisch weiter entwickelt als die Feudalität, und doch wohl auch dem Bewußtsein nach. Die Qualitäten, die dann nachträglich den Namen Bildung empfingen, befähigten die aufsteigende Klasse zu ihren Aufgaben in Wirtschaft und Verwaltung. Bildung war nicht nur Zeichen der Emanzipation des Bürgertums, nicht nur das Privileg, das die Bürger vor den geringen Leuten, den Bauern, voraus hatten. Ohne Bildung hätte der Bürger, als Unternehmer, als Mittelsmann, als Beamter und wo auch immer kaum reüssiert. Anders stand es um die neue Klasse, die von der bürgerlichen Gesellschaft hervorgebracht ward, kaum daß diese sich nur recht konsolidiert hatte. Das Proletariat war, als es die sozialistischen Theorien zum Bewußtsein seiner selbst zu erwecken suchten, subjektiv keineswegs avancierter als das Bürgertum; nicht umsonst haben die Sozialisten seine geschichtliche Schlüsselposition aus seiner objektiven ökonomischen Stellung gefolgert, nicht aus seiner geistigen Beschaffenheit. Die Besitzenden verfügten über das Bildungsmonopol auch in einer Gesellschaft formal Gleicher; die Entmenschlichung durch den kapitalistischen Produktionsprozeß verweigerte den Arbeitenden alle Voraussetzungen zur Bildung, vorab Muße. Versuche zur pädagogischen Abhilfe mißrieten zur Karikatur. Alle sogenannte Volksbildung — mittlerweile ist man hellhörig genug, das Wort zu umgehen — krankte an dem Wahn, den gesellschaftlich diktierten Ausschluß des Proletariats von der Bildung durch die bloße Bildung revozieren zu können.

Aber der Widerspruch zwischen Bildung und Gesellschaft resultiert nicht einfach in Unbildung alten Stils, der bäuerlichen. Eher sind die ländlichen Bezirke heute Brutstätten von Halbbildung. Dort ist, nicht zuletzt dank der Massenmedien Radio und Fernsehen, die vorbürgerliche, wesentlich an der traditionellen Religion haftende Vorstellungswelt jäh zerbrochen. Sie wird verdrängt vom Geist der Kulturindustrie; das Apriori des eigentlich bürgerlichen Bildungsbegriffs jedoch, die Autonomie, hat keine Zeit gehabt, sich zu formieren. Das Bewußtsein geht unmittelbar von einer zur anderen Heteronomie über; anstelle der Autorität der Bibel tritt die des Sportplatzes, des Fernsehens und der »Wahren Geschichten«, die auf den Anspruch des Buchstäblichen, der Tatsächlichkeit diesseits der produktiven Einbildungskraft sich stützt[2]). Das Bedrohliche darin, das sich im Reich des Hitler als weit drastischer erwies denn bloß bildungssoziologisch, ist wohl bis heute kaum recht gesehen worden. Ihm zu begegnen wäre eine dringliche Aufgabe gesellschaftlich reflektierter Kulturpolitik, wenn auch kaum die zentrale angesichts der Halbbildung. Deren Signatur bleibt zunächst bürgerlich wie die Idee der Bildung selbst. Sie trägt die Physiognomie der lower middle class. Aus ihr ist Bildung nicht einfach verschwunden, sondern schleppt sich fort vermöge der Interessen auch derer, die am Bildungsprivileg nicht teilhaben. Ein nach traditionellen Kriterien ungebildeter Radioreparateur oder Autoschlosser bedarf, um seinen Beruf ausüben zu können, mancher Kenntnisse und Fertigkeiten, die ohne alles mathematisch-naturwissenschaftliche Wissen nicht zu erwerben wären, dem übrigens, wie bereits Thorstein Veblen beobachtete, die sogenannte Unterklasse näher ist, als der akademische Hochmut sich eingesteht.

Die Phänomenologie des bürgerlichen Bewußtseins allein reicht indessen zur Erklärung des neuen Zustands nicht aus. Konträr zur Vorstellung der

---

[2]) Vgl. Karl-Guenther Grüneisen, Landbevölkerung im Kraftfeld der Stadt, in: Gemeindestudie des Instituts für sozialwissenschaftliche Forschung, Darmstadt 1952.

bürgerlichen Gesellschaft von sich selbst war das Proletariat zu Beginn des Hochkapitalismus gesellschaftlich exterritorial, Objekt der Produktionsverhältnisse, Subjekt nur als Produzent. Die frühen Proletarier waren depossedierte Kleinbürger, Handwerker und Bauern, sowieso jenseits der bürgerlichen Bildung beheimatet. Der Druck der Lebensbedingungen, die unmäßig lange Arbeitszeit, der erbärmliche Lohn in den Dezennien, die im »Kapital« und in der »Lage der arbeitenden Klassen in England« behandelt sind, haben sie zunächst weiter draußen gehalten. Während aber am ökonomischen Grund der Verhältnisse, dem Antagonismus wirtschaftlicher Macht und Ohnmacht, und damit an der objektiv gesetzten Grenze von Bildung nichts Entscheidendes sich änderte, wandelte die Ideologie sich um so gründlicher. Sie verschleiert die Spaltung weithin auch denen, welche die Last zu tragen haben. Sie sind während der letzten hundert Jahre vom Netz des Systems übersponnen worden. Der soziologische Terminus dafür lautet: Integration. Subjektiv, dem Bewußtsein nach, werden, wie längst in Amerika, die sozialen Grenzen immer mehr verflüssigt. Die Massen werden durch zahllose Kanäle mit Bildungsgütern beliefert. Diese helfen als neutralisierte, versteinerte die bei der Stange zu halten, für die nichts zu hoch und teuer sei. Das gelingt, indem die Gehalte von Bildung, über den Marktmechanismus, dem Bewußtsein derer angepaßt werden, die vom Bildungsprivileg ausgesperrt waren und die zu verändern erst Bildung wäre. Der Prozeß ist objektiv determiniert, nicht erst mala fide veranstaltet. Denn die gesellschaftliche Struktur und ihre Dynamik verhindert, daß die Kulturgüter lebendig, daß sie von den Neophyten so zugeeignet werden, wie es in ihrem eigenen Begriff liegt. Daß die Millionen, die früher nichts von ihnen wußten und nun damit überflutet werden, kaum, auch psychologisch nicht darauf vorbereitet sind, ist vielleicht noch das Harmloseste. Aber die Bedingungen der materiellen Produktion selber dulden schwerlich jenen Typus von Erfahrung, auf den die traditionellen Bildungsinhalte abgestimmt waren, die vorweg kommuniziert werden. Damit geht es der Bildung selbst, trotz aller Förderung, an den Lebensnerv. Vielerorten steht sie, als unpraktische Umständlichkeit und eitle Widerspenstigkeit, dem Fortkommen bereits im Wege: wer noch weiß, was ein Gedicht ist, wird schwerlich eine gutbezahlte Stellung als Texter finden. Die unablässig weiter anwachsende Differenz zwischen gesellschaftlicher Macht und Ohnmacht verweigert den Ohnmächtigen — tendenziell bereits auch den Mächtigen — die realen Voraussetzungen zur Autonomie, die der Bildungsbegriff ideologisch konserviert. Gerade dadurch nähern die Klassen ihrem Bewußtsein nach einander sich an, wenn auch, nach jüngsten

Forschungsergebnissen, kaum so sehr, wie es vor wenigen Jahren schien. Ohnehin kann von nivellierter Mittelstandsgesellschaft bloß sozialpsychologisch, allenfalls mit Hinblick auf personelle Fluktuation die Rede sein, nicht objektiv-strukturell. Aber auch subjektiv erscheint beides: der Schleier der Integration zumal in Konsumkategorien, die fortdauernde Dichotomie jedoch überall dort, wo die Subjekte auf hart gesetzte Antagonismen der Interessen stoßen. Dann ist die underlying population »realistisch«; die anderen fühlen sich als Sprecher der Ideale[3]). Weil die Integration Ideologie ist, bleibt sie selbst als Ideologie brüchig.

All das schießt gewiß übers Ziel. Aber theoretischen Entwürfen ist es eigentümlich, daß sie mit den Forschungsbefunden nicht blank übereinstimmen; daß sie diesen gegenüber sich exponieren, zu weit vorwagen, oder, nach der Sprache der Sozialforschung, zu falschen Generalisationen neigen. Eben darum war, abgesehen von den administrativen und kommerziellen Bedürfnissen, die Entwicklung der empirisch-soziologischen Methoden notwendig. Ohne jenes Sich-zu-weit-Vorwagen der Spekulation jedoch, ohne das unvermeidliche Moment von Unwahrheit in der Theorie wäre diese überhaupt nicht möglich: sie bescheide sich zur bloßen Abbreviatur der Tatsachen, die sie damit unbegriffen, im eigentlichen Sinn vorwissenschaftlich ließe. Wohl wären der These vom Absterben der Bildung ebenso wie von der Sozialisierung der Halbbildung, ihrem Übergreifen auf die Massen, triftige empirische Befunde entgegenzuhalten. Das Modell von Halbbildung ist auch heute noch die Schicht der mittleren Angestellten, während ihre Mechanismen in den eigentlich unteren Schichten offenbar so wenig eindeutig nachgewiesen werden können wie nivelliertes Bewußtsein insgesamt. Gemessen am Zustand jetzt und hier ist die Behauptung von der Universalität der Halbbildung undifferenziert und übertrieben. Sie möchte aber gar nicht alle Menschen und Schichten unterschiedslos unter jenen Begriff subsumieren, sondern eine Tendenz konstruieren, die Physiognomik eines Geistes entwerfen, der auch dann die Signatur des Zeitalters bestimmt, wenn sein Geltungsbereich quantitativ und qualitativ noch so sehr einzuschränken wäre. Zahllose Arbeiter, kleine Angestellte und andere Gruppen mögen, nicht zuletzt dank dem stets noch lebendigen, wenngleich sich abschwächenden Klassenbewußtsein, noch nicht von den Kategorien der Halbbildung erfaßt sein. Aber diese sind von der Produktionsseite her so übermächtig, ihre Etablierung stimmt so sehr mit maß-

---

[3]) Vgl. Zum politischen Bewußtsein ausgewählter Gruppen der deutschen Bevölkerung. Unveröffentlichtes Manuskript im Institut für Sozialforschung, Frankfurt am Main 1957.

gebenden Interessen überein, sie prägen so sehr die allgegenwärtigen kulturellen Erscheinungsformen, daß ihnen Repräsentanz gebührt, auch wenn diese nicht als statistische zu erhärten ist. Taugt jedoch als Antithese zur sozialisierten Halbbildung kein anderer als der traditionelle Bildungsbegriff, der selber zur Kritik steht, so drückt das die Not einer Situation aus, die über kein besseres Kriterium verfügt als jenes fragwürdige, weil sie ihre Möglichkeit versäumte. Weder wird die Restitution des Vergangenen gewünscht, noch die Kritik daran im mindesten gemildert. Nichts widerfährt heute dem objektiven Geist, was nicht in ihm selbst in hochliberalen Zeiten schon gesteckt hätte oder was nicht wenigstens alte Schuld eintriebe. Aber was jetzt im Bereich von Bildung sich zuträgt, läßt nirgends anders sich ablesen als an deren wie immer auch ideologischer älterer Gestalt. Denn potentiell haben die versteinerten Verhältnisse abgeschnitten, womit der Geist über die herkömmliche Bildung hinausginge. Maß des neuen Schlechten ist einzig das Frühere. Es zeigt in dem Augenblick, da es verurteilt ist, gegenüber der jüngeren Form des Bestürzenden, als Verschwindendes versöhnende Farbe. Allein um ihretwillen, keiner laudatio temporis acti zuliebe, wird auf traditionelle Bildung rekurriert.

Im Klima der Halbbildung überdauern die warenhaft verdinglichten Sachgehalte von Bildung auf Kosten ihres Wahrheitsgehalts und ihrer lebendigen Beziehung zu lebendigen Subjekten. Das etwa entspräche ihrer Definition. Daß heute ihr Name den gleichen antiquierten und arroganten Klang angenommen hat wie Volksbildung, bekundet nicht, daß das Phänomen verschwand, sondern daß eigentlich sein Gegenbegriff, der der Bildung selber, an dem allein es ablesbar würde, nicht mehr gegenwärtig ist. An ihm partizipieren nur noch, zu ihrem Glück oder Unglück, einzelne Individuen, die nicht ganz in den Schmelztiegel hineingeraten sind, oder professionell qualifizierte Gruppen, die sich gern selbst als Eliten feiern. Die Kulturindustrie im weitesten Umfang jedoch, all das, was der Jargon als Massenmedien bestätigend einordnet, verewigt jenen Zustand, indem sie ihn ausbeutet, eingestandenermaßen Kultur für jene, welche die Kultur von sich stieß, Integration des gleichwohl weiter Nichtintegrierten. Halbbildung ist ihr Geist, der mißlungener Identifikation. Die bestialischen Witze über Emporkömmlinge, welche Fremdwörter verwechseln, sind darum so zählebig, weil sie mit dem Ausdruck jenes Mechanismus alle die, welche darüber lachen, im Glauben bestärken, die Identifikation wäre ihnen geglückt. Ihr Mißlingen ist aber so unvermeidlich wie der Versuch dazu. Denn die einmal erreichte Aufklärung, die wie sehr auch unbewußt in allen Individuen der durchkapitalisierten Länder wirksame Vorstellung, sie seien Freie, sich selbst Bestimmende, die sich nichts vormachen zu lassen brauchen, nötigt sie dazu, sich wenigstens so zu verhalten, als wären sie es wirklich. Das scheint ihnen nicht anders möglich als im Zeichen dessen, was ihnen als Geist begegnet, der objektiv zerfallenen Bildung. Die totalitäre Gestalt von Halbbildung ist nicht bloß zu erklären aus dem sozial und psychologisch Gegebenen, sondern ebenso aus dem besseren Potential: daß der in der bürgerlichen Gesellschaft einmal postulierte Bewußtseinsstand auf die Möglichkeit realer Autonomie des je eigenen Lebens vorverweist, die von dessen Einrichtung verweigert und auf die bloße Ideologie abgedrängt wird. Mißlingen aber muß jene Identifikation, weil der Einzelne von der durch die Allherrschaft des Tauschprinzips virtuell entqualifizierten Gesellschaft nichts an Formen und Strukturen empfängt, womit er, geschützt gleichsam, überhaupt sich identifizieren, woran er im wörtlichsten Verstand sich bilden könnte; während andererseits die Gewalt des Ganzen über das Individuum zu solcher Disproportion gediehen ist, daß das Individuum in sich das Entformte wiederholen muß. Was einmal selbst so gestaltet war, daß die Subjekte ihre wie immer problematische Gestalt daran gewinnen mochten, ist dahin; sie selber aber bleiben gleichwohl derart in Unfreiheit verhalten, daß ihr Miteinanderleben aus Eigenem sich erst recht nicht als wahrhaftes artikuliert. Das fatale Wort Leitbild, dem die Unmöglichkeit dessen einbeschrieben ist, was es meint, drückt das aus. Es zeugt vom Leiden unter der Absenz eines sozialen und geistigen Kosmos, der, nach Hegels Sprachgebrauch, »substantiell«, ohne Gewaltsamkeit, fürs Individuum fraglos verbindlich wäre, eines richtigen, mit den Einzelnen versöhnten Ganzen. Zugleich aber bekundet jenes Wort die Gier, dies Substantielle aus Willkür — so wie schon Nietzsche seine neuen Tafeln — aufzurichten, und das sprachliche Sensorium ist bereits zu abgestumpft, um zu fühlen, daß eben der Gewaltakt, auf den das Verlangen nach Leitbildern hindrängt, genau die Substantialität Lügen straft, nach der man die Hände ausstreckt. Dieser Zug des Faschismus hat ihn überlebt. Er reicht aber in die Idee der Bildung selber zurück. Sie ist in sich antinomischen Wesens. Sie hat als ihre Bedingung Autonomie und Freiheit, verweist jedoch zugleich, bis heute, auf Strukturen einer dem je Einzelnen gegenüber vorgegebenen, in gewissem Sinn heteronomen und darum hinfälligen Ordnung, an der allein er sich zu bilden vermag. Daher gibt es in dem Augenblick, in dem es Bildung gibt, sie eigentlich schon nicht mehr. In ihrem Ursprung ist ihr Zerfall teleologisch bereits gesetzt.

Die gegenwärtig in Wahrheit wirksamen Leitbilder sind das Konglomerat der ideologischen Vorstellungen, die in den Subjekten sich zwischen diese und die Realität schieben und die Realität filtern. Sie sind affektiv derart besetzt, daß sie nicht ohne weiteres von der ratio weggeräumt werden können. Halbbildung faßt sie zusammen. Unbildung, als bloße Naivetät, bloßes Nichtwissen, gestattete ein unmittelbares Verhältnis zu den Objekten und konnte zum kritischen Bewußtsein gesteigert werden kraft ihres Potentials von Skepsis, Witz und Ironie — Eigenschaften, die im nicht ganz Domestizierten gedeihen. Der Halbbildung will das nicht glücken. Unter den gesellschaftlichen Bedingungen von Bildung war, neben anderem, wesentlich Tradition — nach Sombarts und Max Webers Lehre ein Vorbürgerliches, essentiell unvereinbar mit bürgerlicher Rationalität. Der Traditionsverlust durch die Entzauberung der Welt aber terminiert in einem Stand von Bilderlosigkeit, einer Verödung des zum blossen Mittel sich zurichtenden Geistes, die vorweg mit Bildung inkompatibel ist. Nichts verhält mehr den Geist zur leibhaften Fühlung mit Ideen. Autorität vermittelte, mehr schlecht als recht, zwischen der Tradition und den Subjekten. Wie, Freud zufolge, die Autonomie, das Prinzip des Ichs, in der Identifikation mit der Vaterfigur entspringt, während dann die an dieser gewonnenen Kategorien gegen die Irrationalität des familialen Verhältnisses gewandt werden, so entfaltete gesellschaftlich sich Bildung. Die Schulreformen, an deren humaner Notwendigkeit kein Zweifel ist, haben die veraltete Autorität beseitigt; damit aber auch die ohnehin schwindende Zueignung und Verinnerlichung von Geistigem weiter geschwächt, an der Freiheit haftete. Bis heute verkümmert diese, Gegenbild des Zwanges, ohne ihn, während doch wiederum kein Zwang der Freiheit zuliebe sich empfehlen ließe. Wer, der noch ein Gymnasium besuchte, hätte nicht zuweilen unter den Schillergedichten und Horazoden gestöhnt, die er auswendig lernen mußte; wem wären nicht ältere Anverwandte auf die Nerven gefallen, die dergleichen aus ihrer Erinnerung ungebeten und unaufhaltbar rezitierten. Kaum jemand wäre wohl noch zum Memorieren zu bringen; aufs Geistlose, Mechanische daran beriefe sich bereits der Geistloseste. Aber durch solche Prozesse wird dem Geist etwas von der Nahrung entzogen, an der er sich erst bildet. Der Glaube an den Geist mag den theologischen ins Wesenlose säkularisiert haben, und wenn ihn die sogenannte junge Generation verschmäht, so zahlt sie ihm heim, was er seit je verübte. Aber wo er, seinerseits Ideologie, fehlt, dämmert eine schlimmere herauf. Der Sozialcharakter, den man mit einem selber höchst anrüchigen Wort auf deutsch geistiger Mensch nennt, stirbt aus. Der vermeintliche Realismus jedoch, der ihn beerbt, ist nicht näher zu den Sachen, sondern lediglich bereit, unter Verzicht auf toil and trouble, die geistige Existenz komfortabel

178

einzurichten und zu schlucken, was in ihn hineingestopft wird. Weil kaum mehr ein Junge sich träumt, einmal ein großer Dichter oder Komponist zu werden, darum gibt es wahrscheinlich, übertreibend gesagt, unter den Erwachsenen keine großen ökonomischen Theoretiker, am Ende keine wahrhafte politische Spontaneität mehr. Bildung brauchte Schutz vorm Andrängen der Außenwelt, eine gewisse Schonung des Einzelsubjekts, vielleicht sogar die Lückenhaftigkeit der Vergesellschaftung. »Ich verstand die Sprache des Äthers, die Sprache der Menschen verstand ich nie«, schrieb Hölderlin; ein Jüngling, der so dächte, würde hundertfünfzig Jahre später verlacht oder seines Autismus wegen wohlwollender psychiatrischer Betreuung überantwortet. Wird aber der Unterschied zwischen der Sprache des Äthers, also der Idee einer wahren Sprache, der der Sache selbst, und der praktischen der Kommunikation nicht mehr gefühlt, so ist es um Bildung geschehen. Ganz gewiß hat die deutsche Bildung in ihrer großen Epoche nicht durchweg die Kenntnis der gleichzeitigen Philosophie eingeschlossen, die selbst in den Jahren zwischen 1790 und 1830 wenigen reserviert war. Aber jene Philosophie war doch der Bildung immanent. Nicht nur hat sie genetisch Figuren wie Humboldt und Schleiermacher zu ihren Konzeptionen des Bildungswesens veranlaßt. Sondern der Kern des spekulativen Idealismus, die Lehre vom objektiven, über die bloße psychologische Einzelperson hinausgehenden Charakter des Geistes, war zugleich das Prinzip der Bildung als das eines Geistigen, das nicht unmittelbar einem anderen dienstbar, nicht unmittelbar an seinem Zweck zu messen ist. Der unwiderrufliche Sturz der Geistesmetaphysik hat die Bildung unter sich begraben. Das ist kein Tatbestand isolierter Geistesgeschichte sondern auch ein gesellschaftlicher. Geist wird davon affiziert, daß er und seine Objektivation als Bildung überhaupt nicht mehr erwartet werden, damit einer gesellschaftlich sich ausweise. Das allbeliebte Desiderat einer Bildung, die durch Examina gewährleistet, womöglich getestet werden kann, ist bloß noch der Schatten jener Erwartung. Die sich selbst zur Norm, zur Qualifikation gewordene, kontrollierbare Bildung ist als solche so wenig mehr eine wie die zum Geschwätz des Verkäufers degenerierte Allgemeinbildung. Das Moment der Unwillkürlichkeit, wie es zuletzt in den Theorien Bergsons und dem Romanwerk Prousts glorifiziert ward, und wie es Bildung als ein von den Mechanismen gesellschaftlicher Naturbeherrschung Unterschiedenes bezeichnet, verdirbt im grellen Licht der Überprüfbarkeit. Bildung läßt sich, dem Spruch aus dem Faust entgegen, überhaupt nicht erwerben; Erwerb und schlechter Besitz wären eines. Eben dadurch aber, daß sie dem Willen sich versagt, ist sie in den Schuldzusammenhang des Privilegs verstrickt: nur der braucht sie nicht zu erwerben und nicht zu besitzen, der sie ohnehin schon besitzt. So fällt sie in die Dialektik von Freiheit und Unfreiheit. Als Erbschaft alter Unfreiheit mußte sie hinab; unmöglich aber ist sie unter bloßer subjektiver Freiheit, solange objektiv die Bedingungen der Unfreiheit fortdauern.

In Amerika, dem bürgerlich fortgeschrittensten Land, hinter dem die anderen herhinken, läßt Bilderlosigkeit des Daseins als gesellschaftliche Bedingung universaler Halbbildung kraß sich beobachten. Der religiöse Bilderschatz, der dem Daseienden die Farben des mehr als Daseienden einhauchte, ist verblaßt, die mit den religiösen Bildern zusammengewachsenen irrationalen imagines des Feudalismus fehlen überhaupt. Was an nicht selber schon synthetischer archaischer Folklore überlebte, kann dagegen nicht an. Das freigesetzte Dasein selber aber ward nicht sinnvoll; als entzaubertes blieb es prosaisch auch im negativen Verstande; das bis in die letzten Verästelungen nach dem Äquivalenzprinzip gemodelte Leben erschöpft sich in der Reproduktion seiner selbst, der Wiederholung des Getriebes, und seine Forderungen ergehen an den Einzelnen so hart und gewalttätig, daß er weder dagegen als ein sein Leben aus sich heraus Führender sich behaupten, noch sie als eins mit seiner menschlichen Bestimmung erfahren kann. Daher bedarf die trostlose Existenz, die Seele, der im Leben ihr göttlich Recht nicht ward, des Bilderersatzes durch Halbbildung. Die bis ins Chaotische gesteigerte Disparatheit von deren Elementen, der Verzicht auf volle Rationalität selbst der einzelnen membra disiecta leistet der Magisierung durchs darbende Bewußtsein Vorschub[4]). Aus dem wilden Westen haben die Massenmedien eine Ersatzmythologie zubereitet, die keiner mit den Fakten einer keineswegs fernen Vergangenheit konfrontiert. Die Filmstars, Schlager, Schlagertexte und Schlagertitel spenden ähnlich kalkulierten Glanz. Worte, unter denen der selber schon mythologische man on the street sich kaum mehr etwas zu denken vermag, erlangen eben darum Popularität; ein beliebter Schlager sagte von einem Mädchen »You are a rhapsody«, ohne daß es jemandem eingefallen wäre, wie wenig schmeichelhaft der Vergleich mit der Rhapsodie war, einer potpourrihaft ungeformten Kompositionsweise. Zuweilen enträtseln sich selbst die gepflegten, oftmals bestürzend schönen Erscheinungen der Frauen als Bilderschrift der Halbbildung, Gesichter wie die der Montespan oder der Lady Hamilton, die keinen eigenen Satz mehr hervorbringen können, sondern reflexhaft plappern, was jede Situation von ihnen erwartet, um möglichst günstig

---

[4]) Vgl. u. a. Ernst Lichtenstein im Handbuch für Sozialkunde, Berlin und München 1955, Abteilung A II, S. 1 ff.

abzuschneiden: Evelyn Waugh hat das registriert. Halbbildung beschränkt sich längst nicht mehr bloß auf den Geist, sondern entstellt das sinnliche Leben. Sie antwortet auf die psychodynamische Frage, wie das Subjekt es unter einer selber schließlich irrationalen Rationalität aushalten könne.

Während die ursprünglich sozialen Differenzierungsmomente kassiert werden, in denen Bildung bestand — Bildung und Differenziertheit sind eigentlich dasselbe —, gedeiht an ihrer Stelle ein Surrogat. Die perennierende Statusgesellschaft saugt die Reste von Bildung auf und verwandelt sie in Embleme des Status. Das war der bürgerlichen Bildung nie fremd. Sie hat von je dazu sich erniedrigt, ihre sogenannten Träger, früher jene, die Latein konnten, vom Volk zu trennen, so wie es noch Schopenhauer in aller Naivetät aussprach. Nur konnten hinter den Mauern ihres Privilegs auch die humanen Kräfte sich regen, die, auf die Praxis zurückgewandt, einen privieglosen Zustand verhießen. Solche Dialektik der Bildung ist durch ihre gesellschaftliche Integration, dadurch also, daß sie unmittelbar in Regie genommen wird, stillgestellt. Halbbildung ist der vom Fetischcharakter der Ware ergriffene Geist. So wie der Sozialcharakter des Handlungsangestellten, des Kommis alten Stils, mittlerweile als Angestelltenkultur überwuchert — noch bei Karl Kraus, der die Ursprünge dieses Prozesses verfolgte, ist von der ästhetischen Diktatur des Kommis die Rede —, so haben die ehrwürdigen Profitmotive der Bildung wie Schimmelpilze die gesamte Kultur überzogen. Daß sie das von ihr Abweichende kaum mehr durchläßt, einzig dies Totalitäre ist am neuen Zustand das Neue. Mit fortschreitender Integration hat dabei Halbbildung ihrer Einfalt sich entäußert, nicht anders als die Angestelltenkultur den Kommis liquidierte. Sie umklammert auch den Geist, der es einmal war, und stutzt ihn nach ihren Bedürfnissen zurecht. Dadurch hat sie nicht nur parasitär an seinem zunächst ungeminderten Prestige teil, sondern beraubt ihn der Distanz und des kritischen Potentials, schließlich selbst des Prestiges. Modell dafür ist das Schicksal der sogenannten Klassiker. In Deutschland war in den Ausgaben von deren Werken durchs neunzehnte Jahrhundert hindurch — wie sehr auch damals schon von Verlagsinteressen gesteuert und fragwürdigen gesellschaftlichen Selektionsmechanismen unterworfen — wenigstens gesammelt, worin der Bildungskanon bestand, der freilich damit bereits zum Vorrat verkam; Schiller war der Inbegriff der auf Sentenzen abgezogenen Bildung. Selbst mit dieser dünnen Autorität ist es vorbei; der jungen Generation sind vermutlich selbst die Namen vieler goldener Klassiker kaum mehr bekannt, denen man einmal die Unsterblichkeit voreilig bescheinigte. Aus den Ideen, auf welch

Bildung sich erstreckte und die ihr Leben einhauchten, ist die Energie entwichen. Sie ziehen die Menschen weder als Erkenntnisse mehr an — als solche dünken sie hinter der Wissenschaft zurückgeblieben —, noch gebieten sie ihnen als Normen. Freiheit und Humanität etwa haben innerhalb des zum Zwangssystem zusammengeschlossenen Ganzen ihre Strahlkraft verloren, weil sich ihnen gar nicht mehr nachleben läßt; auch ihre ästhetische Verbindlichkeit überdauert nicht: die geistigen Gebilde, die sie verkörpern, sind weithin als fadenscheinig, phrasenhaft, ideologisch durchschaut. Nicht bloß für die nicht mehr Gebildeten sind die Bildungsgüter zerbröckelt sondern an sich, ihrem Wahrheitsgehalt nach. Dieser ist nicht, wie der Idealismus es wollte, zeitlos invariant, sondern hat sein Leben in der geschichtlich-gesellschaftlichen Dynamik wie die Menschen und kann vergehen.

Selbst der manifeste Fortschritt, die allgemeine Steigerung des Lebensstandards mit der Entfaltung der materiellen Produktivkräfte, schlägt den geistigen nicht durchaus zum Segen an. Die Disproportionen, die daraus resultieren, daß der Überbau langsamer sich umwälzt als der Unterbau, haben zum Rückschritt des Bewußtseins sich gesteigert. Halbbildung siedelt parasitär im cultural lag sich an. Daß Technik und höherer Lebensstandard ohne weiteres der Bildung dadurch zugute komme, daß alle von Kulturellem erreicht werden, ist pseudodemokratische Verkäuferideologie — »Music goes into mass production« —, und sie wird es darum nicht weniger, weil man den, der an ihr zweifelt, snobistisch schilt. Sie ist widerlegbar von der empirischen Sozialforschung. So hat in Amerika Edward Suchmann in einer ingeniösen Studie dargetan, daß von zwei Vergleichsgruppen, die sogenannte ernste Musik hörten und von denen die eine diese Musik durch lebendige Aufführungen, die andere nur vom Radio her kannte, die Radiogruppe flacher und verständnisloser reagierte als die erste. Wie für die Radiogruppe die ernste Musik virtuell in Unterhaltungsmusik sich verwandelte, so frieren allgemein die geistigen Gebilde, welche die Menschen mit jener Plötzlichkeit anspringen, die Kierkegaard dem Dämonischen gleichsetzte, zu Kulturgütern ein. Ihre Rezeption gehorcht nicht immanenten Kriterien, sondern einzig dem, was der Kunde davon zu haben glaubt. Zugleich aber wächst mit dem Lebensstandard der Bildungsanspruch als Wunsch, zu einer Oberschicht gerechnet zu werden, von der man ohnehin subjektiv weniger stets sich unterscheidet. Als Antwort darauf werden immense Schichten ermutigt, Bildung zu prätendieren, die sie nicht haben. Was früher einmal dem Protzen und dem nouveau riche vorbehalten war, ist Volksgeist geworden. Ein großer Sektor der kulturindustriellen Produktion lebt davon und erzeugt selbst wiederum das halbgebildete Bedürfnis; die Romanbiographien, die über Bildungstatsachen berichten und gleichzeitig billige und nichtige Identifikationen bewirken; der Ausverkauf ganzer Wissenschaften wie der Archäologie oder Bakteriologie, der sie in grobe Reizmittel verfälscht und dem Leser einredet, er sei au courant. Die Dummheit, mit welcher der Kulturmarkt rechnet, wird durch diesen reproduziert und verstärkt. Frisch-fröhliche Verbreitung von Bildung unter den herrschenden Bedingungen ist unmittelbar eins mit ihrer Vernichtung.

Zweifel an dem unbedingt aufklärenden Wert der Popularisierung von Bildung unter den gegenwärtigen Bedingungen setzen dem Verdacht des Reaktionären sich aus. Man könne nicht etwa der Publikation bedeutender philosophischer Texte der Vergangenheit in Taschenbüchern mit dem Hinweis darauf opponieren, daß durch deren Form und Funktion die Sache beschädigt werde; sonst mache man sich zum lächerlichen Festredner einer geschichtlich verurteilten Bildungsidee, die nur noch dazu diene, einigen Dinosauriern ihre Größe und Herrlichkeit zu bestätigen. In der Tat wäre es unsinnig, jene Texte in kleinen und kostspieligen wissenschaftlichen Auflagen sekretieren zu wollen zu einer Zeit, da der Stand der Technik und das ökonomische Interesse in Massenproduktion konvergieren. Darum soll man aber nicht aus Angst vor dem Unausweichlichen sich gegen das verblenden, was es impliziert, und vor allem: wodurch es mit dem immanenten Anspruch der Demokratisierung von Bildung selbst in Widerspruch gerät. Denn das Verbreitete verändert durch seine Verbreitung vielfach eben jenen Sinn, den zu verbreiten man sich rühmt. Nur eine geradlinige und ungebrochene Vorstellung von geistigem Fortschritt gleitet über den qualitativen Gehalt der zur Halbbildung sozialisierten Bildung unbekümmert hinweg. Ihr gegenüber täuscht die dialektische Konzeption sich nicht über die Zweideutigkeit von Fortschritt inmitten der repressiven Totalität. Daß die Antagonismen anwachsen, besagt, daß alle partikularen Fortschritte im Bewußtsein der Freiheit auch am Fortbestand der Unfreiheit mitwirken. Licht auf die gesamte Sphäre wirft der in einer von Benjamins geschichtsphilosophischen Thesen als Motto zitierte, rührend illusionäre Satz aus dem alten sozialdemokratischen Vorstellungsschatz: »Wird doch unsere Sach alle Tage klarer und das Volk alle Tage klüger.«[5] Wie es in der Kunst keine Approximationswerte gibt; wie eine halbgute Aufführung eines musikalischen Werkes seinen Gehalt keineswegs zur

---

[5] Wilhelm Dietzgen, Die Religion der Sozialdemokratie, in: Walter Benjamin, Schriften I, Frankfurt am Main 1956, S. 502.

Hälfte realisiert, sondern eine jegliche unsinnig ist außer der voll adäquaten, so steht es wohl um geistige Erfahrung insgesamt. Das Halbverstandene und Halberfahrene ist nicht die Vorstufe der Bildung sondern ihr Todfeind: Bildungselemente, die ins Bewußtsein geraten, ohne in dessen Kontinuität eingeschmolzen zu werden, verwandeln sich in böse Giftstoffe, tendenziell in Aberglauben, selbst wenn sie an sich den Aberglauben kritisieren — so wie jener Oberküfer, der im Drang nach Höherem zur Kritik der reinen Vernunft griff, bei der Astrologie endete, offenbar weil er einzig darin das Sittengesetz in uns mit dem gestirnten Himmel über uns zu vereinen vermochte. Unassimilierte Bildungselemente verstärken jene Verdinglichung des Bewußtseins, vor der Bildung bewahren soll. So nehmen für den Unvorbereiteten, der an die Ethik Spinozas gerät und sie nicht im Zusammenhang der Cartesianischen Substanzlehre und der Schwierigkeiten der Vermittlung zwischen res cogitans und res extensa sieht, die Definitionen, mit denen das Werk anhebt, etwas dogmatisch Undurchsichtiges, den Charakter abstruser Willkür an. Er zergeht erst, wenn Konzeption und Dynamik des Rationalismus samt der Rolle der Definitionen in ihm verstanden sind. Der Unbefangene wird weder wissen, was diese Definitionen sollen, noch, welcher Rechtsgrund ihnen innewohnt. Er wird sie entweder als Galimathias verwerfen und danach leicht in subalternen Hochmut gegen Philosophie überhaupt sich vermauern, oder er wird sie, unter der Autorität des berühmten Namens, telles quelles schlucken und so autoritär wenden, wie etwa in weltanschaulichen Manuskripten von Dilettanten Zitate sogenannter großer Denker zur Bekräftigung ihrer unmaßgeblichen Meinung umgeistern. Historische Einleitungen und Erläuterungen allein, welche die Sache vorweg fernrücken, werden jenen Definitionen im Bewußtsein dessen kaum den rechten Stellenwert verleihen, der nach der »Ethik« greift, ohne daß er in der spezifischen Problematik zu Hause wäre, auf die Spinoza antwortet. Verwirrung und Obskurantismus sind die Folge; vor allem aber ein blindes Verhältnis zu den nicht eigentlich apperzipierten Kulturprodukten, das eben den Geist lähmt, dem jene als Lebendige zum Ausdruck verhelfen. Das aber ist in flagrantem Widerspruch zum Willen einer Philosophie, die als letzte Quelle der Erkenntnis, zu Recht oder Unrecht, nur das unmittelbar Einsichtige anerkannte. Analoges gilt wie für alle Philosophen für die gesamte Kunst. Die Vorstellung, daß das Geniale und Große unmittelbar aus sich selbst wirke und verständlich werde, der Abhub einer auf dem Geniekult basierenden Ästhetik, täuscht darüber, daß nichts, was mit Fug Bildung heißen darf, voraussetzungslos ergriffen werden kann.

Ein Extremes mag das erläutern. In Amerika existiert ein außerordentlich verbreitetes Buch, »Great Symphonies«, von Sigmund Spaeth [6]). Es ist hemmungslos auf ein halbgebildetes Bedürfnis zugeschnitten: das, dadurch sich als kultiviert auszuweisen, daß man die im Musikbetrieb ohnehin unausweichlichen Standardwerke der symphonischen Literatur sofort erkennen kann. Die Methode ist die, daß den symphonischen Hauptthemen, zuweilen auch nur einzelnen Motiven daraus, Sätze unterlegt werden, die sich darauf singen lassen und die nach Schlagerart die betreffenden musikalischen Phrasen einprägen. So wird das Hauptthema der Beethovenschen Fünften Symphonie gesungen auf die Worte: »I am your Fate, come, let me in!«; das Hauptthema der Neunten Symphonie entzweigeschnitten, weil sein Anfang nicht singbar genug sei, und nur das abschließende Motiv betextet: »Stand! The mighty ninth is now at hand!« Dem ehedem oft freiwillig parodierten Seitensatzthema aus der Symphonie Pathétique von Tschaikowsky aber widmet Spaeth die Zeilen:

> This music has a less pathetic strain,
> It sounds more sane and not so full of pain.
> Sorrow is ended, grief may be mended,
> It seems Tschaikowsky will be calm again!

An dieser Explosion von Barbarei, die sicherlich das musikalische Bewußtsein von Millionen von Menschen beschädigt hat, läßt viel auch über die diskretere mittlere Halbbildung sich lernen. Die idiotischen Sätze, die da gesungen werden, haben mit dem Gehalt der Werke nichts zu tun, sondern saugen sich wie Blutegel an deren Erfolg fest, bündige Zeugnisse des Fetischismus der Halbbildung im Verhältnis zu ihren Gegenständen. Die Objektivität des Kunstwerks wird verfälscht durch Personalisierung: ein stürmischer Satz, der zu einer lyrischen Episode sich beruhigt, wäre danach ein Porträt Tschaikowskys. Während dieser in Wahrheit selbst schon Kulturindustrie betrieb, wird seine Musik, nach dem Cliché des langmähnigen Slawen, auf den Begriff eines rasenden Halbirren abgezogen, der immerhin auch seine ruhigen Phasen hat. Überdies sind die Themen in symphonischer Musik nicht die Hauptsache sondern weithin bloß Material; die Popularisierung, welche die Aufmerksamkeit auf die Themen verlagert, lenkt vom Wesentlichen, dem strukturellen Verlauf der Musik als ganzer, aufs Atomistische, die stückhafte Einzelmelodie ab. So sabotiert

---

[6]) Sigmund Spaeth, Great Symphonies, How to Recognize and Remember Them, New York 1936.

das Hilfsmittel der Verbreitung das Verbreitete. Schließlich aber — und das ist ein Aspekt, dem kaum ein milderer Name als satanisch gebührt — wird es Menschen, die einmal jene Themen mit den Greuelworten auswendig gelernt haben, schwer möglich sein, je wieder von den Worten sich zu befreien und die Musik überhaupt noch als das zu hören, was sie ist. Die als Kunstliebe getarnte kulturelle Information enthüllt sich als destruktiv. Etwas von Spaeth trägt aber potentiell noch die unschuldigste Taschenbuchausgabe in sich. Keine Aufklärung verdient den Namen, die zu eingeschüchtert wäre, um Reflexionen dieses Typus in sich hineinzunehmen.

Subjektiv ist der Mechanismus, der das Prestige einer nicht mehr erfahrenen und kaum überhaupt mehr gegenwärtigen Bildung und die verunglückte Identifikation mit ihr befördert, einer von kollektivem Narzißmus[7]). Halbbildung hat das geheime Königreich zu dem aller gemacht. Kollektiver Narzißmus läuft darauf hinaus, daß Menschen das bis in ihre individuellen Triebkonstellationen hineinreichende Bewußtsein ihrer sozialen Ohnmacht, und zugleich das Gefühl der Schuld, weil sie das nicht sind und tun, was sie dem eigenen Begriff nach sein und tun sollten, dadurch kompensieren, daß sie, real oder bloß in der Imagination, sich zu Gliedern eines Höheren, Umfassenden machen, dem sie die Attribute alles dessen zusprechen, was ihnen selbst fehlt, und von dem sie stellvertretend etwas wie Teilhabe an jenen Qualitäten zurückempfangen. Die Bildungsidee ist dazu prädestiniert, weil sie — ähnlich wie der Rassewahn — vom Individuum bloß ein Minimum verlangt, damit es die Gratifikation des kollektiven Narzißmus gewinne; es genügt schon der Besuch einer höheren Schule, gelegentlich bereits die Einbildung, aus guter Familie zu stammen. Die Attitüde, in der Halbbildung und kollektiver Narzißmus sich vereinen, ist die des Verfügens, Mitredens, als Fachmann sich Gebärdens, Dazu-Gehörens. Die Phänomenologie der Sprache in der verwalteten Welt, die Karl Korn jüngst entworfen hat, zumal die »Sprache des Angebers«, ist geradezu die Ontologie von Halbbildung, und die sprachlichen Monstrositäten, die er interpretierte, sind die Male der mißlungenen Identifikation mit dem objektiven Geist an diesem. Um überhaupt noch den Anforderungen zu genügen, welche die Gesellschaft an die Menschen richtet, reduziert Bildung sich auf die Kennmarke gesellschaftlicher Immanenz und Integriertheit und wird unverhohlen sich selber ein Tauschbares, Verwertbares. Die vergleichsweise unschuldige Lüge der Einheit

---

[7]) Vgl. Aberglaube aus zweiter Hand, S. 149 f.

von Bildung und Besitz, mit der man im Wilhelminischen Preußen das Klassenwahlrecht verteidigte, wurde zur aberwitzigen Wahrheit. Damit aber ist der Geist von Halbbildung auf den Konformismus vereidigt. Nicht nur sind ihr die Fermente der Kritik und der Opposition entzogen, die Bildung im achtzehnten Jahrhundert gegen die etablierten Mächte in sich trug, sondern die Bejahung und geistige Verdoppelung dessen, was ohnehin ist, wird zu ihrem eigenen Gehalt und Rechtsausweis. Kritik aber ist zur puren Schlauheit erniedrigt, die sich nichts vormachen läßt und den Kontrahenten drankriegt, ein Mittel des Vorwärtskommens.

Der Halbgebildete betreibt Selbsterhaltung ohne Selbst. Worin nach jeglicher bürgerlichen Theorie Subjektivität sich erfüllte, Erfahrung und Begriff, kann er sich nicht mehr leisten: das höhlt die Möglichkeit von Bildung subjektiv ebenso aus, wie ihr objektiv alles entgegen ist. Erfahrung, die Kontinuität des Bewußtseins, in der das Nichtgegenwärtige dauert, in der Übung und Assoziation im je Einzelnen Tradition stiften, wird ersetzt durch die punktuelle, unverbundene, auswechselbare und ephemere Informiertheit, der schon anzumerken ist, daß sie im nächsten Augenblick durch andere Informationen weggewischt wird. Anstelle des temps durée, des Zusammenhangs eines in sich relativ einstimmigen Lebens, das ins Urteil mündet, tritt ein urteilsloses »Das ist«, etwa so, wie im Schnellzug jene Fahrgäste reden, die bei jedem vorbeiflitzenden Ort die Kugellager- oder Zementfabrik oder die neue Kaserne nennen, bereit, jede ungefragte Frage konsequenzlos zu beantworten. Halbbildung ist eine Schwäche zur Zeit[8]), zur Erinnerung, durch welche allein jene Synthesis des Erfahrenen im Bewußtsein geriet, welche einmal Bildung meinte. Nicht umsonst rühmt sich der Halbgebildete seines schlechten Gedächtnisses, stolz auf seine Vielbeschäftigtheit und Überlastung. Vielleicht wird in der gegenwärtigen philosophischen Ideologie nur deshalb so viel Aufhebens von der Zeit gemacht, weil sie den Menschen verlorengeht und beschworen werden soll. Der vielbemerkte Konkretismus und der Abstraktismus aber, der das Einzelne überhaupt nur noch als Repräsentanten des Allgemeinen gelten läßt, mit dessen Namen es benannt wird, ergänzen sich. Der Begriff wird von der dekretorischen Subsumtion unter irgendwelche fertigen, der dialektischen Korrektur entzogenen Clichés abgelöst, die ihre verderbliche Gewalt unter totalitären Systemen enthüllen: auch ihre Form ist das isolierende, aufspießende, einspruchslose »Das ist«. Weil jedoch Halbbildung gleichwohl an die traditionellen Kategorien sich klam-

---

[8]) Vgl. Über Statik und Dynamik als soziologische Kategorien, S. 234.

mert, die sie nicht mehr erfüllt, so weiß die neue Gestalt des Bewußtseins unbewußt von ihrer eigenen Deformation. Darum ist Halbbildung gereizt und böse; das allseitige Bescheidwissen immer zugleich auch ein Besserwissen-Wollen. Ein halbgebildetes Slogan, das einmal bessere Tage gesehen hat, ist Ressentiment; Halbbildung selber aber ist die Sphäre des Ressentiments schlechthin, dessen sie jene zeiht, welche irgend noch einen Funken von Selbstbesinnung bewahren. Unverkennbar das destruktive Potential der Halbbildung unter der Oberfläche des herrschenden Konformismus. Während sie fetischistisch die Kulturgüter als Besitz beschlagnahmt, steht sie immerzu auf dem Sprung, sie zu zerschlagen.

Sie gesellt sich der Paranoia, dem Verfolgungswahn. Die auffällige Affinität eines Bewußtseinsstandes wie der Halbbildung zu unbewußten, psychotischen Prozessen wäre aber rätselhafte, prästabilisierte Harmonie, hätten nicht die Wahnsysteme, außer ihrem Stellenwert in der psychologischen Ökonomie des Einzelnen, auch ihre objektive gesellschaftliche Funktion. Sie ersetzen jene wesentliche Einsicht, die von der Halbbildung versperrt wird. Wer der Kontinuität von Urteil und Erfahrung enträt, wird von solchen Systemen mit Schemata zur Bewältigung der Realität beliefert, welche an diese zwar nicht heranreichen, aber die Angst vorm Unbegriffenen kompensieren. Die Konsumenten psychotischer Fertigfabrikate fühlen sich dabei gedeckt von all den ebenso Isolierten, die in ihrer Isoliertheit, unter radikaler gesellschaftlicher Entfremdung, durch den gemeinsamen Wahn verbunden sind. Die narzißtische Gratifikation, im Geheimnis zu sein und mit anderen Erlesenen einig, befreit, sobald es über die nächsten Interessen hinausgeht, von der Realitätsprüfung, an welcher das Ich alten Stils, laut Freud, seine vornehmste Aufgabe hatte. Die wahnhaften Systeme der Halbbildung sind der Kurzschluß in Permanenz. Man hat die kollektive Neigung zu jenen Bewußtseinsformen, welche Sorel und Rosenberg einmütig Mythen tauften, gern damit erklärt, daß die gegenwärtige soziale Realität an sich, schwierig, komplex und unverständlich, zu dergleichen Kurzschlüssen herausfordere. Aber gerade diese scheinbar objektive Deduktion zielt zu kurz. In vieler Hinsicht ist die Gesellschaft, durch den Wegfall ungezählter, auf den Markt zurückweisender Mechanismen, durch die Beseitigung des blinden Kräftespiels in breiten Sektoren, durchsichtiger als je zuvor. Hinge Erkenntnis von nichts ab als der funktionellen Beschaffenheit der Gesellschaft, so könnte wahrscheinlich heute die berühmte Putzfrau recht wohl das Getriebe verstehen. Objektiv produziert ist vielmehr die subjektive Beschaffenheit, welche die objektiv mögliche Einsicht unmöglich macht. Das Gefühl, an die Macht des Bestehenden doch nicht heranzureichen, vor ihm kapitulieren zu müssen, lähmt auch die Triebregungen der Erkenntnis. Fetischisiert, undurchdringlich, unverstanden wird, was dem Subjekt als unabänderlich sich darstellt. Man denkt zweiwertig, nach dem Schema von vorweg Geretteten und vorweg Verdammten. Der Halbgebildete zählt sich allemal zu den Geretteten, verdammt ist alles, was sein Reich – und damit das jeweils Bestehende, zu dem dies Reich vermittelt ist – in Frage stellen könnte. Im Gericht über den vielfach selbstgewählten oder erst konstruierten Gegner schlägt eben jenes Moment von Roheit durch, das objektiv gesetzt ist durch das Scheitern der Kultur an dem, der auf sie pocht. Halbbildung ist defensiv; sie weicht den Berührungen aus, die etwas von ihrer Fragwürdigkeit zutage fördern könnten. Nicht Komplexität, sondern Entfremdung schafft die psychotischen Formen der Reaktion auf Gesellschaftliches: Psychose selbst ist die vom Subjekt bis ins Innerste zugeeignete objektive Entfremdung. Die kollektiven Wahnsysteme der Halbbildung vereinen das Unvereinbare: sie sprechen die Entfremdung aus, sanktionieren sie, als sei's wie immer auch finsteres Geheimnis, und bringen sie scheinhaft nahe, trügende Ersatzerfahrung anstelle der zerfallenen. Dem Halbgebildeten verzaubert alles Mittelbare sich in Unmittelbarkeit, noch das übermächtige Ferne. Daher die Tendenz zur Personalisierung: objektive Verhältnisse werden einzelnen Personen zur Last geschrieben oder von einzelnen Personen das Heil erwartet. Ihr wahnhafter Kult schreitet mit der Depersonalisierung der Welt fort. Andererseits kennt Halbbildung, als entfremdetes Bewußtsein, wiederum kein unmittelbares Verhältnis zu irgend etwas, sondern ist stets fixiert an die Vorstellungen, welche sie an die Sache heranbringt. Ihre Haltung ist die des taking something for granted; ihr Tonfall bekundet unablässig ein »Wie, das wissen Sie nicht?«, zumal bei den wildesten Konjekturen. Kritisches Bewußtsein ist verkrüppelt zum trüben Hang, hinter die Kulissen zu sehen: Riesman hat das am Typus des inside dopesters beschrieben. Die obersten Antworten und Theoreme der Halbbildung jedoch bleiben irrational: daher ihre Sympathien mit dem Irrationalismus jeglicher Farbe, zumal dem depravierten, der Verherrlichung von Natur und Seele. Sie ist geistig prätentiös und barbarisch anti-intellektuell in eins. Die Wahlverwandtschaft von Halbbildung und Kleinbürgertum liegt auf der Hand; mit der Sozialisierung der Halbbildung aber beginnen auch ihre pathischen Züge die ganze Gesellschaft anzustecken, entsprechend der Instauration des auf Touren gebrachten Kleinbürgers zum herrschenden Sozialcharakter. Der soziale Zusammenhang von Wahn und Halbbildung ist von der Wissenschaft kaum, dagegen von einer Literatur sehr wohl gesehen worden, die es nie zu rechten Ehren brachte. Die Beschreibung der allzerstörenden Schwiegermutter in dem verstaubten Lustspiel »Der Störenfried« von Benedix entwirft die vollständige Physiognomik der Halbbildung. Soziologie vermöchte wahrscheinlich deren gesamte Ontologie, einen Strukturzusammenhang all ihrer tragenden und zugleich aus gesellschaftlichen Bedingungen stammenden Kategorien zu entfalten. Als von Kultur Ausgeschlossener und gleichwohl sie Bejahender verfügt der Halbgebildete über eine zweite Kultur sui generis, eine inoffizielle, die unterdessen freilich mit der von der Kulturindustrie zubereiteten echte Begegnung feiert: die Welt der Bücher, die nicht in den Bücherschrank gestellt, aber gelesen werden und die so geschichtslos, so unempfindlich gegen geschichtliche Katastrophen zu sein scheinen wie das Unbewußte selber. Gleich diesem ist Halbbildung tendenziell unansprechbar: das erschwert so sehr ihre pädagogische Korrektur. Ihr entgegenwirken könnte man wohl einzig tiefenpsychologisch: dadurch, daß man schon in frühen Entwicklungsphasen ihre Verhärtungen löst und kritische Besinnung stärkt.

Forderungen dieser Art jedoch stoßen rasch genug auf einen Block. Die Erkenntnis des gesellschaftlichen Unwesens von Halbbildung bestätigt, daß isoliert nicht geändert werden kann, was von objektiven Gegebenheiten produziert und reproduziert wird, welche die Bewußtseinssphäre zur Ohnmacht verhalten. Im widerspruchsvollen Ganzen verstrickt auch die Frage nach der Bildung in eine Antinomie. Die ungebrochene Rede von Kultur ist weltfremd und ideologisch angesichts der objektiv und über alle Grenzen der politischen Systeme hinweg sich manifestierenden Tendenz zu ihrer Liquidation. Vollends läßt Kultur in abstracto darum nicht sich zur Norm oder zum sogenannten Wert erheben, weil Beteuerungen solchen Tenors das Verhältnis alles Kulturellen zur Herbeiführung menschenwürdigen Lebens durch seiner selbst mächtiges Selbstbewußtsein durchschneiden und zu jener Neutralisierung des Geistes beitragen, die ihrerseits Bildung zerstört. Umgekehrt aber kann auch die Theorie der Gesellschaft und eine irgend an ihr orientierte Praxis nicht mit dem Mut der Verzweiflung sich auf die Seite der stärkeren Tendenz schlagen, stoßen, was fällt, und die Liquidation der Kultur sich zu eigen machen: sonst wird sie unmittelbar mitschuldig am Rückfall in die Barbarei. Unter den Versuchungen des an sich selbst irre gewordenen Geistes ist nicht die harmloseste jene, die in der Psychologie Anna Freud die Identifikation mit dem Angreifer [9]) genannt hat: willfährig das vermeintlich Unabwendbare zu

---

[9]) Vgl. Aberglaube aus zweiter Hand, S. 160.

unterschreiben. Gegenwärtig gedeiht weniger der kritische Intellektuelle als der, welcher die Mittel des Intellekts, oder was er damit verwechselt, zur Verdunklung benutzt. Eitel aber wäre auch die Einbildung, irgend jemand – und damit meint man immer sich selber – wäre von der Tendenz zur sozialisierten Halbbildung ausgenommen. Was mit Fug Fortschritt des Bewußtseins heißen darf, die illusionslos kritische Einsicht in das, was ist, geht mit Bildungsverlust zusammen; Nüchternheit und traditionelle Bildung sind unvereinbar. Kein Zufall, daß schon, als Marx und Engels die kritische Theorie der Gesellschaft konzipierten, jene Sphäre, auf welche der Begriff der Bildung primär zielt, Philosophie und Kunst, vergröbert und primitiviert ward. Solche Simplifizierung ist unvereinbar geworden mit der gesellschaftlichen Intention, endlich doch aus der Barbarei hinauszuführen: sie hilft unterdessen im Osten zum nackten Schrecken. Fortschreitendes Bewußtsein, das der angehorteten, zum Besitz verschandelten Kultur widersteht, ist nicht nur über, sondern immer zugleich auch unter der Bildung. Stets ist die hervortretende neue Qualität mehr und weniger als das Versinkende. Dem Fortschritt selber, der Kategorie des Neuen ist als Ferment ein Zusatz von Barbarei beigemischt: man fegt aus. Zu visieren wäre ein Zustand, der weder Kultur beschwört, ihren Rest konserviert, noch sie abschafft, sondern der selber hinaus ist über den Gegensatz von Bildung und Unbildung, von Kultur und Natur. Das aber erheischt, daß nicht nur die Verabsolutierung von Kultur gebrochen wird, sondern auch, daß ihre Auffassung als die eines Unselbständigen, als bloßer Funktion von Praxis und bloßer Anweisung auf sie, nicht hypostasiert werde, nicht zur undialektischen These gerinne. Die Einsicht, daß, was entsprang, nicht auf seinen Ursprung reduziert, nicht dem gleichgemacht werden kann, woraus es kam, bezieht sich auch auf den Geist, der so leicht dazu sich verführen läßt, sich selber als Ursprung aufzuwerfen. Wohl ist ihm, wo er diesen Anspruch zur eigenen Erhöhung anmeldet, mit dem Hinweis auf seine Abhängigkeit von den realen Lebensverhältnissen und seine Untrennbarkeit von deren Gestaltung, schließlich auf seine eigene Naturwüchsigkeit zu entgegnen. Wird Geist aber blank auf jene Abhängigkeit reduziert und fügt er sich von sich aus in die Rolle des bloßen Mittels, so ist an das Umgekehrte zu erinnern. Insofern hat die Sorge um Bildung in der gegenwärtigen geschichtlichen Stunde ihr Recht. Daß der Geist von den realen Lebensverhältnissen sich trennte und ihnen gegenüber sich verselbständigte, ist nicht nur seine Unwahrheit, sondern auch seine Wahrheit; keine verbindliche Erkenntnis, kein geratenes Kunstwerk wäre durch den Hinweis auf seine soziale Genese zu widerlegen. Wenn die Menschen den Geist entwickelten, um sich am Leben zu erhalten, so sind die geistigen Gebilde, die sonst nicht existierten, doch keine Lebensmittel mehr. Die unwiderrufliche Verselbständigung des Geistes gegenüber der Gesellschaft, die Verheißung von Freiheit, ist selber so gut ein Gesellschaftliches, wie die Einheit von beidem es ist. Wird jene Verselbständigung einfach verleugnet, so wird der Geist unterdrückt und macht dem, was ist, nicht weniger die Ideologie, als wo er ideologisch Absolutheit usurpiert. Was ohne Schande, jenseits des Kulturfetischismus, kulturell heißen darf, ist einzig das, was vermöge der Integrität der eigenen geistigen Gestalt sich realisiert und nur vermittelt, durch diese Integrität hindurch, in die Gesellschaft zurückwirkt, nicht durch unmittelbare Anpassung an ihre Gebote. Die Kraft dazu aber wächst dem Geist nirgendwoher zu als aus dem, was einmal Bildung war. Tut indessen der Geist nur dann das gesellschaftlich Rechte, solange er nicht in der differenzlosen Identität mit der Gesellschaft zergeht, so ist der Anachronismus an der Zeit: an Bildung festzuhalten, nachdem die Gesellschaft ihr die Basis entzog. Sie hat aber keine andere Möglichkeit des Überlebens als die kritische Selbstreflexion auf die Halbbildung, zu der sie notwendig wurde.

T. W. A.

Zum Begriff der Vernunft

Im Gang der europäischen Gesellschaft heben zwei Begriffe von Vernunft sich voneinander ab. Der eine war den großen philosophischen Systemen seit Platon eigen. In ihnen begriff Philosophie sich selbst als Abbild des vernünftigen Wesens der Welt, gleichsam als Sprache oder Echo des ewigen Wesens der Dinge. Das Vernehmen der Wahrheit durch den Menschen war eins mit der Manifestation der Wahrheit selbst, und die Fähigkeit zu solchem Vernehmen schloß alle Operationen des Denkens ein. Mit der Ausbildung einer eigenen Logik, mit der Verselbständigung des Subjekts, seiner Distanzierung von der Welt als bloßem Material entsteht im Widerspruch zu jener umspannenden, dem Objekt und Subjekt gleichermaßen eigenen Vernunft, die formale, ungebundene, ihrer selbst gewisse ratio. Sie wehrt sich gegen die Vermengung mit dem Sein, verweist es als bloße Natur in einen eigenen Bereich, dem sie selbst nicht unterliegt. Beide Vernunftbegriffe, besonders aber der autonome, ausschließende, sollen hier betrachtet werden. Dann läßt sich die Frage ihrer Vereinigung mit ihren sozialen Implikationen erörtern.

Der herrschende Sprachgebrauch weiß von Vernunft, vornehmlich im zuletzt genannten Sinn, als einem Instrument. Er strebt immer mehr dahin, unter vernünftig das zu verstehen, dessen Nützlichkeit sich erweisen läßt. Der vernünftige Mensch sei jener, welcher imstande ist zu erkennen, was ihm nützt. Die Kraft, die es ermöglicht, sei die Fähigkeit der Klassifizierung, des Schließens, der Induktion und Deduktion, gleichgültig mit welchem besonderen Inhalt man es zu tun habe. Vernunft gilt im täglichen Leben, und nicht nur dort, als die abstrakte, formale Funktion des Denkmechanismus. Die Regeln, nach denen er arbeitet, sind die Gesetze der formalen und diskursiven Logik: das Prinzip der Identität, des Widerspruchs, des ausgeschlossenen Dritten, der Syllogismus; sie werden gegenüber dem Einfluß der wechselnden Erfahrung als die Form, gleichsam das Gerippe des Denkens festgehalten. Insofern dieser Vernunftbegriff, dessen Vorherrschaft von der bürgerlichen Gesellschaft gar nicht ablösbar ist und ganz besonders die Gegenwart kennzeichnet, um die Frage eines An sich, also objektiv Vernünftigen, sich nicht bekümmert, sondern ausschließlich das für den Denkenden, für das Subjekt Vernünftige im Auge hat, darf er der Begriff der subjektiven Vernunft heißen. Sie hat es vor allem mit dem Verhältnis von Zwecken und Mitteln zu tun, mit der Angemessenheit von Verfahrensweisen an Ziele, die als solche mehr oder minder hingenommen werden, ohne im allgemeinen ihrerseits der vernünftigen Rechtfertigung unterworfen zu werden. Befaßt die subjektive Vernunft sich überhaupt mit Zielen, dann entweder, um zu prüfen, ob sie auch im subjektiven Sinn vernünftig seien. Vernünftig heißt dann, daß sie dem Interesse des Subjekts, seiner wirtschaftlichen und vitalen Selbsterhaltung dienlich seien, wenn nicht des isolierten Individuums so doch der Gruppe, mit der es sich identifiziert. Oder die Ziele werden in die vernünftige Betrachtung deshalb hineingezogen, um die Möglichkeit ihrer Verwirklichung und etwa die Angemessenheit der zu wählenden Mittel zu prüfen. Für die Einschränkung des Vernunftbegriffs auf den letzteren Gebrauch steht vor allem die Lehre von Max Weber. Ein Ziel kann nach ihm, gegenüber anderen, bei der Vernunft keinen Vorzug beanspruchen, die Macht ist so vernünftig und so unvernünftig wie die Gerechtigkeit. Für die Gleichsetzung von Vernunft und Nützlichkeit geben jene Diktatoren ein Beispiel, die schon Voltaire mit seinem hellen Auge vorhergesehen hat. Sie sagen den möglichen Gegnern im Innern: wenn ihr nicht mitmacht, seid ihr verloren, und den künftigen Satelliten draußen: wir sind mächtiger als ihr. Also: seid vernünftig! Der Gedanke an ein einsichtiges, an sich vernünftiges Ziel, ohne Rücksicht auf irgendwelche Gewinne oder Vorteile, ist dem subjektiven Vernunftbegriff fremd, selbst wenn er über den Standpunkt der persönlichen Nützlichkeit sich erhebt und weitere Zusammenhänge, etwa die eigene Familie oder sonstige Gruppen, in sich einbegreift. Ganz entsprechend gilt auch der, dem Handeln nicht aus interessierter Berechnung sondern aus anderen Motiven fließt, der seinen Vorteil nicht rasch wahrzunehmen versteht, dessen Leben einen anderen Pulsschlag hat, nicht bloß als — anders sondern als unvernünftig, das heißt, als dumm. Er begreift nicht, daß die Reden über eine wahre Vernunft, über ihre Verwirklichung und was damit zusammenhängt, bloße Routine sind, um seinesgleichen zu führen und zu überlisten, ein bloßes Machtmittel wie andere. Er ist noch nicht erwachsen genug, sei er auch noch so alt.

Der subjektive Vernunftbegriff war nicht stets maßgebend, wie sehr er heute vielen als natürlich erscheinen mag. Ihm opponierte die Ansicht, Vernunft walte nicht bloß im Bewußtsein der Individuen, sondern die Frage nach Vernunft und Unvernunft sei auch auf das objektive Sein anwendbar, auf die Beziehung zwischen den einzelnen Menschen wie der sozialen Klassen, auf gesellschaftliche Institutionen, ja, auf die außermenschliche Natur. Wann immer wir von Philosophie im emphatischen Sinn reden, bei Platon und Aristoteles, in der Scholastik und in den großen Systemen des deutschen Idealismus, immer finden wir uns einer objektiven Konzeption der Vernunft gegenüber. Sie ist bezogen auf das Ganze des Seienden, das auch das Individuum und seine Zwecke einschließt, ohne sich jedoch mit ihm zu decken. Der Einklang einer Handlung, eines ganzen Lebens, ja, der Bestrebungen eines Volkes mit diesem Ganzen, ist dann das Kriterium der Vernunft. An seiner objektiven Struktur, nicht nur an den partiellen Interessen soll Existenz gemessen werden. Solcher Gedanke der philosophischen Tradition verdammte nicht die subjektive Vernunft; sie war vielmehr verstanden als ein begrenzter Ausdruck der allgemeinen Vernünftigkeit. Der Nachdruck lag mehr auf dieser letzteren und damit, vom Individuum aus gesehen, auf den Zielen als auf den Mitteln. Solche Denkart weist auf die Idee der Versöhnung einer objektiven, von der Philosophie als vernünftig begriffenen Ordnung mit dem menschlichen Dasein und seiner Selbsterhaltung. Die Platonische Republik, der Ordo des Thomas und der seines Antipoden Spinoza, das System Hegels sind nur einige der berühmten Beispiele einer solchen europäischen Konzeption.

Allen liegt die Überzeugung zugrunde, daß Einsicht in die Natur des Seienden von Werthaftem, Richtungweisendem nicht getrennt sei. Je tiefer wir eindringen in das, was wahrhaft ist, desto sicherer wissen wir auch, was zu tun ist. Die Regeln der Tugend folgen aus der Erkenntnis dessen, was ist. Tugend und Wissen sind im Grunde eins. Für die philosophischen Entwürfe der Ordnung der Welt gilt nichts anderes als für die Erfahrung im täglichen Leben. So wie der Anblick eines ertrinkenden Kindes (ich glaube, es war der Frankfurter Psychologe Gelb, der einmal des Exempels sich bediente) dem Vorbeigehenden, der schwimmen kann, sein Handeln vorschreibt, so wie ein krasser Notstand in Land oder Gemeinde, auch ohne die Schlußfolgerungen des Referenten, eine beredte Sprache führt und andererseits die Offenbarung moralischer oder ästhetischer Schönheit zur Liebe einlädt, ohne daß erst noch eine besondere Richtschnur gegeben werden müßte, so spricht auch nach jenen philosophischen Systemen die Welt im großen ihre eigene Sprache, und der Philosoph macht sich nur zu ihrem Mund, damit sie laut werde. Das ist es, was mit objektiver Vernunft, die die subjektive in sich schließt, gemeint ist.

In den bedeutenden Werken sind beide Momente seit je gegenwärtig gewesen; selbst in der Philosophie David Humes, des Sensualisten und Skeptikers, ist der Gedanke ans Objektive und Maßgebliche fortwährend durch den Ton anwesend, in dem die Bescheidung beim Natürlichen als die letzte Auskunft des Weisen mit großer Stetigkeit noch immer verkündet wird. Trotzdem gehört seine Leistung zu jenen, die an der Verselbständigung des subjektiven Vernunftbegriffs einen wichtigen Anteil haben. Dieser bildet ein Moment der Aufklärung im traditionellen Sinn, den philosophischen Ausdruck der Entmythologisierung, der Entzauberung der Welt, wie Max Weber den Prozeß bezeichnet hat. Seit dem letzten großen Versuch der Vermittlung von subjektiver und objektiver Vernunft im deutschen Idealismus erscheinen alle Anstrengungen, die das Recht des objektiven Vernunftbegriffs geltend zu machen versuchen, selbst die von Max Scheler, als künstlich und antiquiert.

Wenn heute in einem sehr radikalen Sinn von einer Krise der Vernunft die Rede sein muß, so darum, weil entweder Denken unfähig ward, die Idee des objektiv Vernünftigen zu fassen, ohne die auch subjektive Vernunft unsicher und haltlos bleibt, oder weil das Denken jene Idee selbst als Trug, als ein Stück Mythologie, zu negieren beginnt. Die Fatalität dieser Entwicklung liegt darin, daß sie schließlich den objektiven Inhalt eines jeglichen Begriffs auflöst. Im herrschenden Geiste, ob er sich dessen in allen seinen Trägern ganz bewußt ist oder nicht, sind alle Grundbegriffe ihrer Substantialität beraubt, zu formalen Hülsen geworden, deren Inhalt von Willkür abhängt und selber keiner vernünftigen Rechtfertigung mehr fähig ist. Der Aufklärungsprozeß, den Vernunft gegen Mythologie und Aberglauben über die Jahrtausende hin führte, wendet sich zuletzt gegen die Begriffe, die noch als »natürliche«, das heißt, der subjektiven Vernunft einwohnende, stehengeblieben waren, wie den der Freiheit und des Friedens, der menschlichen Gleichheit in einem letzten Sinn, der Heiligkeit des Menschenlebens und der Gerechtigkeit, ja, gegen den Begriff des Subjekts und der Vernunft selbst. Der Fortschritt läßt sich sozusagen selbst zurück. Hatte nach der Auflösung des mittelalterlichen Weltbildes Philosophie es unternommen, aus eigenen Kräften ein verbindliches Ganzes aufzustellen, an dem der Mensch sich orientieren konnte, ohne etwas glauben zu müssen, das nicht nachprüfbar war, an dem er füglich zweifeln konnte, so war die Reduktion der Philosophie auf subjektive Vernunft gleichsam die Probe aufs Exempel. Was einzig das Prädikat vernünftig noch in Anspruch nehmen durfte, die ingeniöse Formel, die die wahrscheinliche Sukzession der Phänomene am kürzesten vorwegnahm, die geschmeidigste Anpassung des Mittels an den subjektiven Zweck, die Ausbildung des Denkens zum reinen Instrument, war bei aller Großartigkeit der Erfolge doch ein isoliertes Moment der Vernunft. Der Anspruch des Geistes, daß er menschliches Leben auf Vernunft, auf vernünftige Einsicht, auf einen Sinn begründen könne, schien durch Vernunft selbst ad absurdum geführt. Die totalitären Systeme jeder Richtung, in denen ja subjektive Vernunft, nämlich rationale Beziehung der angewandten Mittel auf Zwecke, in den

Dienst nicht bloß von unmenschlichen sondern aberwitzigen Zielen tritt, die Ausdehnung der ungehemmten Selbständigkeit vom individuellen Subjekt auf den souveränen Machtstaat, und schließlich auf weltumspannende Machtblocks und die damit verbundene zunehmende Wichtigkeit der Produktion von Zerstörungsmitteln selbst bei den friedliebenden Völkern — all dies zeigt, daß der Vernunftbegriff der Selbsterhaltung in den der Selbstzerstörung überzugehen droht.

Wenn der Übergang der Aufklärung in Positivismus am Ende den Begriff der Vernunft selber als eine Art letzte Position der Mythologie kassierte, so gilt das nicht bloß für den alten von Platon herkommenden Begriff von der Vernunft als einem Vermögen der Seele, die schon Hume gestrichen hat. Der Vorgang bezieht sich auch nicht einzig auf die Kantsche Lehre von der ursprünglichen Apperzeption, dem einheitlichen Ich, an dem nach Kant die ganze Philosophie aufzuhängen sei. Dieses entsubstantialisierte Nachbild der Platonischen Lehre ist von der positivistischen Erkenntnistheorie längst ebenfalls als unhaltbare Metaphysik geleugnet worden. Der Vorgang ist ein höchst realer, und der Satz Ernst Machs, »Das Ich ist nicht zu retten« kennzeichnet eine wirkliche Tendenz.

In der Funktionalisierung der Vernunft vollendet sich ein Prozeß, der die Neuere Geschichte durchzieht. Der Anspruch auf Rechtfertigung vor dem subjektiven Urteil ist in der Vernunft selbst begründet und der Versuch, von außen ihn zu hemmen, muß vergeblich bleiben. Der Kampf gegen die reine Einsicht, wie Hegel einmal die subjektive formale ratio in unserem Sinn genannt hat, jeder Versuch des Rückschritts, verrät, so heißt es in der Phänomenologie des Geistes, »die geschehene Ansteckung; er ist zu spät, und jedes Mittel verschlimmert nur die Krankheit, denn sie hat das Mark des geistigen Lebens ergriffen, nämlich das Bewußtsein in seinem Begriffe oder sein reines Wesen selbst; es ... lassen sich ihre noch vereinzelten Äußerungen zurückdrängen und die oberflächlichen Symptome dämpfen. Es ist ihr dies höchst vorteilhaft, denn sie vergeudet nun nicht unnütz die Kraft ... Sondern nun ... durchschleicht sie die edlen Teile durch und durch und hat sich bald aller Eingeweide und Glieder des bewußtlosen Götzen gründlich bemächtigt, und ›an einem schönen Morgen gibt sie mit dem Ellbogen dem Kameraden einen Schub, und bauz! baradauz! der Götze liegt am Boden.‹«[1] Aber wenn Hegel dabei an die französische Revolution dachte — das Wort klingt ja an eine Stelle bei Diderot an —, so ist seitdem das Feld der Geschichte mit zahllosen zertrümmerten

---

[1] Hegel, Sämtl. Werke, Jubiläumsausgabe 2. Bd., ed. Glockner, Phänomenologie des Geistes, Stuttgart 1927, S. 418 f.

Begriffsgötzen besät und zahllose sind auferstanden. Einer der wichtigsten Gründe dafür ist die Ratlosigkeit, wie sie durch die Departementalisierung der Kultur geschaffen ist. Die subjektive Vernunft mit ihrem Sinn für Scheidung und Sauberkeit hat schon im Gefolge des Averroismus im dreizehnten Jahrhundert die Trennung von theologischem und weltlichem Wissen in jene beiden Fakultäten der Sorbonne verfestigt, eine Trennung, die zum Wesen der neueren Gesellschaft gehört. Im einen Schubfach ist die Religion, in einem anderen die Kunst, in einem dritten die Philosophie, in einem vierten die von all dem losgelöste Wissenschaft nach dem Vorbild der mathematischen Physik, die eigentliche Domäne der subjektiven Vernunft, von der die Trennung theoretisch ausgeht und die den Menschen ohne Richtschnur läßt. Eben deshalb war in der losgelassenen Entmythologisierung schon der Rückschlag vorbereitet. Selbst wo der subjektive Vernunftbegriff, wie im Frankreich des sechzehnten Jahrhunderts, mit der Humanität aufs engste verbunden war und wo er im Namen solcher Humanität Ideen wie die der Toleranz und religiösen Versöhnlichkeit formulierte, hat er sich den herrschenden Interessen gegenüber als anpassungsfähig erwiesen. Er war schmiegsamer als etwa die objektiven Systementwürfe eines Bruno oder Spinoza. Die Scheidung und Neutralisierung der einzelnen Kultur- und Wertsphären von der Wissenschaft und Praxis, in sich berechtigt und unwiderlegbar, bereitet die Gleichschaltung auch ans Schlechte vor. »Le Maire et Montaigne ont toujours été deux, d'une séparation bien claire.« Der Mensch in seinem Amt und der Mensch mit einem eigenen Namen sind streng getrennt, und Montaigne zitiert Quintus Curtius: »Tantum se fortunae permittunt, etiam ut naturam dediscant.« Man soll sich dem Geschäft nicht so hingeben, daß man die eigene Natur vergißt. Aber was ist die Natur, die bei Montaigne und später bei Montesquieu mit der Vernunft zusammenfällt, wenn sie ihrer Inhalte entleert und zur wissenschaftlichen Vernunft formalisiert ist? Sie bietet keinen Halt gegen den Druck der Realität und eben deshalb war sie nicht erst im Mythos des zwanzigsten Jahrhunderts sondern schon in den edlen Gedanken Montaignes in Gefahr, dem Irrationalen sich zu überantworten. So offenkundig etwa die Absurdität der heutigen neo-positivistischen Philosophie, des sogenannten logischen Empirismus, ist, der jeden möglichen Sinn, jede inhaltliche Idee als ein Idol austreiben möchte, das durch die traditionelle Sprache bedingt sei, so unwiderstehlich ist doch diese Sinnlosigkeit die Konsequenz einer im Vernunftbegriff, im Willen zu klarer und deutlicher Erkenntnis selbst angelegten Entwicklung. In der Krise der subjektiven Vernunft geht es um deren eigenes Wesen, nicht bloßen Mißbrauch oder bloße Ahnungslosigkeit, so abgeschmackt auch die Plattheiten und Tautologien, in denen der Positivismus sich vollendet, einem Bewußtsein erscheinen mögen, das vor dem Zwang der Massengesellschaft und ihrem Betrieb noch nicht kapituliert hat.

Das einzige Kriterium, das die subjektive, formale, instrumentale Vernunft anerkennt, ist das, was die Sprache des Positivismus ihren operativen Wert nennt, ihre Rolle in der Beherrschung von Mensch und Natur. Die Begriffe wollen nicht mehr Qualitäten der Sache als solcher ausdrücken, sondern dienen einzig noch zur Organisation von Wissensmaterial für die, welche geschickt darüber verfügen können. Sie werden als bloße Abbreviaturen von vielem Einzelnen angesehen, als Fiktionen, um es besser festzuhalten. Jeder Gebrauch von Begriffen, der über ihre rein instrumentale Bedeutung hinausgeht, verfällt dem Verdikt, er sei dem Aberglauben verhaftet. Der Kampf gegen Begriffsgötzen, der in der Geschichte der Menschheit so notwendige Bedeutung hat, denn sie haben ihre Opfer gefordert wie die aus Gold und Elfenbein – man denke nur an Hexenzauber und Rassenwahn –, hat jetzt gleichsam durch eine Extrapolation gesiegt. Die Begriffe werden nicht mehr in harter theoretischer und politischer Arbeit konkret überwunden, sondern abstrakt und summarisch gleichsam durch philosophisches Dekret, dabei aber im Einklang mit dem Zeitgeist zu bloßen Symbolen erklärt. Sie gelten als arbeitsparende Kunstgriffe, als wäre Denken selber aufs Niveau industrieller Verfahrensweisen gebracht und zu einem Stück der Produktion geworden. Je mehr die Ideen der Automatisierung und Instrumentalisierung verfallen, je weniger sie in sich selber bedeuten, um so mehr unterliegen sie zugleich der Verdinglichung, als wären sie eine Art von Maschinen. Das Prinzip der Denkökonomie von Avenarius und Ostwald ist nicht bloß in der Erkenntnistheorie sondern zum Beispiel in jenen bewundernswerten Maschinen inkarniert, die bei den kompliziertesten mathematischen Operationen zuweilen selbst die menschliche Leistungsfähigkeit übertreffen. Hegel sah im Kalkül, dessen Primat schon Leibniz vorschwebte, die Gefahr einer Mechanisierung der gesamten Logik, ja, das Schlimmste, was der logischen Wissenschaft und damit der Philosophie widerfahren könnte. Mittlerweile hat dieser Prozeß zu einem Tabu über jede nicht in Berechnung umsetzbare und den universalen Kontrollen sich unterordnende geistige Regung geführt. Was einmal gegen den antiquierten Autoritätsglauben im Namen der Humanität mit Recht gefordert wurde: die Preisgabe nicht nachprüfbarer Vorstellungen von Mensch und Natur, verwandelte sich in Unterdrückung jedweden Sinns überhaupt.

Die Sprache wird dabei zu einem bloßen Werkzeug in der allmächtigen Produktionsapparatur der modernen Gesellschaft. Jedes Wort, das nicht als Rezept für ein Verfahren, als Mittel, andere Menschen in Bewegung zu setzen, als Anweisung, Erinnerungsstütze oder Propaganda dient, sondern als eigener Sinn, als Reflex des Seins, als dessen eigene Regung verstanden sein will, gilt als mythisch und sinnlos, und die Menschen erfahren auch schon Sprache ganz so, wie der Positivismus und Pragmatismus sie ausdeutet. Wenn einer etwas sagt, kommt es nicht so sehr auf die eigene Bedeutung der Worte, auf das, was sie selbst meinen, an, sondern auf das, was er damit — bezweckt. Reines Sagen, Geste und Ausdruck, die nichts veranlassen wollen, erscheinen als Geschwätz. Und eben weil die Menschen sich immer bloß auf andere beziehen, mit ihnen etwas erreichen wollen, und es gar nicht aufs Wort sondern auf seine Wirkung absehen, ist jeder so isoliert und einsam wie in dieser Welt, in der keiner mehr allein sein kann. Je mehr die Wege der Mitteilung und des Verkehrs das Leben einnehmen, je näher die Menschen zusammenrücken, je mehr sie sprechen, oder vielmehr für sie gesprochen wird, desto stummer werden sie.

Daß der Sinn der Sprache[2]) durch ihre Funktion oder Wirkung in der verdinglichten Welt ersetzt wird, kann nicht schwer genug genommen werden. Die Begriffe, die einmal der Vernunft eigen oder von ihr sanktioniert waren, sind noch im Umlauf, aber abgegriffen, neutralisiert und ohne verpflichtenden rationalen Ausweis. Sie verdanken ihren Fortbestand einer Überlieferung, die der Zeitgenosse je nach Geschmack ehrwürdig oder Schlamperei nennen kann. Für den Typus des Bewußtseins, der in der aufgeklärten Welt sich immer mehr durchsetzt, gibt es nur eine Autorität: die in Fakten und Zahlen sich erschöpfende Wissenschaft, und die Behauptung, Gerechtigkeit und Freiheit seien an sich besser als Ungerechtigkeit und Unterdrückung, läßt sich in den Kategorien solcher Wissenschaft nicht verifizieren. Nach dem Verdikt der wissenschaftlichen Erkenntniskritik ist es durch nichts gerechtfertigt, eine besondere Art der Lebensführung, eine Philosophie oder Religion als besser oder höher oder wahrer als irgendeine andere anzusehen. Sobald einmal Vernunft der Besinnung über die Ziele als des Maßes ihrer selbst sich entschlagen hat, ist es unmöglich zu sagen, ein ökonomisches oder politisches System, wie grausam und despotisch es auch sein mag, sei unvernünftig, solange es nur funktioniert; und nicht alle grausamen und despotischen Systeme haben bekanntlich eine relativ so kurze Dauer wie das, welches sich tau-

---

[2]) Vgl. Soziologie und Philosophie, S. 10.

send Jahre gegeben hatte. Als Begriffe wie Menschenwürde einmal das Volk in Bewegung setzten, suchten sie nicht Zuflucht bei der Tradition oder beriefen sich auf ein von wissenschaftlicher Vernunft getrenntes Wertreich, sondern legten sich als objektiv wahr aus. Sobald jedoch eine Tradition oder ein Wert sich auf sich selber, das heißt, auf diese abstrakte, von verbindlicher Erkenntnis getrennte Qualität, auf die Tradition, berufen muß, weil sie nichts anderes für sich anführen kann, hat sie schon ihre Kraft verloren.

Die entzauberte Welt, die von jenen unerschrockenen Kämpfern gegen den tyrannischen Aberglauben im siebzehnten Jahrhundert aufs Panier erhoben war, lebt heute, lange nach dem Sieg, kulturell insgeheim von den Residuen ihres mythischen Erbes, zu dem längst auch die metaphysische Philosophie sich rechnen muß. Unterirdisch, ohne Wissen von sich selbst, existiert noch etwas von jener Kraft. Sonst zerginge jedes Glück vor der Scheidekunst der Subjektivität. Was in der späten Gegenwart überhaupt noch das Leben lebenswürdig macht, zehrt von der Wärme, die jeder Lust, jeder Liebe zu einem Ding einmal innewohnte: Glück selber hat archaische Züge, und die Folgerichtigkeit, mit der sie beseitigt werden, zieht das Unglück und die seelische Leere nach sich. In der Freude an einem Garten zittert noch das kultische Element nach, das den Gärten zukam, als sie den Göttern gehörten und für sie gepflegt wurden. Sind jene Fäden einmal durchschnitten, dann mag von der Freude und dem Glück noch ein Nachbild übrig bleiben, aber ihr inneres Leben ist ausgelöscht, und das Nachbild kann nicht lange dauern. Wir können unsere Freude an einer Blume oder an der Atmosphäre eines Raumes nicht einem sogenannten ästhetischen Instinkt eigenen Wesens zuschreiben: der ist eine bloße Ausrede der ratlosen Philosophen. Die ästhetische Empfänglichkeit des Menschen hat ihre Vorgeschichte in der Idolatrie: der Glaube an die Güte oder Heiligkeit eines Dinges geht geschichtlich der Freude an seiner Schönheit notwendig voraus. Ähnliches gilt auch für so entscheidende Kategorien wie die der Menschenwürde. Ohne den Schauer, der einmal die Menschen vor ihren Herrschern und Göttern ergriff, würde die Achtung, die auf alles, was Menschenantlitz trägt, heute sich ausdehnen soll, nicht wirklich erfahren; sie sänke zur hohlen Phrase herab. In dem Respekt vor dem Leben des Nächsten zittert mit der Liebe des Neuen auch die Angst vor den Sanktionen des Alten Testaments nach, mit denen der Dekalog einmal gesichert war. Die unterirdische Beziehung zu einer nicht ganz vergessenen Erfahrung, zu einer tief eingegrabenen Erkenntnis, die dem statistischen Kriterium nicht genügt und doch den Anspruch auf

Wahrheit behält, verleiht solchen Ideen, die unsere Zivilisation umreißen, noch Leben und Legitimation. Zu dieser Erfahrung gehören die mythischen Erlebnisse der fernen Vergangenheit, aber auch die großen geschichtlichen Ereignisse, soweit die Menschen sie selbst hervorgerufen haben: zugleich auch der Widerstand gegen die Begrenzung der Würde auf einen und einige, gegen Ungerechtigkeit und Ungleichheit, die historischen Ausbrüche gegen Verhärtung und Einschränkung. Ohne solche Residuen im kollektiven Unbewußten sinken die Begriffe, um mit Hegel zu reden, zur faden Erbaulichkeit herab.

Um das zu verhindern, genügt nicht der fromme Wunsch. Daß es um die Welt besser stünde, wenn die Ideen Macht hätten über die Menschen, verleiht ihnen an sich noch keine Wahrheit, und ohne Wahrheit vermögen sie zwar, wie die anderen heute empfohlenen Allheilmittel, Anhänger zu werben, aber nicht die Menschen zu ergreifen. Die Anhängerschaft selbst bleibt dann Sache der subjektiven Zweckmäßigkeit und ist dem Wandel ausgesetzt, sobald mit anderen Idealen sich besser fortkommen läßt. Als bloßes Auskunftsmittel der subjektiven Vernunft verfällt die objektive, an der Begriffe wie Freiheit und Humanität haften, der gleichen Relativität, vor der sie schützen will. Aus der Aporie hilft nicht der Appell an Ewigkeitswerte, die vor der Vernunft sich nicht ausweisen können. Es hilft aber auch kein Mittelweg, wie der, den der späte Scheler gegangen ist. Er hat für den technischen und wirtschaftlichen Bereich die subjektive Vernunft, das herrschaftliche Denken, installiert und als Korrektiv dann das davon abgelöste Bildungs- und Heilswissen angerufen. Dadurch geriete man in einen Pluralismus, der sein Dasein nur so weit fristen kann, als er sich die Reflexion auf seine eigenen Gedanken, die philosophische Besinnung auf solche Philosophie versagt. Kultur, das heißt, die außerökonomischen Bezirke, läuft dabei Gefahr, als feiertägliche Abteilung zu gelten, als ob es bei ihr nicht auf die strenge Arbeit des Begriffs, auf seine kritische, verändernde soziale Funktion ankomme. Die Abspaltung und Neutralisierung der Kultur hilft nicht gegen das Zerstörungswerk der subjektiven Vernunft. Es gilt, den Gegensatz zwischen subjektiver und objektiver Vernunft nicht durch die Entscheidung für eine Alternative, auch nicht von außen her durch Milderung der Gegensätze oder Hypostasierung von Ideen zu überwinden, sondern durch Versenkung in die widersprüchliche Sache selbst.

Der Begriff der Vernunft, der heute seine Krisis erreicht hat, ist nicht das Substrat der geschichtlichen Entwicklung sondern eines ihrer Elemente. Alle Urteile über Vernunft bleiben falsch, solange sie an ihrem herausgelösten, isolierten Charakter festhält, den sie selber freilich in ihren neuzeitlichen Systemen seit Descartes hervorkehrt. Die Subjektivierung der Vernunft, ja, das philosophische Denken selbst, ist aus dem gesamten Lebensprozeß der Menschheit zu entwickeln als ein bloß partielles, als die endliche beschränkte Reflexion, die der Kritik unterliegt. Abgespalten von den materiellen Momenten der Existenz, hat Denken sich zum metaphysischen Prinzip verklärt und als Grundlage des geschichtlichen Prozesses ausgelegt, von dem Geist und Denken doch vielmehr abhängen. Nur auf ihn bezogen hat aber Vernunft ihren Sinn und ihr eigenes Sein. In der Tat war es notwendig, daß die Vernunft sich von den gegenständlichen Momenten ablöste und selbständig machte, um dem blinden Naturzwang sich zu entwinden und die Natur in jenem Maße zu beherrschen, das uns freilich heute selbst in Schrecken setzt. Vernunft ist aber dieser Loslösung als einer notwendigen und zugleich scheinhaften sich nicht bewußt geworden. Sie hat Mythologie und Aberglauben zusammengeworfen mit allem, was auf den beschränkten subjektiven Geist sich nicht reduzieren läßt. Nicht in dem, was die Vernunft vollbringt, sondern in ihrer Selbstinthronisierung lag das Unheil, das die Selbstzerstörung nach sich zog. Subjektive Vernunft hat sich einmal mit dem Hochmut, der aller Verblendung innewohnt, dagegen gewehrt zuzugestehen, daß sie nicht sich selbst sondern in sehr hohem Maß der Teilung der Arbeit, dem Prozeß der Auseinandersetzung von Mensch und Natur ihr unabhängiges Dasein verdankt. Je geflissentlicher sie das verleugnet, um so nachdrücklicher muß sie sich vor sich selbst und vor anderen als absolutes Wesen ausgeben, schließlich aber auch sich selbst, ihrem eigenen Prinzip der Prüfung und des Zweifels folgend, als qualitas occulta ins Reich der Gespenster verbannen. Sie wird zu einem Element des Nihilismus, wie ihn Nietzsche verstanden hat. Nur indem sie sich selbst und jeden ihrer Schritte seinem Sinn nach als Moment der geschichtlichen Auseinandersetzung zwischen den Individuen, zwischen den gesellschaftlichen Klassen, zwischen den Völkern und Kontinenten begreift, gewinnt sie die Beziehung auf jene Totalität, die ihr zugleich gegenübersteht und sie selber umfaßt, und in der ihre isolierten Konsequenzen als Unvernunft immer wieder sich erweisen können. Dieser gleichsam von der Hybris des sich emanzipierenden Subjekts vergessene Zusammenhang war, wie sehr auch in unreflektierter, naiver Form, in der Lehre einer objektiven, nicht in der reinen Zweck-Mittel-Funktion sich erschöpfenden Vernunft festgehalten. Die subjektive, formale Vernunft, der alles zum Mittel wird, ist die des Menschen, der den anderen und der Natur bloß entgegensteht, weil ohne Durchgang durch die Entzweiung die Versöhnung sich nicht ereignen kann. Die Aufhebung der Entzweiung aber ist nicht einzig ein theoretischer Prozeß. Erst wenn die Beziehung von Mensch zu Mensch und damit auch die von Mensch zu Natur anders gestaltet ist als in der Periode der Herrschaft und Vereinzelung, wird die Spaltung von subjektiver und objektiver Vernunft in einer Einheit aufgehen. Dazu aber bedarf es der Arbeit am gesellschaftlichen Ganzen, der geschichtlichen Aktivität. Die Herstellung eines gesellschaftlichen Zustandes, in dem der eine dem anderen nicht zum Mittel wird, ist zugleich die Erfüllung des Begriffs der Vernunft, der in der Spaltung von objektiver Wahrheit und funktionellem Denken jetzt verloren zu gehen droht.

Die Welt heute spricht, für den theoretisch Denkenden, für alle, die mit sozialem Gehör ausgestattet sind, eine deutliche Sprache. Sie zu vernehmen und unermüdlich zu formulieren, ist die Aufgabe des mit Soziologie sich verbindenden philosophischen Denkens. Und je mehr es sich beim genauen Aussprechen bescheidet und der Ratschläge enthält, um so gewisser wird es durch die Lernenden und Handelnden in Praxis sich auswirken. Aus der treuen Hingabe der Wissenschaft an das, was ist, wird verstanden werden, was nottut, und, ohne daß von Zielen die Rede zu sein brauchte, werden sie in jedem Schritt echter Theorie mit enthalten sein, denn in allem Erkennen steckt ein kritisches, ins Wirkliche treibendes Moment. Es verschwindet nur, wenn das Erkennen sich zu Rezept und Propaganda verzerrt. Solange es aber seinem eigenen Element die Treue hält, verliert es den Charakter des bloßen Mittels und vermag zur geschichtlichen Kraft zu werden. Daher ist Philosophie seit Platon von Politik nicht zu lösen, und wir dürfen bei allem Pessimismus, den uns die Weltlage aufnötigt, der engen Verbindung beider, ja ihrer Einheit auch heute gewiß sein.

M. H.

Soziologie und empirische Forschung

1

Die unter dem Namen Soziologie als akademische Disziplin zusammengefaßten Verfahrensweisen sind miteinander verbunden nur in einem höchst abstrakten Sinn: dadurch, daß sie allesamt in irgendeiner Weise Gesellschaftliches behandeln. Weder aber ist ihr Gegenstand einheitlich noch ihre Methode. Manche gelten der gesellschaftlichen Totalität und ihren Bewegungsgesetzen; andere, in pointiertem Gegensatz dazu, einzelnen sozialen Phänomenen, welche auf einen Begriff der Gesellschaft zu beziehen als spekulativ verfemt wird. Die Methoden variieren demgemäß. Dort soll aus strukturellen Grundbedingungen, wie dem Tauschverhältnis, Einsicht in den gesellschaftlichen Zusammenhang folgen; hier wird ein solches Bestreben, mag es auch keineswegs das Tatsächliche aus selbstherrlichem Geiste rechtfertigen wollen, als philosophischer Rückstand in der Entwicklung der Wissenschaft abgetan und soll der bloßen Feststellung dessen weichen, was der Fall sei. Beiden Konzeptionen liegen historisch divergente Modelle zugrunde. Die Theorie der Gesellschaft ist aus der Philosophie entsprungen, während sie zugleich deren Fragestellungen umzufunktionieren trachtet, indem sie die Gesellschaft als jenes Substrat bestimmt, das der traditionellen Philosophie ewige Wesenheiten hieß oder Geist. Wie die Philosophie dem Trug der Erscheinungen mißtraute und auf Deutung aus war, so mißtraut die Theorie desto gründlicher der Fassade der Gesellschaft, je glatter diese sich darbietet. Theorie will benennen, was insgeheim das Getriebe zusammenhält. Die Sehnsucht des Gedankens, dem einmal die Sinnlosigkeit dessen, was bloß ist, unerträglich war, hat sich säkularisiert in dem Drang zur Entzauberung. Sie möchte den Stein aufheben, unter dem das Unwesen brütet; in seiner Erkenntnis allein ist ihr der Sinn bewahrt. Gegen solchen Drang sträubt sich die soziologische Tatsachenforschung. Entzauberung, wie noch Max Weber sie bejahte, ist ihr nur ein Spezialfall von Zauberei; die Besinnung aufs verborgen Waltende, das zu verändern wäre, bloßer Zeitverlust auf dem Weg zur Änderung des Offenbaren. Zumal was heute allgemein mit dem Namen empirische Sozialforschung bedacht wird, hat seit Comtes Positivismus mehr oder minder eingestandenermaßen die Naturwissenschaften zum Vorbild. Die beiden Tendenzen verweigern sich dem gemeinsamen Nenner. Theoretische Gedanken über die Gesellschaft insgesamt sind nicht bruchlos durch empirische Befunde einzulösen: sie wollen diesen entwischen wie spirits der parapsychologischen Versuchsanordnung. Eine jede Ansicht von der Gesellschaft als ganzer transzendiert notwendig deren zerstreute Tatsachen. Die Konstruktion der Totale hat zur ersten Bedingung einen Begriff von der Sache, an dem die disparaten Daten sich organisieren. Sie muß, aus der lebendigen, nicht selber schon nach den gesellschaftlich installierten Kontrollmechanismen eingerichteten Erfahrung; aus dem Gedächtnis des ehemals Gedachten; aus der unbeirrten Konsequenz der eigenen Überlegung jenen Begriff immer schon ans Material herantragen und in der Fühlung mit diesem ihn wiederum abwandeln. Will Theorie aber nicht trotzdem jenem Dogmatismus verfallen, über dessen Entdeckung zu jubeln die zum Denkverbot fortgeschrittene Skepsis stets auf dem Sprung steht, so darf sie dabei nicht sich beruhigen. Sie muß die Begriffe, die sie gleichsam von außen mitbringt, umsetzen in jene, welche die Sache von sich selber hat, in das, was die Sache von sich aus sein möchte, und es konfrontieren mit dem, was sie ist. Sie muß die Starrheit des hier und heute fixierten Gegenstandes auflösen in ein Spannungsfeld des Möglichen und des Wirklichen: jedes von beiden ist, um nur sein zu können, aufs andere verwiesen. Mit anderen Worten, Theorie ist unabdingbar kritisch. Darum aber sind aus ihr abgeleitete Hypothesen, Voraussagen von regelhaft zu Erwartendem ihr nicht voll adäquat. Das bloß zu Erwartende ist selber ein Stück gesellschaftlichen Betriebs, inkommensurabel dem, worauf die Kritik geht. Die wohlfeile Genugtuung darüber, daß es wirklich so kommt, wie sie es geargwöhnt hatte, darf die gesellschaftliche Theorie nicht darüber hinwegtäuschen, daß sie, sobald sie als Hypothese auftritt, ihre innere Zusammensetzung verändert. Die Einzelfeststellung, durch die sie verifiziert wird, gehört selbst schon wieder dem Verblendungszusammenhang an, den sie durchschlagen möchte. Für die gewonnene Konkretisierung und Verbindlichkeit hat sie mit Verlust an eindringender Kraft zu zahlen; was aufs Prinzip geht, wird auf die Erscheinung eingeebnet, an der man es überprüft. Will man umgekehrt von Einzelerhebungen, nach allgemeiner wissenschaftlicher Sitte, zur Totalität der Gesellschaft aufsteigen, so gewinnt man bestenfalls klassifikatorische Oberbegriffe, aber nie solche, welche das Leben der Gesellschaft selber ausdrücken. Die Kategorie »arbeitsteilige Gesellschaft überhaupt« ist höher, allgemeiner als die »kapitalistische Gesellschaft«, aber nicht wesentlicher, sondern unwesentlicher, sagt weniger über das Leben der Menschen und das, was sie bedroht, ohne daß doch darum eine logisch niedrigere Kategorie wie »Urbanismus« mehr darüber besagte. Weder nach oben noch nach unten entsprechen soziologische Abstraktionsniveaus einfach dem gesellschaftlichen Erkenntniswert. Deswegen ist von ihrer systematischen Vereinheitlichung durch ein Modell wie das »funktionelle« von Parsons so wenig zu erhoffen. Noch weniger aber von den seit soziologischen Urzeiten immer wieder gegebenen und vertagten Versprechungen einer Synthese von Theorie und Empirie, welche fälschlich Theorie mit formaler Einheit gleichsetzen und nicht Wort haben wollen, daß eine von den Sachgehalten gereinigte Gesellschaftstheorie sämtliche Akzente verrückt. Erinnert sei daran, wie gleichgültig der Rekurs auf die »Gruppe« gegenüber dem auf die Industriegesellschaft ist. Gesellschaftliche Theorienbildung nach dem Muster klassifikatorischer Systeme substituiert den dünnsten begrifflichen Abhub für das, was der Gesellschaft ihr Gesetz vorschreibt: Empirie und Theorie lassen sich nicht in ein Kontinuum eintragen. Gegenüber dem Postulat der Einsicht ins Wesen der modernen Gesellschaft gleichen die empirischen Beiträge Tropfen auf den heißen Stein; empirische Beweise aber für zentrale Strukturgesetze bleiben, nach empirischen Spielregeln, allemal anfechtbar. Nicht darauf kommt es an, derlei Divergenzen zu glätten und zu harmonisieren: dazu läßt bloß eine harmonistische Ansicht von der Gesellschaft sich verleiten. Sondern die Spannungen sind fruchtbar auszutragen.

2

Heute herrscht, nach der Enttäuschung sowohl an der geisteswissenschaftlichen wie an der formalen Soziologie, die Neigung vor, der empirischen Soziologie den Primat zuzuerkennen. Ihre unmittelbar praktische Verwertbarkeit, ihre Affinität zu jeglicher Verwaltung spielt dabei sicherlich mit. Aber die Reaktion auf sei's willkürliche, sei's leere Behauptungen über die Gesellschaft von oben her ist legitim. Dennoch gebührt den empirischen Verfahren kein Vorrang schlechthin. Nicht bloß gibt es außer ihnen noch andere: das bloße Vorhandensein von Disziplinen und Denkweisen rechtfertigt diese nicht. Sondern ihre Grenze wird ihnen von der Sache vorgezeichnet. Die empirischen Methoden, deren Attraktionskraft im Anspruch ihrer Objektivität entspringt, bevorzugen paradoxerweise, wie es ihr Ursprung in der Marktforschung erklärt, Subjektives, nämlich abgesehen von statistischen Daten des Zensustyps wie Geschlecht, Alter, Personenstand, Einkommen, Bildung und ähnlichem Meinungen, Einstellungen, allenfalls Verhaltensweisen von Subjekten. Nur in diesem Umkreis bewährt sich bislang jedenfalls ihr Spezifisches: als Inventare sogenannter objektiver Tatbestände wären sie von vorwissenschaftlicher Information für administrative Zwecke nur schwer zu unterscheiden. Allgemein ist die Objektivität der empirischen Sozialforschung eine der Methoden, nicht des Erforschten. Durch die statistische Aufbereitung werden aus Ermittlungen über mehr oder minder zahlreiche einzelne Personen Aussagen abgeleitet, die, nach den Gesetzen der Wahrscheinlichkeitsrechnung, generalisierbar und von individuellen Schwankungen unabhängig sind. Aber die gewonnenen Durchschnittswerte, mag auch ihre Gültigkeit objektiv sein, bleiben meist doch objektive Aussagen über Subjekte; ja darüber, wie die Subjekte sich und die Realität sehen. Die gesellschaftliche Objektivität, den Inbegriff all der Verhältnisse, Institutionen, Kräfte innerhalb dessen die Menschen agieren, haben die empirischen Methoden: Fragebogen, Interview und was immer an deren Kombination und Ergänzung möglich ist, ignoriert, allenfalls sie als Akzidenzien berücksichtigt. Schuld daran tragen nicht nur interessierte Auftraggeber, die bewußt oder unbewußt die Erhellung jener Verhältnisse verhindern und in Amerika schon bei der Vergebung von Forschungsprojekten etwa über Medien der Massenkommunikation darüber wachen, daß lediglich Reaktionen innerhalb des herrschenden »commercial system« festgestellt, nicht Struktur und Implikationen jenes Systems selbst analysiert werden. Vielmehr sind darauf die empirischen Mittel selber objektiv zugeschnitten, mehr oder minder genormte Befragungen vieler Einzelner und deren statistische Behandlung, die vorweg verbreitete – und als solche präformierte – Ansichten als Rechtsquelle fürs Urteil über die Sache selbst anzuerkennen tendieren. Wohl spiegeln in diesen Ansichten auch die Objektivitäten sich wider, aber sicherlich nicht vollständig und vielfach verzerrt. Jedenfalls aber ist im Vergleich mit jenen Objektivitäten, wie der flüchtigste Blick auf das Funktionieren der Arbeitenden in ihren Berufen zeigt, das Gewicht subjektiver Meinungen, Einstellungen und Verhaltensweisen sekundär. So positivistisch die Verfahrensweisen sich gebärden, ihnen liegt implizit die etwa von den Spielregeln demokratischer Wahl hergeleitete und allzu bedenkenlos verallgemeinerte Vorstellung zugrunde, der Inbegriff der Bewußtseins- und Unbewußtseinsinhalte der Menschen, die ein statistisches Universum bilden, habe ohne weiteres Schlüsselcharakter für den gesellschaftlichen Prozeß. Trotz ihrer Vergegenständlichung, ja um dieser willen durchdringen die Methoden nicht die Vergegenständlichung der Sache, den Zwang zumal der ökonomischen Objektivität. Alle Meinungen gelten ihnen virtuell gleich, und so elementare Differenzen wie die des Gewichts von Meinungen je nach der gesellschaftlichen Macht fangen sie lediglich in zusätzlichen Verfeinerungen, etwa der Auswahl von Schlüsselgruppen, auf. Das Primäre wird zum Sekundären. Solche Verschiebungen innerhalb der Methode sind aber gegenüber dem Erforschten nicht indifferent. Bei aller Aversion der empirischen Soziologie gegen die gleichzeitig mit ihr in Schwang gekommenen philosophischen Anthropologien teilt sie mit diesen eine Blickrichtung derart, als käme es jetzt und hier bereits auf die Menschen an, anstatt daß sie die vergesellschafteten Menschen heute vorweg als Moment der gesellschaftlichen Totalität – ja überwiegend als deren Objekt – bestimmte. Die Dinghaftigkeit der Methode, ihr eingeborenes Bestreben, Tatbestände festzunageln, wird auf ihre Gegenstände, eben die ermittelten subjektiven Tatbestände, übertragen, so als ob dies Dinge an sich wären und nicht vielmehr verdinglicht. Die Methode droht sowohl ihre Sache zu fetischisieren wie selbst zum Fetisch zu entarten. Nicht umsonst – und aus der Logik der in Rede stehenden wissenschaftlichen Verfahren mit allem Recht – überwiegen in den Diskussionen der empirischen Sozialforschung Methodenfragen gegenüber den inhaltlichen. Anstelle der Dignität der zu untersuchenden Gegenstände tritt vielfach als Kriterium die Objektivität der mit einer Methode zu ermittelnden Befunde, und im empirischen Wissenschaftsbetrieb richten sich die Auswahl der Forschungsgegenstände und der Ansatz der Untersuchung, wenn nicht nach praktisch-administrativen Desideraten, weit mehr nach den verfügbaren und allenfalls weiterzuentwickelnden Verfahrensweisen als nach der Wesentlichkeit des Untersuchten. Daher die unzweifelhafte Irrelevanz so vieler empirischer Studien. Das in der empirischen Technik allgemein gebräuchliche Verfahren der operationellen oder instrumentellen Definition, das etwa eine Kategorie wie »Konservativismus« definiert durch bestimmte Zahlenwerte der Antworten auf Fragen innerhalb der Erhebung selbst, sanktioniert den Primat der Methode über die Sache, schließlich die Willkür der wissenschaftlichen Veranstaltung. Prätendiert wird, eine Sache durch ein Forschungsinstrument zu untersuchen, das durch die eigene Formulierung darüber entscheidet, was die Sache sei: ein schlichter Zirkel. Der Gestus wissenschaftlicher Redlichkeit, der sich weigert, mit anderen Begriffen zu arbeiten als mit klaren und deutlichen, wird zum Vorwand, den selbstgenügsamen Forschungsbetrieb vors Erforschte zu schieben. Vergessen werden mit dem Hochmut des Ununterrichteten die Einwände der großen

Philosophie gegen die Praxis des Definierens[1]); was jene als scholastischen Restbestand verbannte, wird von den unreflektierten Einzelwissenschaften im Namen wissenschaftlicher Exaktheit weitergeschleppt. Sobald dann, wie es fast unvermeidlich ist, von den instrumentell definierten Begriffen auch nur auf die konventionell üblichen extrapoliert wird, macht sich die Forschung eben der Unsauberkeit schuldig, die sie mit ihren Definitionen ausrotten wollte.

3

Daß das naturwissenschaftliche Modell nicht frisch-fröhlich und uneingeschränkt auf die Gesellschaft übertragen werden kann, liegt in dieser. Aber nicht, wie die Ideologie es will und wie gerade die reaktionären Widerstände gegen die neuen Techniken in Deutschland es rationalisieren, weil die Würde des Menschen, an deren Abbau die Menschheit eifrig arbeitet, Methoden enthoben wäre, welche ihn als ein Stück Natur betrachten. Eher frevelt die Menschheit, indem ihr Herrschaftsanspruch das Eingedenken ihres Naturwesens verdrängt und dadurch blinde Naturwüchsigkeit perpetuiert, als wenn die Menschen an ihre Naturhaftigkeit gemahnt werden. »Soziologie ist keine Geisteswissenschaft.«[2]) Insofern die Verhärtung der Gesellschaft die Menschen mehr stets zu Objekten herabsetzt und ihren Zustand in »zweite Natur« verwandelt, sind Methoden, die sie eben dessen überführen, kein Sakrileg. Die Unfreiheit der Methoden dient der Freiheit, indem sie wortlos die herrschende Unfreiheit bezeugt. Die wütenden Brusttöne und raffinierteren Abwehrgesten, welche die Untersuchungen Kinseys hervorgerufen haben, sind das stärkste Argument für Kinsey. Dort, wo die Menschen unter dem Druck der Verhältnisse in der Tat auf die »Reaktionsweise von Lurchen«[3]) heruntergebracht werden, wie als Zwangskonsumenten von Massenmedien und anderen reglementierten Freuden, paßt die Meinungsforschung, über welche sich der ausgelaugte Humanismus entrüstet, besser auf sie als etwa eine »verstehende« Soziologie: denn das Substrat des Verstehens, das in sich einstimmige und

---

1) Vgl. etwa Kant, Kritik der reinen Vernunft, Inselausgabe, S. 553 f.; Hegel, Wissenschaft der Logik, Stuttgart 1949, II. Teil, S. 289 f., S. 292 f.; zahlreiche Stellen auch bei Nietzsche.
2) Soziologie und empirische Sozialforschung, in: Frankfurter Beiträge zur Soziologie, Bd. 4: Exkurse, Frankfurt am Main 1956, S. 112.
3) Vgl. M. Horkheimer und T. W. Adorno, Dialektik der Aufklärung, Amsterdam 1947, S. 50.

sinnhafte menschliche Verhalten, ist in den Subjekten selbst schon durch bloßes Reagieren ersetzt. Eine zugleich atomistische und von Atomen zu Allgemeinheiten klassifikatorisch aufsteigende Sozialwissenschaft ist der Medusenspiegel einer zugleich atomisierten und nach abstrakten Klassifikationsbegriffen, denen der Verwaltung, eingerichteten Gesellschaft. Aber diese adaequatio rei atque cogitationis bedarf erst noch der Selbstreflexion, um wahr zu werden. Ihr Recht ist einzig das kritische. In dem Augenblick, in dem man den Zustand, den die Researchmethoden treffen zugleich und ausdrücken, als immanente Vernunft der Wissenschaft hypostasiert, anstatt ihn selbst zum Gegenstand des Gedankens zu machen, trägt man, willentlich oder nicht, zu seiner Verewigung bei. Dann nimmt die empirische Sozialforschung das Epiphänomen, das, was die Welt aus uns gemacht hat, fälschlich für die Sache selbst. In ihrer Anwendung steckt eine Voraussetzung, die nicht sowohl aus den Forderungen der Methode als aus dem Zustand der Gesellschaft, also historisch, zu deduzieren wäre. Die dinghafte Methode postuliert das verdinglichte Bewußtsein ihrer Versuchspersonen. Erkundigt sich ein Fragebogen nach musikalischem Geschmack und stellt dabei die Kategorien »classical« und »popular« zur Auswahl, so hält er — mit Recht — dessen sich versichert, daß das erforschte Publikum nach diesen Kategorien hört, so wie man beim Einschalten des Radioapparates jeweils ohne Besinnung, automatisch wahrnimmt, ob man an ein Schlagerprogramm, an angeblich ernste Musik, an die Untermalung eines religiösen Aktes geraten ist. Aber solange nicht die gesellschaftlichen Bedingungen derartiger Reaktionsformen mitgetroffen werden, bleibt der richtige Befund zugleich irreführend; er suggeriert, daß die Spaltung musikalischer Erfahrung in »classical« und »popular« ein Letztes, gleichsam natürlich wäre. Die gesellschaftlich relevante Frage indessen hebt genau bei jener Spaltung, bei deren Verewigung zum Selbstverständlichen erst an und führt notwendig die mit sich, ob nicht die Wahrnehmung von Musik unterm Apriori von Sparten die spontane Erfahrung des Wahrgenommenen aufs empfindlichste tangiert. Bloß die Einsicht in die Genese der vorfindlichen Reaktionsformen und ihr Verhältnis zum Sinn des Erfahrenen würde es erlauben, das registrierte Phänomen zu entschlüsseln. Die herrschende empiristische Gewohnheit aber würde die Frage nach dem objektiven Sinn des erscheinenden Kunstwerks verwerfen, jenen Sinn als bloß subjektive Projektion der Hörer abfertigen und das Gebilde zum bloßen »Reiz« einer psychologischen Versuchsanordnung entqualifizieren. Dadurch würde sie vorweg die Möglichkeit abschneiden, das Verhältnis der Massen zu den ihnen von der Kulturindustrie oktroyierten Gütern thematisch zu machen; jene Güter selbst wären ihr schließlich durch die Massenreaktionen definiert, deren Beziehung zu den Gütern zur Diskussion stünde. Über das isolierte Studium hinauszugehen, wäre aber heute um so dringlicher, als bei fortschreitender kommunikativer Erfassung der Bevölkerungen die Präformation ihres Bewußtseins so zunimmt, daß es kaum mehr eine Lücke läßt, die es erlaubte, ohne weiteres jener Präformation innezuwerden. Noch ein positivistischer Soziologe wie Durkheim, der in der Ablehnung des »Verstehens« mit dem Social Research einig ging, hat mit gutem Grund die statistischen Gesetze, denen auch er nachhing, mit der contrainte sociale [4]) zusammengebracht, ja in ihr das Kriterium gesellschaftlicher Allgemeingesetzlichkeit erblickt. Die zeitgenössische Sozialforschung verleugnet diese Verbindung, opfert damit aber auch die ihrer Generalisierungen mit konkreten gesellschaftlichen Strukturbestimmungen. Werden jedoch solche Perspektiven, etwa als Aufgabe einmal anzustellender Spezialuntersuchungen, abgeschoben, bleibt die wissenschaftliche Spiegelung in der Tat bloße Verdopplung, verdinglichte Apperzeption des Dinghaften, und entstellt das Objekt gerade durch die Verdopplung, verzaubert das Vermittelte in ein Unmittelbares. Zur Korrektur genügt auch nicht, wie es schon Durkheim im Sinne lag, einfach deskriptiv »Mehrzahlbereich« und »Einzahlbereich« zu unterscheiden. Sondern das Verhältnis beider Bereiche wäre zu vermitteln, selbst theoretisch zu begründen. Der Gegensatz quantitativer und qualitativer Analyse ist nicht absolut: kein Letztes in der Sache. Um zu quantitativen Aussagen zu gelangen, muß immer erst von qualitativen Differenzen der Elemente abgesehen werden; und alles gesellschaftlich Einzelne trägt die allgemeinen Bestimmungen in sich, denen die quantitativen Generalisierungen gelten. Deren Kategorien sind selbst allemal qualitativ. Eine Methode, die dem nicht gerecht wird und etwa die qualitative Analyse als mit dem Wesen des Mehrzahlbereichs unvereinbar verwirft, tut dem Gewalt an, was sie erforschen soll. Die Gesellschaft ist Eine; auch dort, wo heute die großen gesellschaftlichen Mächte noch nicht hinreichen, hängen die »unentwickelten« und die zur Rationalität und einheitlichen Vergesellschaftung gediehenen Bereiche funktionell zusammen. Soziologie, die das nicht beachtet und sich bei einem Pluralismus der Verfahrensweisen bescheidet, den sie dann etwa mit so mageren und unzulänglichen Begriffen wie Induktion und Deduktion [5]) rechtfertigt, unterstützt was ist, im Übereifer, zu sagen

---

[4]) Émile Durkheim, Les Règles de la méthode sociologique, Paris 1950, S. 6 ff.
[5]) Vgl. Erich Reigrotzki, Soziale Verflechtungen in der Bundesrepublik, Tübingen 1956, S. 4.

was ist. Sie wird Ideologie im strengen Sinn, notwendiger Schein. Schein, weil die Vielfalt der Methoden an die Einheit des Gegenstandes nicht heranreicht und sie hinter sogenannten Faktoren versteckt, in die sie ihn der Handlichkeit wegen zerlegt; notwendig, weil der Gegenstand, die Gesellschaft, nichts so sehr fürchtet, wie beim Namen gerufen zu werden, und darum unwillkürlich nur solche Erkenntnisse ihrer selbst fördert und duldet, die von ihr abgleiten. Das Begriffspaar Induktion und Deduktion ist der szientifische Ersatz der Dialektik. Wie aber verbindliche gesellschaftliche Theorie sich mit Material vollgesogen haben muß, so muß das Faktum, das verarbeitet wird, kraft des Prozesses, der es ergreift, selber bereits auf das gesellschaftliche Ganze transparent sein. Hat die Methode es statt dessen einmal zum factum brutum zugerichtet, so ist ihm auch nachträglich kein Licht einzublasen. In der starren Entgegensetzung und Ergänzung formaler Soziologie und blinder Tatsachenfeststellung schwindet das Verhältnis von Allgemeinem und Besonderem, an dem die Gesellschaft ihr Leben hat und darum die Soziologie ihr einzig menschenwürdiges Objekt. Addiert man aber das Getrennte nachträglich zusammen, so bleibt durch den Stufengang der Methode das sachliche Verhältnis auf den Kopf gestellt. Kein Zufall der Eifer, qualitative Befunde ihrerseits alsogleich wieder zu quantifizieren. Die Wissenschaft möchte die Spannung von Allgemeinem und Besonderem durch ihr einstimmiges System aus der Welt schaffen, die an der Unstimmigkeit ihre Einheit hat.

4

Jene Unstimmigkeit ist der Grund dafür, daß der Gegenstand der Soziologie, die Gesellschaft und ihre Phänomene, nicht die Art Homogenität besitzt, mit der die sogenannte klassische Naturwissenschaft rechnen konnte. In Soziologie ist nicht im gleichen Maße von partiellen Feststellungen über gesellschaftliche Sachverhalte zu deren — sei's auch eingeschränkter — Allgemeingültigkeit fortzuschreiten, wie man von der Beobachtung der Eigentümlichkeiten eines Stücks Blei auf die allen Bleis zu schließen gewohnt war. Die Allgemeinheit der sozialwissenschaftlichen Gesetze ist überhaupt nicht die eines begrifflichen Umfangs, dem die Einzelstücke bruchlos sich einfügten, sondern bezieht sich stets und wesentlich auf das Verhältnis von Allgemeinem und Besonderem in seiner historischen Konkretion. Das bezeugt, negativ, die Inhomogenität des gesellschaftlichen Zustandes — die »Anarchie« aller bisherigen Geschichte — ebenso wie positiv das Moment von Spontaneität, das vom Gesetz der großen Zahl nicht sich einfangen läßt. Nicht verklärt die Welt der Menschen, wer sie von der relativen Regelhaftigkeit und Konstanz der Gegenstände mathematischer Naturwissenschaften, wenigstens des »Makrobereichs«, abhebt. Zentral ist der antagonistische Charakter der Gesellschaft, und er wird von der bloßen Generalisierung eskamotiert. Der Erklärung bedarf eher die Homogenität selbst, soweit sie menschliches Verhalten dem Gesetz der großen Zahl unterwirft, als ihre Absenz. Die Anwendbarkeit jenes Gesetzes widerspricht dem principium individuationis; dem trotz allem nicht einfach zu Überspringenden, daß die Menschen keine bloßen Gattungswesen sind. Ihre Verhaltensweisen sind vermittelt durch ihre Vernunft. Diese enthält zwar in sich ein Moment des Allgemeinen, das dann sehr wohl in der statistischen Allgemeinheit wiederzukehren vermag; es ist aber zugleich auch spezifiziert durch die Interessenlagen der je Einzelnen, die in der bürgerlichen Gesellschaft auseinanderweisen und tendenziell bei aller Uniformität einander entgegengesetzt sind; zu schweigen von der gesellschaftlich zwangvoll reproduzierten Irrationalität in den Individuen. Nur die Einheit des Prinzips einer individualistischen Gesellschaft bringt die zerstreuten Interessen der Individuen auf die einheitliche Formel ihrer »Meinung«. Die heute verbreitete Rede vom sozialen Atom wird zwar der Ohnmacht des Einzelnen gegenüber der Totale gerecht, bleibt aber gleichwohl gegenüber dem naturwissenschaftlichen Begriff des Atoms bloß metaphorisch. Die Gleichheit kleinster sozialer Einheiten, der Individuen, kann selbst vorm Fernsehschirm nicht im Ernst so strikt behauptet werden wie bei der physikalisch-chemischen Materie. Die empirische Sozialforschung aber verfährt so, als ob sie die Idee des sozialen Atoms wörtlich nähme. Daß sie damit einigermaßen durchkommt, sagt etwas Kritisches über die Gesellschaft. Die Allgemeingesetzlichkeit, welche die statistischen Elemente entqualifiziert, bezeugt, daß Allgemeines und Besonderes nicht versöhnt, daß gerade in der individualistischen Gesellschaft das Individuum dem Allgemeinen blind unterworfen, selber entqualifiziert ist. Die Rede von der gesellschaftlichen »Charaktermaske« hat das einmal bezeichnet; der gegenwärtige Empirismus hat daran vergessen. Die Gemeinsamkeit des sozialen Reagierens ist wesentlich die des sozialen Drucks. Nur darum vermag die empirische Sozialforschung in ihrer Konzeption des Mehrzahlbereichs so souverän über die Individuation sich hinwegzusetzen, weil diese bis heute ideologisch blieb, weil die Menschen noch keine sind. In einer befreiten Gesellschaft würde die Statistik positiv, was sie heute negativ ist, eine Verwaltungswissenschaft, aber wirklich eine zur Verwaltung von Sachen, nämlich Konsumgütern, und nicht von Menschen. Trotz ihrer fatalen Basis in der gesellschaftlichen Struktur jedoch sollte die empirische Sozialforschung der Selbstkritik insofern mächtig bleiben, als die Verallgemeinerungen, die ihr gelingen, nicht ohne weiteres der Sache, der standardisierten Welt, sondern stets auch der Methode zuzuschreiben sind, die allein schon durch die Allgemeinheit der an die Einzelnen gerichteten Fragen oder deren begrenzte Auswahl — die »cafeteria« — vorweg das Erfragte, etwa die zu ermittelnden Meinungen, so zurichtet, daß es zum Atom wird.

5

Die Einsicht in die Inhomogenität der Soziologie als eines Wissenschaftsgefüges, also der kategorialen, nicht bloß graduellen und beliebig zu überbrückenden Divergenz von Disziplinen wie Gesellschaftstheorie, Analyse objektiver sozialer Verhältnisse und Institutionen, und subjektiv gerichteter Sozialforschung im engeren Sinne, meint nicht, man solle es bei der sterilen Trennung jener Disziplinen belassen. Wohl ist die formale Forderung der Einheit einer Wissenschaft nicht zu respektieren, die selbst die Male willkürlicher Arbeitsteilung trägt und sich nicht so aufspielen kann, als erschaute sie umstandslos jene allbeliebten Ganzheiten, deren gesellschaftliche Existenz ohnehin fragwürdig ist. Die kritische Verbindung der auseinanderweisenden soziologischen Methoden wird jedoch inhaltlich, vom Erkenntnisziel gefordert. Angesichts der spezifischen Verflechtung sozialer Theorienbildung mit partikularen sozialen Interessen ist ein Korrektiv, wie es die Researchmethoden anbieten, heilsam, wie sehr diese im übrigen auch ihrerseits, ihrer »administrativen« Struktur nach, mit partikularen Interessenlagen verflochten sind. Zahllose handfeste Behauptungen sozialer Theorien — genannt seien zum Beleg nur die Max Schelers über die typischen Bewußtseinsformen der Unterklasse[6] — können durch strenge Erhebungen überprüft und widerlegt werden. Umgekehrt ist der Social Research auf die Konfrontation mit der Theorie und auf Kenntnis objektiver sozialer Gebilde verwiesen, wenn er nicht zur Irrelevanz verkommen oder apologetischen Parolen wie den heute populären von der Familie willfahren will. Unwahr wird der isolierte Social Research, sobald

---

[6]) Vgl. Ideologie und Handeln, S. 41 f.

er die Totalität, weil sie seinen Methoden prinzipiell entgleitet, als ein gewissermaßen metaphysisches Vorurteil ausmerzen möchte. Die Wissenschaft wird dann auf das bloße Phänomen vereidigt. Indem man die Frage nach dem Wesen als Illusion, als ein mit der Methode nicht Einzulösendes tabuiert, sind die Wesenszusammenhänge — das, worauf es in der Gesellschaft eigentlich ankommt — a priori vor der Erkenntnis geschützt. Müßig zu fragen, ob diese Wesenszusammenhänge »wirklich« seien oder bloß begriffliche Gebilde. Den Vorwurf des Idealismus hat nicht ein jeder zu fürchten, der Begriffliches der gesellschaftlichen Realität zurechnet. Gemeint ist nicht sowohl die konstitutive Begrifflichkeit des erkennenden Subjekts als eine in der Sache selbst waltende: auch in der Lehre von der begrifflichen Vermitteltheit alles Seienden hat Hegel ein real Entscheidendes visiert. Das Gesetz, nach dem die Fatalität der Menschheit abrollt, ist das des Tausches. Das aber ist selber keine bloße Unmittelbarkeit sondern begrifflich: der Tauschakt impliziert die Reduktion der gegeneinander zu tauschenden Güter auf ein ihnen Äquivalentes, Abstraktes, keineswegs, nach herkömmlicher Rede, Materielles. Diese vermittelnde Begrifflichkeit jedoch ist keine allgemeine Formulierung durchschnittlicher Erwartungen, keine abkürzende Zutat der Ordnung stiftenden Wissenschaft, sondern ihr gehorcht die Gesellschaft selbst, und sie liefert das objektiv gültige, vom Bewußtsein der einzelnen ihr unterworfenen Menschen ebenso wie von dem der Forscher unabhängige Modell alles gesellschaftlich wesentlichen Geschehenden. Mag man, gegenüber der leibhaften Realität und allen handfesten Daten, dies begriffliche Wesen Schein nennen, weil es beim Äquivalententausch mit rechten Dingen und doch nicht mit rechten Dingen zugeht: es ist doch kein Schein, zu dem organisierende Wissenschaft die Realität sublimierte, sondern dieser immanent. Auch die Rede von der Unwirklichkeit sozialer Gesetze hat ihr Recht nur als kritisches, mit Hinblick auf den Fetischcharakter der Ware. Der Tauschwert, gegenüber dem Gebrauchswert ein bloß Gedachtes, herrscht über das menschliche Bedürfnis und an seiner Stelle; der Schein über die Wirklichkeit. Insofern ist die Gesellschaft der Mythos und dessen Aufklärung heute wie je geboten. Zugleich aber ist jener Schein das Allerwirklichste, die Formel, nach der die Welt verhext ward. Seine Kritik hat nichts zu tun mit der positivistischen der Wissenschaft, derzufolge das objektive Tauschwesen nicht als wirklich gelten soll, dessen Geltung doch gerade von der Wirklichkeit unablässig bestätigt wird. Beruft der soziologische Empirismus sich darauf, das Gesetz sei keine reale Vorfindlichkeit, so benennt er unwillentlich etwas vom gesellschaftlichen Schein in der Sache, den er fälschlich der Methode aufbürdet. Gerade der vorgebliche Anti-Idealismus szientifischer Gesinnung kommt dann dem Fortbestand der Ideologie zugute. Sie soll der Wissenschaft unzugänglich sein, weil sie ja eben kein Faktum sei; während doch nichts mehr Macht hat als die begriffliche Vermittlung, die den Menschen das für Anderes Seiende als ein An sich vorgaukelt und sie am Bewußtsein der Bedingungen hindert, unter denen sie leben. Sobald die Soziologie sich gegen die Erkenntnis dessen sperrt, sich dabei bescheidet, zu registrieren und zu ordnen, was ihr Faktum heißt, und die dabei abdestillierten Regeln verwechselt mit dem Gesetz, das über den Fakten selber waltet und nach dem sie verlaufen, hat sie sich bereits der Rechtfertigung verschrieben, selbst wenn sie nichts davon ahnt. In den Gesellschaftswissenschaften läßt darum nicht ebenso vom Sektor zum Ganzen sich fortschreiten wie in den Naturwissenschaften, weil ein vom logischen Umfang, der Merkmaleinheit irgendwelcher Einzelelemente total verschiedenes Begriffliches jenes Ganze konstituiert, das gleichwohl, eben um seines vermittelten begrifflichen Wesens willen, auch nichts gemein hat mit »Ganzheiten« und Gestalten, die notwendig stets als unmittelbar vorgestellt werden; die Gesellschaft ähnelt eher dem System als dem Organismus. Gegen die Gesellschaft als System, ihr eigentliches Objekt, verblendet sich die theorielose, mit bloßen Hypothesen haushaltende empirische Forschung, weil dies Objekt nicht mit dem Inbegriff aller Sektoren zusammenfällt, die Sektoren nicht subsumiert, auch nicht, wie eine geographische Karte, aus ihrem Neben- und Miteinander, aus »Land und Leuten« sich zusammenfügt. Kein Sozialatlas, im wörtlichen und übertragenen Sinn, repräsentiert die Gesellschaft. Insofern diese nicht im unmittelbaren Leben ihrer Angehörigen und den darauf bezogenen subjektiven und objektiven Tatsachen aufgeht, greift eine Forschung daneben, die in der Ermittlung solcher Unmittelbarkeit sich erschöpft. Bei aller Dinghaftigkeit der Methode und gerade vermöge solcher Dinghaftigkeit, dem Idol des schlicht Feststellbaren, bringt sie einen Schein des Lebendigen, gewissermaßen Nachbarlichen von Angesicht zu Angesicht hervor, dessen Auflösung unter den Aufgaben gesellschaftlicher Erkenntnis nicht die letzte wäre, hätte man sie nicht längst gelöst. Heute aber wird sie verdrängt. Daran macht sich die verklärende Metaphysik vom Dasein und die sture Beschreibung dessen, was der Fall sei, gleich schuldig. Im übrigen aber entspricht die Praxis der empirischen Soziologie im weitesten Maße nicht einmal ihrem eigenen Zugeständnis der Notwendigkeit von Hypothesen. Während man widerwillig das Bedürfnis nach diesen konzediert, begegnet man doch einer jeglichen mißtrauisch, weil sie zum »bias«, zur Beeinträchtigung der unvoreingenommenen Forschung werden könne[7]). Zugrunde liegt eine »Residualtheorie der Wahrheit«; die Vorstellung, Wahrheit sei, was nach Abzug der vorgeblich bloßen subjektiven Zutat, einer Art von Gestehungskosten, übrigbleibt. Die der Psychologie seit Georg Simmel und Freud vertraute Einsicht, daß die Bündigkeit der Erfahrung von Gegenständen, wofern diese selber, wie die Gesellschaft, wesentlich subjektiv vermittelt sind, mit dem Maß des subjektiven Anteils der Erkennenden steigt und nicht fällt, haben die Sozialwissenschaften sich noch nicht einverleibt. Man sucht, sobald man die eigene gemeine Menschenvernunft zugunsten des verantwortlichen Gestus des Forschers beurlaubt, sein Heil in möglichst hypothesenlosen Verfahren. Des Aberglaubens, daß die Forschung als tabula rasa zu beginnen habe, auf welcher die voraussetzungslos sich einfindenden Daten zugerichtet werden, müßte die empirische Sozialforschung gründlich sich entschlagen und dabei freilich längst durchgefochtener erkenntnistheoretischer Kontroversen sich erinnern, die das kurzatmige Bewußtsein unter Berufung auf die vordringlichen Erfordernisse des Betriebs nur zu gern vergißt. Der skeptischen Wissenschaft ziemt Skepsis ihren eigenen asketischen Idealen gegenüber. Der Satz, ein Forscher benötige zehn Prozent Inspiration und neunzig Prozent Transpiration, der so gern zitiert wird, ist subaltern und zielt aufs Denkverbot. Längst schon bestand die entsagungsvolle Arbeit des Gelehrten meist darin, daß er gegen schlechte Bezahlung auf die Gedanken verzichtete, die er ohnehin nicht hatte. Heute, da der besser bezahlte Bürochef in die Nachfolge des Gelehrten einrückt, wird der Mangel an Geist nicht nur als Tugend dessen gefeiert, der uneitel und wohlangepaßt dem Team sich eingliedert, sondern obendrein durch die Einrichtung der Forschungsgänge institutionalisiert, welche die Spontaneität der Einzelnen kaum anders kennen denn als Reibungskoeffizienten. Absurd aber ist die Antithese von großartiger Inspiration und gediegener Forscherarbeit selber. Die Gedanken kommen nicht angeflogen, sondern kristallisieren sich, auch wenn sie plötzlich hervortreten, in langwährenden unterirdischen Prozessen. Das Jähe dessen, was Researchtechniker herablassend Intuition nennen, markiert den Durchbruch der lebendigen Erfahrung durch die verhärtete Kruste der communis opinio; es ist der lange Atem des Gegensatzes zu dieser, keineswegs das Privileg begnadeter Augenblicke, der dem unreglementierten Gedanken jene Fühlung mit dem Wesen gestattet, die von der aufgeschwollenen Apparatur, die sich dazwischenschaltet, oft unwiderstehlich sabotiert wird.

---

[7]) Vgl. etwa René König, Beobachtung und Experiment in der Sozialforschung, in: Praktische Sozialforschung, Köln 1956, II, S. 27.

Umgekehrt ist der wissenschaftliche Fleiß immer zugleich auch die Arbeit und Anstrengung des Begriffs, das Gegenteil jenes mechanischen, verbissen bewußtlosen Verfahrens, dem man ihn gleichsetzt. Wissenschaft hieße: der Wahrheit und Unwahrheit dessen innewerden, was das betrachtete Phänomen von sich aus sein will; keine Erkenntnis, die nicht kraft der ihr einwohnenden Unterscheidung von Wahr und Falsch zugleich kritisch wäre. Erst eine Soziologie, die die versteinerten Antithesen ihrer Organisation in Bewegung brächte, käme zu sich selbst.

6

Die kategoriale Differenz der Disziplinen wird dadurch bestätigt, daß das, worauf es eigentlich ankäme, die Verbindung empirischer Erhebungen mit theoretisch zentralen Fragestellungen, trotz vereinzelter Ansätze bis heute nicht gelungen ist. Die bescheidenste und zugleich, im Sinne immanenter Kritik, also nach den eigenen Spielregeln der »Objektivität«, für die empirische Sozialforschung plausibelste Forderung wäre, alle ihre auf das subjektive Bewußtsein und Unbewußtsein von Menschen und Menschengruppen gerichteten Aussagen zu konfrontieren mit den objektiven Gegebenheiten ihrer Existenz. Was dem Bereich der Sozialforschung bloß akzidentell, bloße »background study« dünkt, macht die Bedingung der Möglichkeit dafür aus, daß sie überhaupt Wesentliches erreiche. Unvermeidlicherweise wird sie unter jenen Gegebenheiten zunächst das hervorheben, was mit dem subjektiven Meinen, Fühlen und Verhalten der Untersuchten zusammenhängt, obwohl gerade diese Zusammenhänge so weit gespannt sind, daß eigentlich eine solche Konfrontation sich gar nicht mit der Kenntnis einzelner Institutionen begnügen dürfte, sondern wiederum auf die Gesellschaftsstruktur zu rekurrieren hätte: die kategoriale Schwierigkeit ist durch den Vergleich bestimmter Meinungen und bestimmter Bedingungen nicht beseitigt. Selbst unter diesem lastenden Vorbehalt jedoch gewinnen die Ergebnisse der Meinungsforschung veränderten Stellenwert, sobald sie gemessen werden können an der realen Beschaffenheit dessen, worauf die Meinungen gehen. Die dabei hervortretenden Differenzen von sozialer Objektivität und dem wie immer auch allgemein verbreiteten Bewußtsein von jener Objektivität markieren eine Einbruchstelle der empirischen Sozialforschung in die Erkenntnis der Gesellschaft: in die der Ideologien, ihrer Genese und ihrer Funktion. Solche Erkenntnis wäre wohl das eigentliche, wenn auch gewiß nicht das einzige Ziel der empirischen

Sozialforschung. Isoliert genommen jedoch hat diese nicht das Gewicht gesellschaftlicher Erkenntnis: die Marktgesetze selbst, in deren System sie reflexionslos verbleibt, sind noch Fassade. Brächte auch etwa eine Befragung die statistisch überwältigende Evidenz dafür bei, daß die Arbeiter sich selbst nicht mehr für Arbeiter halten und leugnen, daß es so etwas wie ein Proletariat überhaupt noch gibt, so wäre der Beweis für die Nichtexistenz des Proletariats nicht geführt. Es müßten vielmehr solche subjektiven Befunde mit objektiven, wie der Stellung der Befragten im Produktionsprozeß, ihrer Verfügung oder Nichtverfügung über die Mittel der Produktion, ihrer gesellschaftlichen Macht oder Ohnmacht verglichen werden. Dabei behielten freilich die empirischen Befunde über die Subjekte selbst ihre Bedeutung. Nicht bloß wäre im Sinne der Ideologienlehre zu fragen, wie derlei Bewußtseinsinhalte zustande kommen, sondern auch, ob durch ihre Existenz nicht an der sozialen Objektivität etwas Wesentliches sich geändert habe. In ihr kann Beschaffenheit und Selbstbewußtsein der Menschen, wie immer auch produziert und reproduziert, nur vom wahnhaften Dogma vernachlässigt werden. Auch sie ist, sei's als Element der Affirmation des Bestehenden, sei's als Potential eines Anderen, Moment der gesellschaftlichen Totalität. Nicht nur die Theorie, sondern ebenso deren Absenz wird zur materiellen Gewalt, sobald sie die Massen ergreift. Korrektiv ist die empirische Sozialforschung nicht nur insofern, als sie blinde Konstruktionen von oben her verhindert, sondern auch im Verhältnis von Erscheinung und Wesen. Hat die Theorie der Gesellschaft den Erkenntniswert der Erscheinung kritisch zu relativieren, so hat umgekehrt die empirische Forschung den Begriff des Wesensgesetzes vor Mythologisierung zu behüten. Die Erscheinung ist immer auch eine des Wesens, nicht nur bloßer Schein. Ihre Änderungen sind dem Wesen nicht gleichgültig. Weiß in der Tat schon keiner mehr, daß er ein Arbeiter ist, so affiziert das die innere Zusammensetzung des Begriffs des Arbeiters, selbst wenn dessen objektive Definition — die durch die Trennung von den Produktionsmitteln — erfüllt bleibt.

7

Die empirische Sozialforschung kommt darum nicht herum, daß alle von ihr untersuchten Gegebenheiten, die subjektiven nicht weniger als die objektiven Verhältnisse, durch die Gesellschaft vermittelt sind. Das Gegebene, die Fakten, auf welche sie ihren Methoden nach als auf ihr Letztes stößt, sind selber kein Letztes sondern ein Bedingtes. Sie darf daher nicht ihren Erkenntnisgrund — die Gegebenheit der Fakten, um welche ihre Methode sich müht — mit dem Realgrund verwechseln, einem Ansichsein der Fakten, ihrer Unmittelbarkeit schlechthin, ihrem Fundamentalcharakter. Gegen diese Verwechslung kann sie insofern sich wehren, als sie durch Verfeinerung der Methoden die Unmittelbarkeit der Daten selbst aufzulösen vermag. Daher die zentrale Bedeutung der Motivationsanalysen. Sie können freilich kaum je auf direkte Fragen sich stützen, und Korrelationen zeigen funktionelle Zusammenhänge an, klären aber nicht über kausale Abhängigkeiten auf. Daher ist die Entwicklung indirekter Methoden prinzipiell die Chance der empirischen Sozialforschung, über bloße Feststellung und Aufbereitung von Fassadentatsachen hinauszugelangen. Das Erkenntnisproblem ihrer selbstkritischen Entwicklung bleibt, daß die ermittelten Fakten nicht getreu die darunterliegenden gesellschaftlichen Verhältnisse spiegeln, sondern zugleich den Schleier ausmachen, durch den jene, und zwar notwendig, sich verhüllen. Es gilt danach für die Befunde dessen, was nicht umsonst »Meinungsforschung« heißt, die Formulierung Hegels über die öffentliche Meinung schlechthin aus der Rechtsphilosophie: sie verdiene, ebenso geachtet als verachtet zu werden[8]). Geachtet, weil auch Ideologien, das notwendige falsche Bewußtsein, ein Stück gesellschaftlicher Wirklichkeit sind, das kennen muß, wer diese erkennen will. Verachtet aber: ihr Wahrheitsanspruch kritisiert. Die empirische Sozialforschung wird selbst zur Ideologie, sobald sie die öffentliche Meinung absolut setzt. Dazu verleitet ein unreflektiert nominalistischer Wahrheitsbegriff, der die volonté de tous als Wahrheit schlechthin unterschiebt, weil eine andere doch nicht zu ermitteln sei. Diese Tendenz ist zumal in der amerikanischen empirischen Sozialforschung ungemein markiert. Ihr wäre aber nicht die bloße Behauptung einer volonté générale als einer an sich seienden Wahrheit dogmatisch gegenüberzustellen, etwa in Form postulierter »Werte«. Ein solches Verfahren bliebe mit der gleichen Willkür behaftet wie die Instauration der verbreiteten Meinung als des objektiv Gültigen: in der Geschichte hat seit Robespierre die dekretorische Festsetzung der volonté générale womöglich noch mehr Unheil angerichtet als die begriffslose Annahme der volonté de tous. Aus der verhängnisvollen Alternative führte einzig die immanente Analyse hinaus, die der Stimmigkeit oder Unstimmigkeit der Meinung selbst und ihres Verhältnisses zur Sache, nicht aber die abstrakte Antithese eines objektiv Geltenden zur Meinung. Nicht ist

---

[8]) Hegel, Grundlinien der Philosophie des Rechts, ed. Lasson, Leipzig 1921, § 318, S. 257.

die Meinung mit Platonischem Hochmut zu verwerfen, sondern ihre Unwahrheit selbst aus der Wahrheit: aus dem tragenden gesellschaftlichen Verhältnis, schließlich dessen eigener Unwahrheit abzuleiten. Andererseits jedoch stellt die Durchschnittsmeinung keinen Approximationswert der Wahrheit dar sondern den gesellschaftlich durchschnittlichen Schein. An ihm hat teil, was der unreflektierten Sozialforschung ihr ens realissimum dünkt, die Befragten selbst, die Subjekte. Ihre eigene Beschaffenheit, ihr Subjektsein, hängt ab von der Objektivität, den Mechanismen, denen sie gehorchen, und die ihren Begriff ausmachen. Der aber läßt sich bestimmen nur, indem man in den Fakten selber der Tendenz innewird, die über sie hinaustreibt. Das ist die Funktion der Philosophie in der empirischen Sozialforschung. Wird sie verfehlt oder unterdrückt, werden also bloß die Fakten reproduziert, so ist solche Reproduktion zugleich die Verfälschung der Fakten zur Ideologie.

T. W. A.

Über Statik und Dynamik als soziologische Kategorien

Auf dem Amsterdamer Soziologentag von 1955 sollte erneut über das Verhältnis von Statik und Dynamik in der Gesellschaft diskutiert werden. Anlaß dazu bot eine unabweisliche Beobachtung. Dynamische Phänomene von größter Vehemenz sind sichtbar, Veränderungen der Gesellschaftsstruktur wie jene im sowjetischen Machtbereich, wie die Modernisierung des Orients und all der Gebiete, für die man nicht umsonst den Namen Entwicklungsländer erfunden hat; schließlich auch, daß in den westlichen Staaten, trotz festgehaltener Institutionen, soziale Stammbegriffe wie Individuum, Familie, Schichtung, Organisation, Verwaltung ihrer inneren Zusammensetzung nach sich wandeln. Andererseits scheint vielerorten die Gesellschaft zu dem zu gravitieren, was schon vor mehr als fünfzig Jahren Veblen »neuen Feudalismus« nannte, einem stationären Zustand. Mit der Industrialisierung der außerhalb des kapitalistischen Raums befindlichen Gebiete zeichnet sich eine Grenze des kapitalistischen Verwertungsprozesses ab und damit eine jener Expansion des ökonomischen Systems, die von seinem eigenen Begriff erheischt dünkte; bei aller Güterfülle etwas wie eine Rückbildung des Kapitalismus zur einfachen Reproduktion. Das reflektiert sich auch kulturell; so konnte vor nicht langer Zeit, zu Recht oder Unrecht, der Musiker Messiaen, aus der Gruppe »Jeune France«, davon sprechen, es habe die geschichtliche Entwicklung der Musik ihren »Plafond« erreicht, über den hinaus keine Entwicklung mehr vorzustellen sei. Das Interesse an der Alternative von Statik und Dynamik dürfte in der Frage kulminieren, was als mächtiger sich erweisen wird; ob der seit dem Ende des Mittelalters vorwaltende Entwicklungszug weiterführt oder ob er mündet in einen Erstarrungszustand, wie ihn der grauenvolle Himmler meinte, als er dem Dritten Reich eine Dauer von zehn- oder zwanzigtausend Jahren prophezeite; ins »Ende der Neuzeit«. Die Alternative aber verlangt Besinnung auf die von ihr verwandten Begriffe, wofern sie nicht im müßigen Rausch des Würfelns um die Weltgeschichte verpuffen soll.

Das erste Programm von Soziologie als Sonderzweig, als institutionell verfestigter, ordnender, klassifizierender Wissenschaft, das Comtes, fordert, wie bekannt, daß »bei der Soziologie ... hinsichtlich eines jeden politischen Gegenstandes zwischen dem grundlegenden Studium der Existenzbedingungen der Gesellschaft und demjenigen der Gesetze ihrer beständigen Bewegung durchaus unterschieden wird«[1]). Danach sei »die soziale Physik... in zwei Hauptwissenschaften zu zerlegen, die man zum Beispiel soziale Statik und soziale Dynamik nennen kann«[2]). Den beiden universalen Prinzipien von Ordnung und Fortschritt soll in der Gesellschaft ein »wissenschaftlicher Dualismus« entsprechen, »denn es ist klar, daß das statische Studium des sozialen Organismus im Grunde mit der positiven Theorie der Ordnung zusammenfallen muß, die dem Wesen nach faktisch nur in einer richtigen dauernden Harmonie zwischen den verschiedenen Existenzbedingungen der menschlichen Gesellschaft bestehen kann; ebenso erkennt man noch deutlicher, daß das dynamische Studium des Gemeinschaftslebens der Menschheit notwendig die positive Theorie vom sozialen Fortschritt bildet, die, jeden nutzlosen Gedanken an eine absolute und unbegrenzte Vervollkommnungsfähigkeit beiseite schiebend, naturgemäß auf die bloße Vorstellung dieser fundamentalen Entwicklung hinauslaufen muß.«[3])

Wohl lieferte die unkritische gesellschaftliche Beobachtung noch bis ins zwanzigste Jahrhundert hinein statische Typen wie den als Modell dafür besonders beliebten Bauern, und dynamische wie die kapitalistische Wirtschaft, zu deren Wesen Expansion und Dynamik gehören sollten. Wer die Einteilung begründen will, kann auf die gesamte Tradition der abendländischen Philosophie pochen, schließlich auf die Sokratik, die trennte zwischen dem, was von Natur aus und was bloß von Menschen gesetzt, was physei und thesei sei. Gesellschaftliche Phänomene, die auf menschliche Grundbedürfnisse oder, wie man heutzutage im Jargon der Eigentlichkeit sagt, auf die Existenz des Menschen zurückgingen, sollen unter die statischen Kategorien fallen und statischen Gesetzen gehorchen; hinzutretende Differenzierungen dagegen, alle sozialen Formen, die besonderen Typen von Vergesellschaftung korrespondieren, seien dynamisch. Implizit dient als Denkmodell, daß die großen, allumfassenden Hauptstrukturen beharrten, während die Spezifikationen das logisch Niedrigere, der Entwicklung unterlägen; die dynamischen Momente sind durch das Modell a priori zu Akzidenzien herabgesetzt, zu bloßen Nuancen der Hauptkategorien, ohne daß gefragt würde, ob diese nicht selektiv nach dem Besonderen gebildet sind und bei dieser Selektion ausmerzen, was einer sozialen Invariantenlehre nicht gehorchen will. Darüber setzt sich der

---

[1]) Vgl. Auguste Comte, Cours de philosophie positive. Zitiert nach der Übersetzung von Valentine Dorn (Soziologie, 3 Bde., Jena 1923), Bd. I, S. 232.
[2]) a.a.O.
[3]) a.a.O., S. 233 f.

wissenschaftspraktische Verstand hinweg: man brauche nur an Kriterien wie Statik und Dynamik sich zu halten, um bereits über eine erste handfeste Klassifizierung gesellschaftlicher Tatsachen zu verfügen. Allbekannt und immer wieder von Wissenssoziologen betont ist dabei die Versuchung, die statischen, zumal die institutionellen Momente um ihrer vorgeblichen Ewigkeit willen metaphysisch zu verklären, die dynamischen aber, und damit vielfach den konkreten Inhalt des gesellschaftlichen Lebensprozesses, als wandelbar und zufällig abzutun, nach jener philosophischen Tradition, die das Wesen mit dem Beständigen identifiziert und das bloße Phänomen mit dem Vergänglichen.

Der realen Gesellschaft wird der Unterschied des Statischen und Dynamischen, sei es vom klassifikatorischen Bedürfnis, sei es von einer latenten Philosophie, imputiert. Als solche gehorchen die Phänomene ihm keineswegs. Inmitten der kritisch filtrierten modernen Wissenschaft überlebt die archaische, längst von der Erkenntnistheorie verworfene Methode der Scholastik, das bestimmt Seiende aus allgemeinen Begriffen, wie dem des Wesens, des Akzidens, der Existenz, des Individuationsprinzips, zusammenzuaddieren. So sollen soziale Tatsachen aus statischen und dynamischen Bestandteilen komponiert sein, unter Absehung von dem auf Ordnung erpichten Geist, ohne dessen Vermittlung jene Bestandstücke überhaupt nicht sich konstituieren; sie dürften nicht als Sein an sich behauptet werden, wofern man nicht vorweg eine nach Ordnung und Fortschritt säuberlich gegliederte Gesellschaft positiv und dogmatisch unterstellt.

Man konstruiere etwa als Idealtypus für ein »statisches Gesetz«, also ohne Rücksicht darauf, ob er real zutreffe oder nicht, den Satz, alle gesellschaftliche Herrschaft bestehe in der Appropriation fremder Arbeit, und ebenso als ein »dynamisches«, daß im Feudalsystem Herrschaft vermittels des Pachtverhältnisses sich realisiere. Wendet man das aufs empirische Material an, so findet sich gewiß der Pächter nicht unter einem Allgemeingesetz »gesellschaftliche Herrschaft überhaupt« und einem besonderen, »Pachtherrschaft«, das zu dem allgemeinen als differentia specifica hinzuträte. Der Pächter erfährt nicht Herrschaft schlechthin und dann deren historische Spielart, sondern einzig die der Feudalherren, mag immer in einer soziologischen Typologie die Pachtherrschaft einem höheren Allgemeinbegriff von Herrschaft sich eingliedern. Das ist aber keine bloße erkenntnistheoretische Finesse: es hängt davon ab, ob man einzelne Gesetze als invariant und andere als variabel ausgliedern und darauf Rückschlüsse über das Wesen der Gesellschaft ziehen kann. Illegitim wäre dies Verhältnis, wenn die sogenannten Invarianten überhaupt nur in Gestalt der Varianten und nicht isoliert »an sich« vorkommen: man installierte dann das Ordnungsschema anstelle der Sache selbst. Die Neigung dazu, mit all ihren Konsequenzen, reicht bis in die moderne Wissenssoziologie, etwa in den von Mannheim eingeführten und jüngst in Amerika auferstandenen Begriff der »principia media«, die da zwischen dem vorgeblichen Allgemeingesetz und dem vermitteln sollen, was den Gesetzen als bloßes Faktum gegenüberstehe, während jenen principiis mediis im Kräftespiel der Gesellschaft selber gar nichts korrespondiert.

Der gesunde Menschenverstand, der frisch-fröhlich Statisches und Dynamisches in der Gesellschaft trennt, verdankt seine Gesundheit der Naivetät, mit der er seine eigenen Bestimmungen als solche des Objekts zurückspiegelt. Die Orientierung an natürlichen, konstanten Bedürfnissen einerseits und bloß von Menschen gesetzten und darum geschichtlich wandelbaren andererseits ist, als pures Produkt der Klassifikation, abstrakt. Die Bedürfnisse lassen darum nicht bündig sich aufteilen, weil die Gesellschaft selber nicht bruchlos auf Bedürfnisse zurückzuführen ist. Wohl gehen diese allemal in den gesellschaftlichen Prozeß der Selbsterhaltung der Einzelnen wie des organisierten Ganzen ein, aber doch nur durch dies Ganze hindurch. Was ein Mensch zum Leben braucht und was er nicht braucht, steht keineswegs schlicht bei der Natur, sondern richtet sich nach dem »kulturellen Existenzminimum«. Jeder Versuch, reine Natur daraus herauszuschälen, führt in die Irre. Zumindest in der modernen Gesellschaft, und gewiß schon in vielen früheren, entscheidet gar nicht das soit-disant natürliche Bedürfnis der Menschen über die Ordnung ihres Lebens. Vielmehr ist es bereits schematisiert, wenn nicht gar, wie in der heutigen Ära der Überproduktion, überhaupt erst planvoll hervorgebracht. Wer die Gesetze der kapitalistischen Gesellschaft umstandslos auf die Bedürfnisse der Menschen reduzieren und dann nach deren Maß in statische und dynamische einteilen wollte, verkehrte, was heute nur noch gleichsam vom ökonomischen Interesse mitgeschleppt wird, die Bedürfnisbefriedigung, ins Erste: als fiele der Erwerb von drei Autos durch eine zweiköpfige Familie unter dieselbe Kategorie wie das Auflesen von Früchten in einer primitiven Sammlerhorde. Nicht nur erweist vieles von dem sich überhaupt als dynamisch, was dem naiven Bewußtsein statisch dünkt: selbst unleugbare Grundbedürfnisse wie das nach Nahrung, Kleidung, Obdach wandeln sich so eingreifend, daß die Quantität des Neuen in die Qualität des als invariant Verkannten umschlagen mag. Der gesellschaftliche Prozeß ist weder bloß Gesellschaft noch bloß Natur, sondern Stoffwechsel der Menschen mit dieser, die permanente Vermittlung beider Momente. Das auf allen Stufen enthaltene Natürliche ist nicht aus seiner gesellschaftlichen Form herauszuoperieren ohne Gewalt gegen die Phänomene. Allerorten hat die technische Entwicklung der letzten Dezennien soziale Gruppen, die man noch im neunzehnten Jahrhundert, freilich verblendet gegen ihre eigene Vorgeschichte, als einigermaßen ahistorisch ansehen durfte, zumal die Überreste der Agrargesellschaft, dynamisiert und Dogmen Lügen gestraft wie jenes, daß der Mechanisierung der Landwirtschaft durch die Ewigkeit des gottgeschaffenen Landwirts Grenzen gesetzt seien. Je hinfälliger durch die Forschung der Begriff der Naturwüchsigkeit wird, um so mehr verflüchtigt sich die Behauptung von Invarianz ins philosophisch-anthropologische Bekenntnis und sperrt sich der gesellschaftlichen Konkretion. Schließlich sucht die Invariantenlehre ihre Rechtfertigung bei jener Ontologie, der hochspezialisierte Fachwissenschaftler leicht allzu vertrauensselig eine Wahrheit zutrauen, die in ihrer eigenen philosophischen Gestalt nicht sich bewährt und die vollends unvereinbar ist mit der Einsicht in eine Gesellschaft, die seit Jahrtausenden mehr den Menschen angetan wird, als daß sie im Wesen ihres Daseins entspränge.

Um zu begreifen, weshalb an Konstruktionen wie der statischer Gesetze so hartnäckig festgehalten wird, ist auf ihren Ursprung in Comte zurückzugehen. Die Dichotomie von Statik und Dynamik, erst von »Zuständen« (état) [4], dann von Gesetzen, leitet er aus dem wissenschaftlichen Bedürfnis ab: »Zu diesem Ende muß ich nun vor allem auf das Ganze der sozialen Erscheinungen eine wahrhaft grundlegende wissenschaftliche Unterscheidung ausdehnen, die ich schon in allen Teilen dieser Abhandlung, und hauptsächlich bei der biologischen Philosophie, als ihrer Natur nach auf jederlei Erscheinungen, und namentlich auf diejenigen, welche die lebenden Körper zeigen können, durchaus anwendbar festgestellt und benutzt habe, indem ich den statischen und den dynamischen Zustand eines jeden Gegenstandes positiver Studien getrennt, aber immer mit Rücksicht auf eine strenge systematische Verknüpfung betrachtete.«[5] Die Nötigung, welche das »muß« ausdrückt, rührt her von Comtes Konzeption einer in der Soziologie gipfelnden Pyramide der Wissenschaften: jede in der Hierarchie höher rangierende müsse den Prinzipien aller niedrigeren ebenfalls gerecht werden. Seit Comtes Zeiten hat der Positivismus, gleichsam als Ersatz fürs idealistische System, die bis auf Leibniz zurückdatierende Vorstellung einer durch die Einheit der Methode über alle Divergenz der Gegenstände hinweg ermöglichte Einheitswissenschaft gepflegt. Die vom po-

---

[4] a.a.O., S. 232.
[5] a.a.O., S. 231 f.

sitivistischen Prinzip bewirkte Dekomposition der Welt in atomistische, begriffslose, vom Begriff nur durch Abkürzung zusammengefaßte Tatsachen soll konterkariert werden vom Urheber jener Aufspaltung, der Wissenschaft selbst. Ihre in sich einstimmige Organisation will die Totalität, den geistig überwölbenden Kosmos ersetzen, aus dessen irrevokablem Zerfall die Gegenstände als »Tatsachen« hervorgingen. Darin entspringt die Versuchung, Ordnungsschemata, die einzig der Klassifikation eines als unstrukturiert vorgestellten Materials sich verdanken, dann dem Material zuzuschreiben, als wären sie dessen Struktur. Was man im Linnéschen System belächelt, das blieb in der Soziologie unangefochten: die zurichtende Veranstaltung erschien als Beschaffenheit der Sache selbst. Mit dem Stolz von Vorurteilslosigkeit wird verdrängt, was immer deren eigenes Wesen sein mag, und was die Reduktion auf das, was der Fall sei, nicht Wort haben will.

Die Kontamination von Wissenschaftssystematik und objektiver Struktur wird in einem Dokument der wilden Pionierzeiten des Positivismus wie dem Comteschen »Cours de la philosophie positive« greifbar im Analogieschluß vom Verhältnis anatomischer und physiologischer Bestimmungen des Organismus auf die Gesellschaft[6]. Allenfalls mochte die Biologie zwischen Strukturmomenten unterscheiden, die sich spezifisch auf »Leben« beziehen – eben den physiologischen – und den anatomischen, bei denen das nicht der Fall ist. Soziologie aber, dächte man sie noch so roh nominalistisch, hat es allein mit dem lebendigen Zusammenhang von Menschen zu tun und mit seinen Derivaten, den geronnenen sozialen Formen. Diese sind aus den Beziehungen der Menschen abzuleiten, nicht als »Anatomie« zu hypostasieren. Die von Comte urgierte statische Schicht entbehrt jeglicher Selbständigkeit. Comte war nicht naiv genug, um zu verschweigen, daß das Verhältnis von Ordnung und Fortschritt, ihre »innige und unlösliche Verbindung hinfort die Grundschwierigkeit... jedes wahren politischen Systems kennzeichnet«[7]). Aber seine politische Tendenz ebenso wie seine quasi-naturwissenschaftliche Methode fährt ihm in die Parade. Weil die Gesamtentwicklung der bürgerlichen Gesellschaft deren anarchischer Auflösung zutreibe, neigt er dazu, die Ordnung über den Fortschritt, die statischen über die dynamischen Gesetze zu stellen. Er begnügt sich mit der dogmatischen Behauptung, daß »diese wichtige Erwägung... in keiner Weise weder die innere Folgerichtigkeit noch die förmliche Notwendigkeit unserer grundlegenden Unterscheidung zwischen dem statischen und dy-

---

[6]) a.a.O., S. 232 f.
[7]) a.a.O., S. 7.

namischen Stadium der sozialen Erscheinungen berühren« könne[8]). Die Frage, ob die Einteilung um jenes Einwandes willen nicht eben doch »die Quelle einer fehlerhaften oder pedantischen Teilung in zwei getrennte Wissenschaften«[9]) bildet, wirft er auf, nur um sie autoritär fortzuweisen.

Noch weniger leuchtet, nach dem ihr immanenten Kriterium naturwissenschaftlicher Begriffsbildung, die berühmt gewordene Gleichsetzung der beiden Kategorien mit denen der Ordnung und des Fortschritts ein. Arglos wird stipuliert, was gesellschaftlich wesentlich sei, müsse notwendig auch der Erhaltung der Gesellschaft dienen. Ab ovo ausgeschlossen sind soziologische Kategorien wie die der Verelendung oder der Unfähigkeit einer großagrarischen Gesellschaft, bei sehr ansteigender Bevölkerung sich zu perpetuieren — Kategorien, welche die Auflösung und Zerstörung der Ordnung implizieren, zu deren Wesen sie gehören. Ein naturwissenschaftliches Denkmodell müßte solchen möglichen Gesetzmäßigkeiten ebenso Rechnung tragen wie den entgegengesetzten; sonst verginge es sich an einem seiner eigenen Prinzipien, dem der Vollständigkeit. Mag immer man Comte den Vorrang der Reproduktion des Lebens in den Formen der Vergesellschaftung gegenüber allem anderen Gesellschaftlichen, auch den Zerfallstendenzen konzedieren: der geschichtliche Zwang ist nicht unmittelbar eins mit der Selbsterhaltung der Gattung, die Totalität der Gesellschaft, Ordnung selber, brütet Kräfte aus, die ihre Fortdauer handgreiflich bedrohen. Comte selbst hat als einer der ersten die »zerstörenden« Tendenzen unterstrichen, gerade sie aber, den wahren Gegenstand seines eigenen theoretischen Interesses, als Systematiker eskamotiert. Daher der Konflikt mit eben jener Faktizität, der er als Positivist die blanke Suprematie über den Begriff zuschreibt.

Die einfachste material-soziologische Besinnung belehrt darüber, daß die Statik von Zuständen und Ordnungen eins ist mit jenen Erstarrungsphänomenen, die, zumal im Kontext eines sich fortbewegenden Ganzen, die statische Ordnung untergehen lassen wie einst das Byzantinische Reich und später die türkische Herrschaft. Umgekehrt müßte man, wäre der Begriff des dynamischen Gesetzes nicht vorweg willkürlich-positiv eingeengt, das Krisengesetz innerhalb einer sich selbst überlassenen liberalistischen Marktgesellschaft den dynamischen Gesetzen zurechnen; und Krisen wären schwerlich ungebrochen dem Begriff des Fortschritts zu subsumieren. Comtes Liebe zur Empirie und zu den Naturwissenschaften, die ihn vor solchen Überlegungen beschirmt, ist unglücklich. Er verwendet Begriffe,

---
[8]) a.a.O., S. 233.
[9]) a.a.O.

die er als naturwissenschaftlich probat betrachtet, ohne sie mit dem spezifischen Inhalt zu konfrontieren, der in der Soziologie in sie eingeht. Schon in seinem Werk kündigt die fatale Divergenz zwischen der produktiv gehandhabten naturwissenschaftlichen Methode und ihrer unreflektierten Erhebung zur Philosophie sich an, welche die späteren Phasen des Positivismus charakterisiert. Comtes Denken ist verdinglicht. Es installiert, der Absicht nach, Denkformen als höchste Kategorien, wie die Einzelwissenschaften sie Objekten gegenüber anwenden, die ihnen weder der Konstitution nach problematisch sind noch in ihrer Beziehung aufs denkende Subjekt: die fertige Apparatur der Wissenschaft verwechselt sich mit der Philosophie. Darum addiert er die Gesellschaft aus Statik und Dynamik zusammen, als bestünde ihr Wesen aus beiden unmittelbar, anstatt daß beide, in ihrer Verschiedenheit, auf ihre Einheit in der realen Gesellschaft gebracht würden.

Daß ein Fanatiker der wissenschaftlichen Methode wie Comte die systematischen Unstimmigkeiten seiner Theorie ebenso wie ihre Unangemessenheit an die Fakten übersah, kann nicht simpel damit erklärt werden, daß jener Fanatismus ihn gegen Wissenschaft verblendet hätte. Seine Denkfehler werden bedingt vom terminus ad quem. Was sich agitatorisch mit der Würde der »unwiderruflichen philosophischen Analyse«[10] bekleidet; was da behauptet, es sei »auf unerschütterlichen rationellen Grundlagen aufgebaut«[11], folgt in Wahrheit Comtes politischem Interesse. Um den Verdacht weltfremden Spintisierens zu beschwichtigen und sich als Praktiker den Mächten zu empfehlen, unterstreicht er das selbst. Er hat es darauf abgesehen, die durch die industrielle Revolution gezeigte »soziale Frage« durch eine, als »objektiv« dem Klassenkonflikt übergeordnete, Wissenschaft zu lösen oder wenigstens seine Branche für eine solche Lösung zu qualifizieren. Ihre Funktion bei ihm ist verwandt der des Staates bei Hegel[12]: »Endlich halte ich es wegen ihrer großen Augenscheinlichkeit für überflüssig, hier die natürliche Eigenschaft besonders hervorzuheben, welche diese erste philosophische Konzeption der positiven Soziologie direkt an den Tag legt, nämlich, wie ich das zu Anfang dieses Bandes angekündigt habe, die beiden gleichmäßig grundlegenden Ideen der Ordnung und des Fortschritts künftig unlösbar zu verbinden, deren beklagenswerter radikaler Gegensatz... in Wirklichkeit das charakteristische Hauptmerk-

---

[10] a.a.O., S. 232.
[11] a.a.O., S. 234.
[12] Vgl. Hegel, Grundlinien der Philosophie des Rechts, ed. Lasson, Leipzig 1921, S. 189 (§§ 245 und 246).

mal der tiefen Zerrüttung der modernen Gesellschaft bildet.«[13]) Wie Hegel sich vom Staat den Ausgleich der gesellschaftlichen Widersprüche erwartet; die Bändigung der Kräfte, die seiner eigenen Theorie zufolge über die bürgerliche Gesellschaft hinaustreiben[14]), so erwartet Comte, in dem Rationalität nicht ebenso kritisch ihrer realen Schwäche inneward wie im absoluten Idealisten, das Heil sich von einer Soziologie, welche die gesellschaftlichen Widersprüche auf in sich und gegeneinander widerspruchslose Begriffe bringt, deren krudestes Modell die statischen und dynamischen Gesetze sind. Ihre säuberliche Trennung soll ihren Ausgleich wissenschaftlich und dann auch in der Welt vorbereiten. Bei Hegel wie bei Comte tritt nicht ins Blickfeld, daß die sich spaltende Gesellschaft kraft ihrer eigenen Dynamik in eine höhere: eine menschenwürdigere Form übergeführt werden könne. Beide wollen sie in ihren bestehenden Institutionen erhalten: deshalb nimmt Comte zur Dynamik das statische Prinzip korrektiv hinzu. Er drückt damit unverhüllt die Aporie eines Bürgertums aus, das, ein paar Dezennien früher noch revolutionär und der kapitalistischen Expansion zuliebe immer noch fortschrittlich, bereits mit pauperisierten Massen zu rechnen hat und ihrer sich nur erwehren kann, indem es je nach seinem Bedürfnis progressiv oder konservativ sich geriert. Der kritischen Intention des Positivismus gesellt von Anbeginn sich eine affirmative. Hinter dem szientifisch aufgeputzten kategorialen Ansatz waltet apologetische Absicht. Damit die Fortdauer eines in sich Antagonistischen als vernünftig erscheine, dürfen die Antagonismen nicht als solche präsentiert, nicht der Gesellschaft selbst aufgebürdet werden. Das Interesse am Fortschritt, in seiner Konsequenz unvereinbar mit dem an der »Ordnung«, wird friedlich neben dieser lokalisiert. Beide verwandeln sich in zwei voneinander unabhängige, einander ergänzende, politisch neutrale Kategorien der Klassifikation. Vor aller Analyse der Gesellschaft gleicht das soziologische Bezugssystem deren Spannung aus und beruhigt das Bürgertum über das Dilemma zwischen Entfaltung und Verfestigung, in das es geraten ist. Die objektive Polarität mildert sich zum Gesichtspunkt für die vermeintlich souveräne Einteilung der Phänomene. Was bei Comte als das praktische Bedürfnis der Scheidung von Statik und Dynamik sich einbekennt, ist an sich bereits ideologisch: die wertfreien Begriffe verschleiern, daß sie, »positiv« im doppelten Sinn, die unvernünftige Sache als Klassifikationsprinzip wissenschaftlicher Vernunft bestätigen. Wahlverwandtschaft herrscht zwischen dem sozialen Neutralismus, einer Haltung, die krampfhaft behauptet,

---

[13]) Vgl. Auguste Comte, a.a.O., S. 235.
[14]) Vgl. Hegel, a.a.O.

sie stünde oberhalb der Interessenkonflikte, und ihrer Verwendbarkeit für herrschende Interessen. Die Entqualifizierung des Gegenstandes der Soziologie, des sozialen Systems und seiner Struktur, zu einem Agglomerat festzustellender und dann dem wissenschaftlichen Schematismus einzupassender Tatsachen; die emphatische Äußerlichkeit, Willkür, selbst Schlamperei ihrer Subsumtion unter Begriffe erlaubt es, die Denkmodelle so zu konstruieren, daß sie mit latenten, auch sich selber unbewußten Zwecken übereinkommen. Der sozialwissenschaftliche Positivismus war konformistisch, schon ehe er die Marktforschung als Vorbild sich erkor, und die kritische Theorie der Gesellschaft hat ihm darum von jeher mißtraut, mochte er stets auch gegen sie als die radikalere Aufklärung sich aufspielen.

Ideologisch aber sind die Begriffe Statik und Dynamik nicht erst wegen ihrer Funktion, sondern weil ihnen der Sache nach nicht der Wahrheitsgehalt zukommt, den sie seit Comte beanspruchen. Er selber war der Ansicht, »daß eine solche entschiedene Teilung der Sozialwissenschaft jenem Hauptübel, das darin besteht, die unerläßliche dauernde Verbindung dieser beiden Hauptgesichtspunkte zu vernachlässigen, und mit der Tendenz der modernen Geister, alles zu zerlegen, nur zu sehr übereinstimmt«[15]). Seine Anstrengung jedoch, die Dichotomie nachträglich zu korrigieren und zwischen den beiden Begriffen zu vermitteln, ist vergeblich, weil man sie nachträglich überhaupt nicht zusammenbringen kann. Führt die Soziologie auf die Unterscheidung von Statischem und Dynamischem, so wäre es an ihr, das Verhältnis dieser Momente zu überdenken; nicht zwischen ihnen ist ein Mittleres zu suchen, sondern sie sind vermittelt in sich, das eine impliziert das andere. Hegels metaphysische Intention, daß Werden — die Totalität des dialektischen Prozesses — als Momente wiederum Sein und Werden in sich enthalte; daß kein Sein ohne Werden und kein Werden ohne Sein gedacht werden könne[16]), zehrt von gesellschaftlicher Erfah-

---

[15]) Vgl. Auguste Comte, a.a.O., S. 232 f. Die Wendung gegen Analyse als Zersetzung geht wohl gegen die Schule der idéologues, die schon der Diktator Bonaparte deswegen gerügt hatte.

[16]) Vgl. Hegel, Wissenschaft der Logik I, ed. Glockner, 4. Band, S. 588 und 589, etwa: »Das Sein ist überhaupt nur das Werden zum Wesen; es ist seine wesentliche Natur, sich zum Gesetzten und zur Identität zu machen, die durch die Negation ihrer das Unmittelbare ist.« Oder: »Als Bedingung ist das Sein nun auch als das gesetzt, was es wesentlich ist; nämlich als Moment, somit eines Andern; es ist an sich aber nur durch die Negation seiner, nämlich durch den Grund und durch dessen sich aufhebende und damit voraussetzende Reflexion; das Ansichsein des Seins ist somit nur ein Gesetztes.«

rung: alles gesellschaftlich Seiende ist ein Gewordenes, »zweite Natur«; alles Werden wird entbunden von Mangel und Art dessen, was ist. Die Differenz der Hegelschen Konzeption des Verhältnisses von Statik und Dynamik und der Comteschen läßt an der Sprache sich ablesen. Während Comte aus Statik und Dynamik zwei getrennte Ressorts der Soziologie macht und durch die bloße Form solcher Koordination virtuell schon die Dynamik stillsteht, reicht umgekehrt diese bei Hegel bis in die logischen Strukturen hinein, die Urbilder von Invarianz. Die große Logik, welche die Kritik der prädikativen zum Hauptinhalt hat, benutzt immerzu prädikative Formulierungen. Schwerlich kapriziert ein anderes philosophisches Werk so starrsinnig sich auf die Copula. Fast jeder Satz verwendet das kategorische »Ist«, gegen dessen trügerische Macht, den Anspruch, irgend etwas sei ganz das, was von ihm prädiziert wird, das Werk angeht. Nur Insistenz auf einfachen Prädikationen, auf der »Statik« eines Sachverhalts, überführt diese ihrer Unzulänglichkeit durch den Nachweis, daß jedem solchen Ist ein Nicht-Ist, nach Hegels Sprache: daß der Identität die Nicht-Identität innewohnt. Wie ein seiner bloßen Merkmalsdefinition zufolge statisches Gebilde gleich dem Wassertropfen unter dem Mikroskop lebendig zu werden, zu wimmeln beginnt, so wird die fixierte Aussage, etwas sei so und nicht anders, durch die minutiöse Beschreibung des logischen Sachverhalts selber dynamisch. Nach dem Maß des »Ist«, dessen alle unreflektiert diskursive Logik sich bedient, enthüllt Sein sich als ein Werden, im Sinn der Ausgangsbestimmungen der dialektischen Logik. Dahinter darf Soziologie nicht zurückbleiben. Was eine Gesellschaft ist und was die traditionelle Metaphysik geneigt wäre, als ihr »Sein« zu hypostasieren, ist eben das, was zum Besseren oder Schlimmen sie weitertreibt. Ihr partikulares So-und-nicht-anders-Sein widerspricht ihrem eigenen Begriff nicht weniger als den von ihr zusammengefaßten Einzelinteressen. Herrschaft, Versagung, Verzicht, wie sie in der Gesellschaft bis heute invariant walteten, am Ende, nach Comteschen Kategorien, Ordnung als eine mit den lebendigen Subjekten nicht identische, kurz das als ewig und unveränderlich Gesetzte definiert ihr dynamisches Wesen; die Idee von Versöhnung im richtigen gesellschaftlichen Zustand wäre mit Ordnung als dem Inbegriff auferlegter Gesetze so wenig vereinbar wie mit einem Fortschritt, der, nach Kafkas Wort, überhaupt noch nicht stattgefunden hat und der, solange er der gesellschaftlichen Ordnung immanent bleibt, immer zugleich auch seine eigene Verneinung ist, die permanente Regression.

Akzeptiert man einmal die von Max Weber und den ihm nahestehenden deutschen Soziologen, vor allem Sombart, urgierte Unterscheidung des traditionalistischen und des rationalen Gesellschaftstypus, so wird Rationalität auch durch die Tendenz definiert, traditionale gesellschaftliche Formen zu sprengen; das, was nach dem Sprachgebrauch der historischen Schulen das »geschichtlich Gewordene« heißt, als Reibungskoeffizienten auszumerzen. Gegenüber dem Geschichtlichen wird Rationalität selber zur geschichtlichen Kraft. Das meint prägnant die Rede von Fortschritt. Andererseits jedoch eignet der ratio, in ihrer dinghaften, vergegenständlichten Form, ein Antihistorisches, Statisches; soviel ist wahr an der gewiß allzu simplen These vom ungeschichtlichen Wesen der Aufklärung des achtzehnten Jahrhunderts. Dies antihistorische Moment ist keines der bloßen Geistesgeschichte, die dann jenes vermeintliche Manko der Lumières durch hinzugefügte Besinnungen auf historische Gegebenheiten, wie sie ja seit Vico und Montesquieu der Aufklärung keineswegs fremd waren, ausgeglichen hätte. Vielmehr büßt Rationalität zunehmend die Kraft zur Mnemosyne ein, die einmal ihre eigene war: seit letztem auch, mit pathischer Vehemenz, in Deutschland. Das Schreckbild einer Menschheit ohne Erinnerung aber ist kein bloßes Verfallsprodukt, keine subjektive Reaktionsweise derer, die, wie man so sagt, mit Reizen überflutet wären und sie nicht mehr bewältigen. Sondern Ahistorizität des Bewußtseins ist als Bote eines statischen Zustands der Realität mit ratio notwendig verknüpft, mit der Fortschrittlichkeit des bürgerlichen Prinzips und seiner eigenen Dynamik. Es ist das des universalen Tauschs, des Gleich und Gleich von Rechnungen, die aufgehen, bei denen eigentlich nichts zurückbleibt; alles Historische aber wäre ein Rest. Tausch ist, als Revokation eines Aktes durch einen anderen, dem Sinn seines Vollzugs nach selber zeitlos, mag er auch in der Zeit stattfinden: so wie ratio in den Operationen der Mathematik ihrer reinen Form nach Zeit aus sich ausscheidet. Aus der industriellen Produktion verschwindet denn auch die konkrete Zeit. Mehr stets verläuft sie in identischen und stoßweisen, potentiell gleichzeitigen Zyklen. Mit dem Gegensatz von feudalem Traditionalismus zu radikaler bürgerlicher Rationalität wird am Ende Erinnerung, Zeit, Gedächtnis von der fortschreitenden bürgerlichen Gesellschaft als irrationale Hypothek liquidiert im Gefolge der fortschreitenden Rationalisierung der industriellen Produktionsverfahren, die mit anderen Rudimenten des Handwerklichen auch Kategorien wie die der Lehrzeit reduzieren, das Muster qualitativer, aufgespeicherter Erfahrung, deren es kaum mehr bedarf. Entäußert in der gegenwärtigen Phase die Menschheit sich der Erinnerung, um kurzatmig in der Anpassung ans je Gegenwärtige sich zu erschöpfen, so spiegelt darin sich ein objektiver Entwicklungszug. Wie Statik gesellschaftliche Bedingung des Dynamischen ist, so terminiert die Dynamik fortschreitender rationaler Naturbeherrschung teleologisch in Statik. Die totalitäre Kirchhofsruhe, Widerpart des Friedens, enthüllt als unmäßige Übermacht des Unterdrückenden über das Unterdrückte, daß Rationalität partikular bloß sich entfaltete. Blinde Herrschaft über Natur, welche diese feindselig in sich hineinschlingt, bleibt antagonistisch in sich, nach dem Urbild des Antagonismus von Herrschenden und Beherrschten. Die der gesellschaftlichen Dynamik immanente Statik ist Index ihres Falschen, beharrender Irrationalität. Ratio selbst, naturbeherrschende Vernunft, ist zugleich ein Stück jener Ideologie, welche die Vernunft kritisiert. Sie wird dazu als unabdingbar vergegenständlichende, verfälschende. Ihr gegenüber ist Spekulation nicht, wie Comte und alle Denunzianten von Metaphysik es wollten, einzig reaktionär sondern auch Bedingung einer Freiheit, welche die Positivisten im Munde führen und zugleich sabotieren.

Unter diesem Aspekt kann Marx tatsächlich, gegenüber dem Positivismus, das Erbe der klassischen deutschen Philosophie beanspruchen, wie er denn gegen Feuerbach und die Linkshegelianer im Hegelschen Geist argumentierte. Bei ihm ist von Statik und Dynamik unter dem Gesichtspunkt der Kritik des Fetischismus die Rede, den er, nachdem er einmal aus der Warenform abgeleitet ist, in allen Verzweigungen der Theorienbildung aufspürt. Das Grundmotiv übersetzt ein Hegelsches zurück ins Gesellschaftliche. Was als Seiendes sich gibt, soll als Gewordenes, in Hegelscher Terminologie, als »Vermitteltes« begriffen werden. Dem gewordenen Produkt — alldem also, was unter die abstrakte Formel gesellschaftlicher Statik fällt — wird der Schein des An sich entzogen. Anstatt seine geronnene Gestalt hinterher begrifflich auseinanderzulegen, wird sein Begriff aus dem historischen Prozeß selbst deduziert. Verhindern will Marx die Verabsolutierung gesellschaftlicher Zustände durch statische Kategorienbildung. Ihm sind, gleich den »ökonomischen Formen«, alle gesellschaftlichen »vorübergehende und historische« [17]). Die Vergötzung des Gewordenen trüge demnach Schuld auch an der falschen Comteschen Synthese, die äußerlich zusammenbringt, was einzig durch seine Gegensätzlichkeit in sich zusammenhängt. Die Marxische schnoddrige Polemik gegen Proudhon könnte auch auf die Comtesche Soziologie gemünzt sein: »Die historische Bewegung, die die Welt von heute umwälzt, löst sich für ihn in das Problem auf, das richtige Gleichgewicht, die Synthese zweier bürgerlicher Gedanken zu entdecken. So entdeckt der gewandte Junge durch bloße

---

[17]) Karl Marx, Das Elend der Philosophie, deutsch von Bernstein und Kautsky, Berlin 1952, S. 130.

Pfiffigkeit den verborgenen Gedanken Gottes, die Einheit der zwei isolierten Gedanken, die nur deswegen zwei isolierte Gedanken sind, wei Proudhon sie vom praktischen Leben isoliert hat, von der gegenwärtigen Produktion, welche die Kombination der von diesen Gedanken ausgedrückten Realitäten ist.«[18]) Der »Dualismus«, den er Proudhon vorwirft, der zwischen den »ewigen Ideen«, als »Kategorie der reinen Vernunft« und den »Menschen und ihrem praktischen Leben«[19]), stimmt methodisch wie inhaltlich mit dem Dualismus von Statik und Dynamik überein. Wie Marx die Gesellschaft kritisiert, so kritisiert er ihre Handlanger, die Theorien: »Somit sind diese Ideen, diese Kategorien, ebensowenig ewig wie die Verhältnisse, die sie ausdrücken. Sie sind historische, vergängliche, vorübergehende Produkte. Wir leben inmitten einer beständigen Bewegung des Anwachsens der Produktivkräfte, der Zerstörung sozialer Verhältnisse, der Bildung von Ideen; unbeweglich ist nur die Abstraktion von der Bewegung — mors immortalis.«[20]) Die letzte Formulierung ist an Ort und Stelle ironisch gemeint, wider die Abstraktion des statischen Allgemeinbegriffs als des caput mortuum der gesellschaftlichen Dynamik. Aber sie reicht über ihren unmittelbaren Gegenstand hinaus. Denn auch die »Abstraktion«, deren Hypostasis der Nominalist Marx nicht toleriert, nennt ein real Gesellschaftliches, und die Ahnung davon ist in der Pointe von der mors immortalis versteckt. An der »Vorgeschichte« ist ewig die Vergängnis ihrer eigenen Formen und Gebilde, weil diese, in blinder Naturwüchsigkeit, naturverfallen bleiben. Darum hat in der Marxischen Dialektik eine Invariantenlehre ihre Stelle, die einer negativen Ontologie der antagonistisch fortschreitenden Gesellschaft. Ihr Dynamisches, die energiegeladene Dissonanz, der Antagonismus, ist ihr Statisches, das, woran bis heute nichts sich änderte und was jedes gesellschaftliche Produktionsverhältnis ins Verderben riß. Statisch invariant war bislang der Drang, sich auszubreiten, immer neue Sektoren zu verschlucken, immer weniger auszulassen. Damit reproduziert sich erweitert das Verhängnis. Um nicht unterzugehen, arbeitet bewußtlos jegliche Gestalt der Gesellschaft auf ihren Untergang hin und auch den des Ganzen, das in ihr am Leben sich erhält. Das war ihre Ewigkeit. Fortschritt, der die Vorgeschichte beendete, wäre das Ende solcher Dynamik. So verschränkt diese sich mit Statik dem eigenen widerspruchsvollen Gehalt nach. Eine richtige Gesellschaft höbe beide auf. Sie hielte weder bloß Seiendes, die Menschen Fesselndes um

---

[18]) a.a.O., S. 16.
[19]) a.a.O., S. 17.
[20]) a.a.O., S. 130.

einer Ordnung willen fest, die solcher Fesseln nicht mehr bedürfte, sobald sie eins wäre mit den Interessen der Menschheit, noch besorgte sie weiter die blinde Bewegung, den Widerpart des ewigen Friedens, des Kantischen Ziels der Geschichte.

Weil das Gegenteil dessen wirklich ist, klingt gerade bei Marx, der den Begriff der Arbeit ins Zentrum rückt und gegen jegliche Statik und Invariantenlehre ihre immanente Dynamik ausspielt, trotz allem die alte Trennung von Statik und Dynamik an. Er konfrontiert die invarianten Naturgesetze der Gesellschaft mit den spezifischen einer bestimmten Entwicklungsstufe, »den höheren oder niedrigen Entwicklungsgrad der gesellschaftlichen Antagonismen« mit den »Naturgesetzen der kapitalistischen Produktion«[21]). Schwerlich hat er verschiedene Abstraktionsniveaus mit Ursachen verschiedenen Grades verwechselt. Wohl aber war er der Naturwüchsigkeit der Gesellschaft sich bewußt. Die vergesellschafteten Subjekte sind ihrer selbst und der Gesellschaft noch nicht mächtig. Insofern verharrt, trotz aller Rationalisierung, der soziale Prozeß im irrationalen Zyklus. Historische Dialektik – schon die Hegelsche – läuft in gewissem Sinn auf die Konstanz von Vergängnis hinaus. Was einmal bei Marx, mit schwermütiger Hoffnung, Vorgeschichte heißt, ist nicht weniger als der Inbegriff aller bisher bekannten Geschichte, das Reich der Unfreiheit. Soweit aber Dynamik das Immergleiche blind derart wiederholt, wie es schon im Spruch des Anaximander und dann in Heraklits dynamischer Metaphysik verkündet war, insistiert die dialektische Theorie auf perennierenden Kategorien, die in der modernen rationalen Form der Gesellschaft lediglich ihre Erscheinungsweise änderten. Daher sind bei Marx Ausdrücke wie der der »Lohnsklaverei« für die freie Lohnarbeit keine bloßen Metaphern. Seit Hegel gehört zur Dialektik die Einsicht, daß die Dynamik nicht – wie es dem gegenwärtigen soziologischen Nominalismus naheliegt – alles Feste und Beharrende, nicht allen »Begriff« auflöst; daß vom Wechsel reden immer zugleich ein Identisches erfordert, das in sich selbst den Wechsel einschließt und sein Maß. Solcher Ansicht von der Geschichte sind lebensphilosophische Vorstellungen wie die von stetigem Fluß und von Konti-

---

[21]) Vgl. Karl Marx, Das Kapital, Band I, Buch I: Der Produktionsprozeß des Kapitals, Vorwort zur 1. Auflage, zitiert nach der von Friedrich Engels herausgegebenen 10. Auflage, Hamburg 1922, S. IV; vgl. auch: Grundrisse der politischen Ökonomie, berichtigter Nachdruck der Moskauer Ausgabe, Berlin 1953, S. 7, 10, 364 f. und die Kritik von Engels: Rezension Karl Marx, »Zur Kritik der politischen Ökonomie«, in: Das Volk, London, 6. und 20. August 1859; abgedruckt in der Volksausgabe der Kritik der politischen Ökonomie, Berlin 1951, S. 217 f.

nuität ebenso fern wie der Platonismus. Auch ihr zufolge gibt es, was man heute Existentialien nennt, nur sind es Herrschaft, Unfreiheit, Leiden, die Allgegenwart der Katastrophe. Nicht nur Hegel, auch Goethe wird auf die Füße gestellt; alles Streben, alles Drängen ist ewige Ruhe, aber das Gegenteil einer in Gott dem Herrn. Wähnt die zeitgenössische Existentialontologie den Bruch von Statik und Dynamik auszufüllen, indem sie dynamische Kategorien unterm Namen von Geschichtlichkeit als Invarianten präsentiert, so spricht aus ihr verzerrt, parodisch etwas von der wahren Not jenes Seienden, über das sie als Lehre vom Sein zu Unrecht erhaben sich dünkt.

Weder läßt die Soziologie nach einem statischen und einem dynamischen Teil sich schematisieren, noch zergeht ihr einfach die Differenz von Statik und Dynamik. Die Dichotomie zwischen Invarianten und veränderlichen Formen schleppt in positivistisch-antimetaphysischer Gesinnung das metaphysische Dogma vom Primat des unveränderlich sich Gleichbleibenden über das Ephemere mit sich und tut dadurch den Tatsachen Gewalt an, deren Begriff in der Soziologie seit Comteschen Zeiten allzu wenig durchdacht ward. Andererseits ist an der Disparatheit von statischem und dynamischem Wesen in der Gesellschaft etwas von deren eigener Widersprüchlichkeit abzulesen. Sie verfestigt sich, wo sie sich ändern müßte, weil die Gravitation der Produktionsverhältnisse den Produktivkräften widersteht; sie rollt weiter wie das mythische Feuerrad, weil sie nicht durch vernünftige Einrichtung dem Zusammenhang des Schicksals als einem von permanenter Vernichtung Einhalt gebietet. Die Kategorien Dynamik und Statik sind abstrakt: nicht nur im Hegelschen Verstande, als voneinander isolierte, durcheinander nicht »vermittelte«, sondern auch schlicht derart, daß ihre Bedeutungen, transponiert aus der Naturwissenschaft der Ära um 1800, zu allgemein bleiben. Konkreter heißt Dynamik, in der Geschichte bis heute, zunehmende Beherrschung äußerer und innerer Natur. Ihr Zug ist eindimensional, geht zu Lasten der Möglichkeiten, die der Naturbeherrschung zuliebe nicht entwickelt werden; stur, manisch das Eine verfolgend, verschlingt die losgelassene Dynamik alles andere. Indem sie das Viele reduziert, potentiell dem beherrschenden Subjekt gleichmacht und dem, was ihm an gesellschaftlichen Instanzen entspricht, verkehrt Dynamik sich selbst ins Immergleiche, in Statik. Als Prinzip der sich durchsetzenden Identität duldet sie ein Anderes sowenig wie Herrschaft irgend etwas, was ihr nicht gliche, und befände es sich in den fernsten Sternsystemen. Die Immergleichheit der Dynamik ist eins mit ihrem sich Zusammenziehen auf Monokratie. Erweiterte sie sich, so würde sie erst zur

Dynamik als der rettenden Aufnahme des Anderen, das bislang bloß unterdrückt ward und womöglich ausgerottet. Die Rationalisierung der Arbeitsprozesse könnte, anstatt primär auf »Produktivität«, ebenso auf die menschenwürdige Gestaltung der Arbeit selbst, die Erfüllung und Differenzierung genuiner Bedürfnisse, die Bewahrung der Natur und ihrer qualitativen Mannigfaltigkeit inmitten ihrer Bearbeitung für menschliche Zwecke sich richten. Vor allem aber: dadurch daß das dynamische Subjekt, die Menschengattung, bloß sich selbst setzte und dadurch in die Natur zurückfiel, der es sich gleichmachte, um sie zu kontrollieren, gibt es eigentlich noch gar kein Subjekt von Geschichte sondern bloß dessen blutige Fratze. Die immanente Entfaltung der Produktivkräfte, die menschliche Arbeit bis zu einem Grenzwert überflüssig macht, birgt das Potential von Änderung; die Abnahme der Quantität von Arbeit, die technisch heute bereits minimal sein könnte, eröffnet eine neue gesellschaftliche Qualität, die sich nicht auf einsinnigen Fortschritt zu beschränken brauchte, wenn nicht einstweilen die Drohung, die eben daraus den Produktionsverhältnissen erwächst, das Gesamtsystem dazu verhielte, in seine borniierte Tendenz unerbittlich sich zu verbeißen. Vollbeschäftigung wird zum Ideal, wo Arbeit nicht länger das Maß aller Dinge sein müßte. — Umgekehrt ist Statik, in ihrem Verhältnis zu jener einseitigen Steigerung der Produktion bis heute, bloß als Negatives, als Fessel erfahren worden. Was irrational sich behauptete, bloß weil es einmal so und nicht anders geworden war, hat geholfen, den Mangel und die je primitivere Form des Unrechts zu perpetuieren. Zum herrschaftlichen Fortschritt hat das statische Moment negativ beigetragen, insofern das blind Gewordene nicht ausreichte, die Menschheit zu erhalten; oft genug, zumal in der Phase des bürgerlichen Niedergangs und der jähen Entwicklung der zurückgebliebenen, eben der »statischen« Länder, haben die Träger der Statik, die vorgeblich konservativen Mächte und ihre Anhänger, mit dem profitablen Prinzip des industriellen Fortschritts sich fusioniert. Solange Mangel fortwährt, ist Statik Dynamik als potentielle Energie. Vorstellbar wäre ein verändertes Wesen von Statik nicht weniger als von Dynamik: gestillter Drang, der es läßt, wie es ist. In dem dynamischen Denker par excellence, Nietzsche, war die Kraft zur Versöhnung am Werk, als er, sei's auch als Lobredner, das Prinzip der Gewalt unrationalisiert einbekannte. Er hat denn auch etwas von jener anderen Statik gespürt: »Denn alle Lust will Ewigkeit.« Sie implizierte ein verändertes Verhältnis der Menschheit zur Natur, wie es für Augenblicke aufblitzt in den großen Kunstwerken.

Wenn in Soziologie prognostische Fragen überhaupt erlaubt, nicht Erschleichungen eines Standpunkts unbeteiligter Zuschauer sind, den Geschichte nicht duldet und von dem aus anderes als Unwahrheit nicht zu erkennen wäre, dann ist zumindest wenig wahrscheinlich, daß die Gesellschaft einfriert. Solange die antagonistische Gesamtverfassung währt; solange die Menschen nicht Subjekte der Gesellschaft sind, sondern jene Agenten, deren unwürdigen Stand man heute durch den Begriff der »Rolle« zu neutralisieren trachtet, solange wird Geschichte sich nicht beruhigen. Selbst äußerste Unterdrückung zwänge das Unversöhnte vielleicht zwar zum Schweigen, tilgte aber nicht dauernd die darin aufgespeicherte Spannung. Die modernen Unterdrücker selbst, in allen Lagern, lassen es nicht zur Ruhe kommen, können und dürfen es nicht, sofern sie dran bleiben wollen. Größer sind die Chancen für den Untergang als für ein neues Ägypten. Geschichtslos aber ist das ziellos in sich kreisende, dynamische Wesen. Soviel hat, ohne ihr Verdienst, die zyklische Geschichtsphilosophie Spenglers ins Licht gerückt. Indem sie mit der Irrationalität der Geschichte sich identifiziert, hat sie ganz folgerecht als deren Kern den trostlosen Rhythmus von Werden und Vergehen ergriffen: im unaufhaltsamen Ablauf wird nichts anders. Der Sozialdarwinismus: Überleben des Stärkeren, Fressen und Gefressenwerden, die Verkettung des Verstörten und Verstörenden der Geschichte ist eins mit dem Ungeschichtlichen. Der befriedete Zustand wäre weder der reglose der totalitären Ordnung noch der unersättlich weiterschweifende; der Gegensatz verschwände in der Versöhnung.

T.W.A.

Drucknachweise

Soziologie und Philosophie — Vortrag am 21. Mai 1959 anläßlich des 14. Deutschen Soziologentages vom 20. bis 24. Mai 1959 in Berlin.
Publiziert in: Soziologie und moderne Gesellschaft, Verhandlungen des 14. Deutschen Soziologentages, Stuttgart 1959.

Philosophie als Kulturkritik — Vortrag anläßlich der 800-Jahr-Feier — Internationaler Kulturkritiker-Kongreß, München, am 30. Juni 1958.
Publiziert in: Der Monat, 12. Jahrgang, Heft 138, März 1960, S. 12 ff.

Ideologie und Handeln — Publiziert in: Soziologische Forschung in unserer Zeit. Leopold von Wiese zum 75. Geburtstag, herausgegeben von Karl Gustav Specht, Köln und Opladen 1951, S. 220 ff.

Kultur und Verwaltung — Ursprünglich ein Vortrag, gedruckt in: Merkur, XIV. Jahrgang, 1960, Heft 2, S. 101 ff.

Verantwortung und Studium — Vortrag am 4. Mai anläßlich des 3. Deutschen Studententages, München.
Publiziert in: Physikalische Blätter, Zehnter Jahrgang 8/1954, Mosbach/Baden, S. 337 ff.

Über das Vorurteil — Publiziert in: Frankfurter Allgemeine Zeitung, 20. Mai 1961.

Die revidierte Psychoanalyse — Ursprünglich ein Vortrag in der Psychoanalytischen Gesellschaft zu San Francisco, April 1946; publiziert in: Psyche, VI. Jahrgang, 1952, Heft 1, S. 1 ff.

Schopenhauer und die Gesellschaft — Vortrag anläßlich der Pfingsttagung der Schopenhauergesellschaft, am 31. Mai 1955 in München.
Publiziert in: Schopenhauer-Jahrbuch, Frankfurt 1955, herausgegeben von Arthur Hübscher, S. 49 ff.

Die Aktualität Schopenhauers — Festvortrag in der Frankfurter Paulskirche zum 100. Todestag, am 21. September 1960.
Publiziert in: Schopenhauer-Jahrbuch, Frankfurt 1961, herausgegeben von Arthur Hübscher, S. 12 ff.

Aberglaube aus zweiter Hand	Eine vorläufige, sehr abweichende Fassung in: Psyche, Jahrgang 12, Heft 1, 1959, S. 561 ff. Der volle amerikanische Originaltext erschien im Jahrbuch für Amerikastudien, Band 2, 1957. – Die Untersuchung wurde in Amerika und an amerikanischem Material durchgeführt, als der Autor, 1952–53, die Hacker-Foundation in Beverly-Hills, Cal., wissenschaftlich leitete. Dieser und Dr. Frederick Hacker, der die Durchführung der Studie ermöglichte und vielfache Anregungen beitrug, gebührt der Dank des Autors.
Theorie der Halbbildung	Vortrag auf der Berliner Tagung der Deutschen Gesellschaft für Soziologie, Mai 1959. Publiziert in: Der Monat, 11. Jahrgang, September 1959, S. 30 ff.
Zum Begriff der Vernunft	Festrede bei der Rektoratsübergabe am 20. November 1951. Publiziert in: Frankfurter Universitätsreden, Heft 7, 1952.
Soziologie und empirische Forschung	Ursprünglich ein Vortrag zur Eröffnung einer Diskussion im Institut für Sozialforschung, März 1957. Publiziert in: Wesen und Wirklichkeit des Menschen, Göttingen 1957, S. 245 ff.
Über Statik und Dynamik als soziologische Kategorien	Entstanden aus einem kurzen Diskussionsbeitrag zum Amsterdamer Soziologenkongreß, August 1956. Gedruckt in: Neue Deutsche Hefte 81, Mai/Juni 1961, S. 47 ff.

Zu danken ist den Verlagen:

        Ferdinand Enke-Verlag, Stuttgart,

        Vittorio Klostermann, Frankfurt,

        Waldemar Kramer, Frankfurt,

        Vandenhoeck und Ruprecht, Göttingen, und

        Westdeutscher-Verlag, Köln-Opladen,

die die Abhandlungen, welche in Büchern veröffentlicht waren, für den Band freigaben.

FRANKFURTER BEITRÄGE ZUR SOZIOLOGIE

Im Auftrage des Instituts für Sozialforschung
herausgegeben von Theodor W. Adorno und Walter Dirks

Band 1:

SOCIOLOGICA I
Aufsätze, Max Horkheimer zum 60. Geburtstag gewidmet
470 Seiten. Lex. 8°.

Band 2:

GRUPPENEXPERIMENT
Ein Studienbericht, bearbeitet von Friedrich Pollock
XVIII, 559 Seiten mit 32 Tafeln. 8°.

Band 3:

BETRIEBSKLIMA
Eine industriesoziologische Untersuchung aus dem Ruhrgebiet
120 Seiten, 33 Tafeln. 8°.

Band 4:

SOZIOLOGISCHE EXKURSE
Nach Vorträgen und Diskussionen
181 Seiten. 8°.

Band 5:

Friedrich Pollock
AUTOMATION
Materialien zur Beurteilung der ökonomischen und
sozialen Folgen
VIII, 320 Seiten mit 9 Abbildungen und 10 Kunstdrucktafeln. 8°.

Band 6:

FREUD IN DER GEGENWART
Ein Vortragszyklus der Universitäten Frankfurt und Heidelberg
zum hundertsten Geburtstag
XVI, 448 Seiten. 8°.

Band 7:

Georges Friedmann
GRENZEN DER ARBEITSTEILUNG
XV, 219 Seiten. 8°.

Band 8:

Paul W. Massing
VORGESCHICHTE DES POLITISCHEN
ANTISEMITISMUS
VIII, 288 Seiten. 8°.

Band 9:

Werner Mangold
GEGENSTAND UND METHODE
DES GRUPPENDISKUSSIONSVERFAHRENS
176 Seiten. 8°.

Sonderheft 1:

Ludwig von Friedeburg und Friedrich Weltz
ALTERSBILD UND ALTERSVORSORGE
DER ARBEITER UND ANGESTELLTEN
88 Seiten. 8°.

Sonderheft 2:

Manfred Teschner
ZUM VERHÄLTNIS VON BETRIEBSKLIMA
UND ARBEITSORGANISATION
64 Seiten. 8°.

Sonderheft 3:

Peter Schönbach
REAKTIONEN AUF DIE
ANTISEMITISCHE WELLE
IM WINTER 1959/1960
104 Seiten. 8°.